흠모

흠모

우리 시대 수행자 스물한 분의 스승 이야기

초판 1쇄 인쇄 2014년 4월 7일
초판 1쇄 발행 2014년 4월 15일

지은이   유철주
펴낸이   윤재승
펴낸곳   민족사
주간   사기순
디자인   남미영
기획편집팀   사기순, 허연정
영업관리팀   이승순, 공진희

출판등록   1980년 5월 9일 제1-149호
주소   서울 종로구 삼봉로 81 두산위브파빌리온 1131호
전화   02-732-2403, 2404
팩스   02-739-7565
홈페이지   www.minjoksa.org
페이스북   www.facebook.com/minjoksa
이메일   minjoksabook@naver.com

ⓒ 유철주

ISBN 978-89-98742-23-2 03220

우리 시대 수행자 스물한 분의 스승 이야기

흠모

민족사

빛으로 오신 님, 바로 스승이셨습니다

길을 걸으니 온 천지가 따사롭습니다. 사람들의 표정에도 여유가 넘칩니다. 이맘 때 풍경을 통해 하나 알 수 있는 것은 부처님오신날이 얼마 남지 않았다는 것입니다.

제가 근무하는 사무실에서는 조계사가 한눈에 보입니다. 절을 보면 언제나 마음이 편안해지는데 하나 둘 늘어가는 연등을 보니 더 기분이 좋습니다. 모두들 부처님의 자비가 가득한 날들 되시기를 두 손 모아 기원합니다.

불교에서 스승만큼 중요한 존재는 없습니다. 석가모니 부처님 이래 스승 없는 불자는 없기 때문입니다. 도(道)를 구하기 위해 첫발을 내딛는 순간부터 스승과의 인연은 시작됩니다. 스승의 법(法)이 제자에게 이어지는 사자상승(師資相承)의 전통은 불교의 골간을 이루는 중요한 요소이기도 합니다.

부처님의 법은 수많은 나라의 제자들에게 전해져 오늘날에 이르고 있습니다. 한국불교도 예외는 아닙니다. 수천 년을 이어온 한국불교의 전통

중에서 특히 현대 불교의 버팀목이 되었던 선지식(善知識)들의 삶과 수행을 그 제자들을 통해 다시 조명해 보려 했습니다. 또 출가은사가 아니어도 당신들의 수행을 이끈 선지식들과의 인연도 함께 알아보았습니다.

인터뷰에 응해 주신 스물 한 분의 이야기를 들으면서 '역시 그 스승에 그 제자'라는 생각을 하지 않을 수 없었습니다. 하나같이 스승의 가르침이 지금까지의 당신들 삶의 원동력이 되고 있었고 때로는 부족하지만 스승의 가르침을 올곧게 실천하기 위해 절치부심하고 계셨습니다. 저 역시 스님들과의 인터뷰를 통해 많이 배울 수 있는 기회가 되었습니다. 저는 선지식의 가르침이 더 많은 대중들에게 전해지기만을 바랄 뿐입니다.

사실 이번 책은 2013년 한 해 동안 불교포커스에 연재했던 '빛으로 오신 님, 스승'을 묶은 것입니다. 1년 동안 졸고를 연재할 수 있게 해 준 불교포커스 신희권 대표, 정성운 주간, 박봉영, 여수령 선배와 출판을 허락해 주신 민족사 윤창화 사장님과 사기순 주간님 이하 직원 여러분들께 고마운 마음을 전합니다.

더불어 항상 좋은 가르침을 주시는 조계종 원로의원 고우 큰스님, 문경 봉암사 수좌 적명 큰스님, 백련불교문화재단 이사장 원택 큰스님과 여러 스님들께도 감사의 인사를 올립니다. 또 저의 든든한 버팀목인 아내 김보배와 아들 유지호에게도 사랑의 마음을 건넵니다.

2014년 4월
유철주

차례

"큰스님은 수행자의 표상이십니다.
큰스님의 삶을 보면 누구든지 수행 정진해
깨달음에 이를 수 있습니다.
이런 스승을 모셨다는 것 자체가 큰 행운입니다.
…

다시 태어나도 부처님의 제자가 되어
우리 스님을 은사로 모시고 못다 한 공부를 할 것입니다."

나의 스승 탄허 스님

"스님들이 출가를 한 것은 세상에 이익을 주기 위해서라고 말씀하셨지요. 그러기 위해서는 철저하게 수행을 해야 하고 그런 과정을 거쳐서 세상의 인재가 되라고 늘 강조하셨습니다."

대희 스님

세상
어디에도
없는
인재가
되어라

서울 금강선원장
혜거 스님

'학해무변(學海無邊)'. '학문의 세계는 끝이 없다'는 탄허 스님의 말씀이다. 언제나 배우고 익히는 것에 힘쓸 것을 강조했던 스님을 생각하면 제일 먼저 떠오르는 말이다.

'학해무변'을 생각하면서 탄허 스님의 제자 혜거 스님을 찾았다. 서울 강남 개포동의 아파트 숲 사이 작은 상가 건물. 오래 전 지은 건물이어서인지 많이 허름해 보인다. 건물은 허름했지만 그래도 주차장에는 차가 가득했다. 상가 4층에 있는 금강선원에 들어서니 평일임에도 법당은 500여 불자들로 발 디딜 틈이 없다. 금강선원장 혜거 스님은 이날 『승만경』을 주제로 법문을 하고 있었다. 수십 년째 이어온 경전법회에는 법당 용량을 초과하는 사람들이 몰려오고 있다고 한다.

법회가 끝나자 공양간에서 자원봉사를 하는 신도들이 공양을 나르기 시작한다. 공양간이 없어 법회를 마친 그 자리에서 밥을 먹는다. 국밥 한 그릇에 반찬이라고는 김치 몇 조각뿐이지만 도반들과 같이 먹는 밥은 꿀맛이다.

사람들 틈에 끼어 밥을 먹고 5층에 있는 혜거 스님의 방문을 두드렸다. 방안에 가득한 책들을 병풍삼아 스님은 앉아 있었다.

"2012년이 성철 큰스님, 서옹 큰스님, 향곡 큰스님의 탄신 100주년이었는데 올해는 저의 은사이신 탄허 큰스님의 탄신 100주년입니다. 동시대를 사셨던 어른들을 선양하는 사업들이 원만하게 이루어지고 있는 것 같아 다행스럽게 생각합니다."

담담한 얼굴의 스님이 운을 떼기 시작했다. 맨손으로 금강선원을 일궈온 혜거 스님의 눈썹에도 하얀 서리가 내려 앉아 있었다.

"이제 좀 쉬엄쉬엄 하라고 하는데 어떻게 그럴 수 있겠어요? 부처님 덕에 이렇게 살아 왔는데 앞으로 더 열심히 법(法)을 전해야지요."

차의 향기가 방안에 퍼지기 시작할 즈음 혜거 스님의 스승 이야기가 시작되었다.

어려서부터 좋아한 불교가 삶이 되다

"제 고향은 전남 영암입니다. 집안 외삼촌이 불교와 깊은 인연을 가졌던 분이에요. 어릴 때부터 외삼촌께 다양한 불교 이야기를 들으며 자랐습니다. 그래서인지 자연스럽게 출가를 생각한 것 같아요. 십대 후반에 출가를 했는데, 그때도 외삼촌께 출가의 뜻을 먼저 말씀드렸습니다. 어디로 출가하면 좋겠느냐고 여쭈어 보니 외삼촌께서 탄허 스님께 소개장을 써 주셨습니다."

스님에게 불교를 자상하게 알려주던 그 외삼촌은 김지견 박사다. 김 박사는 한국 화엄학 연구의 선구자로 꼽힌다. 한국과 일본에서 다양한 화엄 관련 연구 성과물을 쏟아냈던 김 박사는 2001년 일본 도쿄에서 생을 마감했다.

"제가 출가하겠다고 하자 동국대에서 학생들을 가르치고 있던 외삼촌께서 자문을 받았나 봐요. 당신 조카를 어느 스님께 출가시키면 좋을지 말이에요. 당시 주위 많은 분들이 탄허 스님을 추천했다고 합니다. '지금 우리 시대에 불교의 모든 부분을 갖추고 있는 분이 탄허 큰스님이다'라고 하셨어요."

조카를 탄허 스님에게 보내기로 한 김지견 박사는 스님의 주석처를 알아봤다. 탄허 스님은 당시 평창 월정사에서 나와 삼척 영은사에서 주석하고 있었다. 혜거 스님은 영은사 주소가 적힌 쪽지와 소개장을 들고 영은사로 향했다.

"영은사에 가던 날의 풍경을 잊지 못합니다. 그날이 11월 29일이었어요. 눈도 엄청나게 많이 왔었고 가는 길도 험했어요. 그때 석탄을 때서 움직이던 기차를 타고 갔습니다. 차 안에는 석탄 냄새가 가득했어요. 영은사에 도착하니 절을 비롯한 온 세상이 눈에 덮여 있었죠. 경내에 사람 그림자도 보이지도 않고 들려오는 것은 글 읽는 소리뿐이었습니다."

영은사에 공부하는 사람들이 꽤 있다고 듣고 왔는데 글 읽는 소리 외에

혜거 스님 "제가 출가하겠다고 하자 동국대에서 학생들을
가르치고 있던 외삼촌께서 자문을 받았나 봐요. 당신 조카
를 어느 스님께 출가시키면 좋을지 말이에요. 당시 주위 많
은 분들이 탄허 스님을 추천했다고 합니다. '지금 우리 시
대에 불교의 모든 부분을 갖추고 있는 분이 탄허 큰스님이
다'라고 하셨어요."

는 기척도 찾아 볼 수 없었다. 그러다 보니 누구를 부를 수도 없었다. "얼마나 정중하던지 그야말로 신선이 사는 곳 같았다."고 한다. 절을 둘러 보다 제일 큰 방 앞에서 그냥 무작정 기다리기로 했다. 일명 '뻗치기'다.

그렇게 하염없이 내리는 눈만 바라보고 앉아 있길 몇 시간, 해우소에 가려는 길이었는지 한 스님이 방에서 나왔다. 스님이 물었다. "무슨 일로 왔는가?" "출가하러 왔습니다." 그 말을 듣고는 스님이 다시 방으로 들어갔다. 이내 방에서 큰 목소리가 들려 왔다. "내가 어제 저녁에 꿈을 제대로 꾼 모양이야. 꿈에 젊은 총각이 출가하러 왔는데, 지금 마당에 출가하러 온 사람이 있네. 하하."

대중들이 문을 열고 나왔다. 신기한 듯 대중들이 젊은 총각을 바라봤다. 처음 만났던 스님이 총각을 탄허 스님에게 데려갔다. 혜거 스님은 김지견 박사가 써 준 소개장을 탄허 스님에게 전했다. 탄허 스님은 김 박사의 글을 보고 흔쾌히 출가를 허락했다.

"외삼촌께서 소개장을 주시면서 저에게 하셨던 말씀이 생각났습니다. '탄허 스님께서 받아주지 않을 수 있다. 돌려보내도 무조건 이겨내서 허락을 받아라. 그때까지 어떤 고통도 감내하고 기다려야 한다'고 말씀하셨거든요. 허락받지 못할까 봐 긴장을 많이 했는데, 다행스럽게도 나중에 알고 보니 탄허 스님께서 외삼촌을 굉장히 좋아하셨더라고요."

그때가 1959년이었다. 당시 탄허 스님은 30여 대중을 대상으로 『화엄경』을 강의하고 있었다. 일명 '영은사 3년 결사' 중이었던 것이다. 경전 공부로 3년 결사를 한 것은 전무후무한 일이다.

"탄허 큰스님의 모습을 보면서 황홀했습니다. 너무 늦게 왔다는 생각이 들었어요. 큰스님의 깨끗한 얼굴을 보니 진짜 신선 같았어요. 세상 사람의 얼굴이 아니었죠. 전부가 감동이었습니다."

그렇게 스님은 영은사에서 행자생활을 시작했다. 그러던 중 뜻밖의 행운이 찾아왔다. 탄허 스님이 행자들도 『화엄경』 강의를 들으라고 한 것이다.

"일반적으로 행자가 강의를 듣는다는 것은 있을 수 없는 일입니다. 행자는 사중에서 시중을 들고 살림을 살아야 합니다. 그런데 탄허 큰스님께서는 '행자도 공부하려고 출가한 사람들이지, 일하러 온 사람들이 아니다'라고 하시면서 행자들도 청강을 하라고 하셨습니다. 제가 그때 공양주를 했었는데 큰스님께서는 아침에 아침공양과 점심공양을 함께 준비하라고 하셨습니다. 강의를 들으면 점심 준비할 시간이 없으니 한 번에 두 끼를 준비하라고 하신 것입니다. 영은사에서 3년 동안 큰스님께서는 점심 때마다 찬밥을 드시면서 제자들 공부를 살펴주셨습니다."

고향에서 서당을 다녀서 한자를 알았던 스님은 공부를 재미있게 시작했다. 경전의 뜻은 막연했지만 글자가 들어오니 들을 만했다. 오후에는 절 일을 하면서 틈나는 대로 '복습'을 했다. 뒤늦게 합류했지만 스님은 그렇게 3년을 영은사에서 보냈다.

평생의 서원, 인재양성

탄허 스님은 월정사 수도원이 경제적 문제로 잠정폐쇄되면서 1959년 봄 영은사로 왔다. 여러 사정이 녹록지 않았지만 그래도 탄허 스님에게

탄허기념관 전경(上) 금강선원에서 참선 중인 불자들(下) "탄허 큰
스님께서는 스님들이 출가를 한 것은 세상에 이익을 주기 위
해서라고 말씀하셨지요. 그러기 위해서는 철저하게 수행을
해야 하고 공부하는 과정을 거쳐서 세상의 인재가 되라고 늘
강조하셨습니다."

공부를 배우기 위해 많은 대중이 따라왔다. 영은사에서 대중들은 '자급자족'하며 살았다. 보시를 일체 받지 않고 말 그대로 주경야독(晝耕夜讀)으로 공부했다. "낮에는 즐겁게 일하고 밤에는 신나게 글 읽었다."고 혜거 스님은 전했다.

탄허 스님은 혜거 스님을 비롯한 제자들에게 "세상 어디에도 없는, 세상 무엇과도 바꿀 수 없는 인재가 되라."고 주문했다. 탄허 스님은 1966년 동국역경원 개원식에서도 "법당 100채를 짓는 것보다 스님들 공부시키는 것이 더욱 중요하다."고 강조했다.

"탄허 큰스님께서는 스님들이 출가를 한 것은 세상에 이익을 주기 위해서라고 말씀하셨지요. 그러기 위해서는 철저하게 수행을 해야 하고 공부하는 과정을 거쳐서 세상의 인재가 되라고 늘 강조하셨습니다."

뛰어난 스승 밑에서 공부하는 것이 제자들에게 부담이 되지 않았을까?

"큰스님의 말씀을 부담으로 받아들이는 사람은 없었어요. 제 주변에서는 그런 사람을 단 한 명도 보지 못했습니다."

영은사에서 3년간 공부를 한 탄허 스님과 대중스님들은 1962년도에 다시 월정사로 갔다. 월정사에 가자마자 탄허 스님은 영은사에서 했던 사집(四集)과 사교(四敎) 등 기본 과정들을 단기간에 '결산'하는 공부를 했다. 그것을 마치고 몇 년 뒤 다시 『화엄경』 산림을 하려던 차에 탄허 스님은 종단의 요청으로 화성 용주사에서 역경사 양성과정을 맡아 한동안 월정사 밖에서 지내게 된다.

혜거 스님은 "탄허 큰스님을 따라 용주사에 가지 못한 것이 후회스럽다."고 했다. 스승에게 조금이라도 더 가르침을 받았어야 했는데 그러지 못해 아쉽다는 것이다. 혜거 스님은 오랜 시간 탄허 스님과 떨어져 지내다 말년 6년여 정도를 다시 모셨다.

탄허 스님의 평소 생활을 엿볼 수 있는 일화 한 가지.

1962년 탄허 스님이 대중들을 이끌고 월정사에 온 뒤 얼마 지나지 않아 절을 차지하기 위한 비구-대처 간 일촉즉발의 대치 국면이 계속됐다. 이 소식을 전해 들은 청담 스님, 숭산 스님 등이 월정사에 와서 대책을 숙의하던 어느 날 밤, 9시가 되자 탄허 스님은 하던 일을 멈추고 방에 들어가 잠을 청했다. 평소 밤 9시에 자고 다음날 새벽 3시면 어김없이 일어나 하루 종일 책을 보고 원고를 쓰던 생활을 이 날도 이어간 것이다. 이 모습을 지켜보던 청담 스님과 숭산 스님은 "어떻게 하면 저런 경지가 될까?"라며 감탄사를 터트렸다고 한다. 제자들에게 빈틈없는 정진을 당부하던 스님 스스로 모범적인 생활을 계속했던 것이다.

혜거 스님은 '화엄경 불사'를 탄허 스님의 가장 중요한 업적이라고 강조했다. 혜거 스님은 "우리말의 변화가 빨라 30년 전의 글을 지금 보면 무슨 내용인지 알 수 없는 경우도 많지만 탄허 큰스님께서는 당시에 이미 완전한 표준어로 번역을 하셔서 지금도 번역본을 보면 하나도 모르는 말이 없을 정도"라고 평가했다.

자기 수행이 퇴보하더라도 세상을 위해 살라

혜거 스님은 현재 70여 명에 이르는 제자를 두었다. "상좌를 두고 싶어서 두는 것은 아니다. 인연이 되면 그렇게 된다."고 했다. 세상의 인재가 될 것을 바랐던 은사스님의 가르침을 어떻게 제자들에게 전하고 있을지 궁금해졌다.

"저는 제자들에게 대승(大乘)의 가르침을 이해하고 실천하라고 합니다. 인도에서 불교가 없어진 이유 중 하나가 바로 세상 사람들의 문제를 외면했기 때문이에요. 자기 수행만 하다 보니 세상을 위해 덕을 베풀지 못한 것입니다. 세상에 필요하지 않은 종교는 살아 남을 수 없어요. 중생들이 고통과 어리석음에서 벗어나도록 적극적인 활동을 해야 합니다. 자기 수행이 퇴보한다고 하더라도 세상을 위해 살겠다는 다짐이 필요합니다. 지장보살과 같은 원력(願力)이 어느 때보다 절실한 시점입니다."

혜거 스님은 1988년 금강선원을 열었다. 불자들에게 심도 있는 공부의 기회를 제공하기 위해서다. 매년 1만 5,000명이 넘는 불자들이 금강선원에서 공부를 한다. 20년이 넘는 시간 동안 거쳐 간 인원이 30만을 훌쩍 넘는다. 스님의 원력이 있었기에 가능한 일이다. 스님은 또 청소년을 위한 참선 프로그램을 운영하고 있고, 금강경 강송대회도 매년 진행하고 있다. 모두 폭발적 반응을 불러일으키고 있는 콘텐츠들이다. 2012년 금강경 강송대회의 경우 응시자의 30%가 필기시험에서 한 글자도 틀리지 않고 『금강경』을 그대로 적어냈다고 한다. '학해무변(學海無邊)'의 가르침 그대로다.

청소년 참선 프로그램과 관련해 스님은 "지금 우리 청소년들은 심각한 마음의 병을 앓고 있다. 자제력을 잃어가고 있고 인내력과 지구력이 저하돼 마음의 집중을 하지 못한다. 그러다보니 많은 문제점이 생겨났

혜거 스님 "이제 갈등과 대립의 늪에서 벗어나 얼어붙은 이
나라를 해빙할 수 있도록 '나' 위주의 소승적 사고를 버리고
'남' 위주의 대승적 포용력을 발휘해서 화합으로 공존하는
시대를 열어가야 합니다."

다. 이러한 문제를 해결하기 위해 그동안의 경험을 바탕으로 청소년들이 마음집중을 할 수 있게 하고 일반인들에게도 마음의 평화를 주기 위한 작업을 계속하고 있다. 또 종단과 함께 청소년 심성교육을 위한 다양한 프로그램을 개발하고 있다. 이것을 토대로 자라나는 우리 청소년과 일반 인들의 맑은 심성개발을 위한 책을 계속 발간할 방침이다."라고 말했다.

혜거 스님은 스승의 가르침을 전하기 위해 2010년 11월 서울시 강남구 자곡동 285번지에 탄허기념관을 열었다. 지상 3층, 지하 1층 규모인 기념관은 지하 1층에 수장고와 연구실, 1층은 주차장, 2층은 보광명전(대강당), 회의실, 학예실, 3층은 상설전시실(일소대)과 기획전시실(방산굴)로 구성됐다. 일소대는『화엄경』을 처음 번역한 삼척 영은사 결사도량 '일소굴'을 상징하고, 방산굴은 탄허 스님이『화엄경』을 완역한 월정사 방산굴의 이름을 따왔다고 한다. 이 모두가 출·재가 불자들이 공부할 수 있도록 만들어 온 것이다.

혜거 스님에게 새해 불자들에게 전하고자 하는 덕담을 청했다. 스님은 '빙지장석(氷地將釋)'을 말했다.

"차갑게 언 땅을 녹이자는 말입니다. 세대 간의 불신, 노사 간의 갈등, 진보와 보수의 대립, 뒤틀린 남북 관계 등 사회 곳곳의 꽁꽁 얼어버린 상황들을 녹여야 합니다. 새해를 맞아 이제 갈등과 대립의 늪에서 벗어나 얼어붙은 이 나라를 해빙할 수 있도록 '나' 위주의 소승적 사고를 버리고 '남' 위주의 대승적 포용력을 발휘해서 화합으로 공존하는 시대를 열어가야 합니다."

차를 몇 잔이나 마셨는지 배가 불러 올 때쯤 혜거 스님은 다음 일정을 준비하기 시작했다. 부족한 시간이었지만 빠뜨릴 수 없는 질문 한 가지.

"다음 생에도 인연이 돼 탄허 스님을 만난다면 다시 모실 수 있습니까?"

"아주 세속적인 질문이네요. 하하. 출가해서 스님을 모실 때는 너무 어리고 철이 없었어요. 제대로 모시지 못했지요. 지금도 마음에 짐이 되고 있습니다. 지금 생각해 보면 한암 노스님은 복이 많으셨다는 생각이 들어요. 탄허 큰스님 같은 제자가 있었으니까요. 그런데 탄허 큰스님은 복이 없어요. 제자들이 잘 모시지 못했다는 아쉬움이 있습니다. 만약에 다음 생에 탄허 큰스님을 다시 만난다면 정말 잘 모셔서 큰 공부를 할 수 있는 인연을 만들고 싶습니다."

인터뷰가 끝날 때쯤에야 스님은 웃음을 보여주었다.

탄허 스님

1913년 음력 1월 15일 전북 김제에서 독립운동가인 율재(栗齋) 김홍규(金洪奎) 선생의 둘째아들로 태어났다. 속명은 금택(金鐸), 법명은 택성(宅成 또는 鐸聲), 법호는 탄허(呑虛).

어려서부터 10여 년간 부친과 조부에게 〈사서삼경〉 등 유학을 공부하며 학문의 경지를 넓혔다. 부친이 독립운동을 하다 체포되어 1919년부터 1924년까지 옥바라지를 했다. 17세에 기호학파의 이극종 선생에게 각종 경서(經書)를 배웠다. 20세 즈음 '도(道)란 무엇인가?'에 관심을 갖기 시작하고, 한암 스님에게 서신을 보냈다. 이후 한암 스님과 20여 통의 서신을 주고받았으며, 1934년 22세에 오대산 상원사로 입산했다. 한암 스님을 은사로 구족계를 받은 후 3년간 말을 한마디도 하지 않는 묵언 수행을 했다.

1936년 유점사, 건봉사, 월정사 등 '강원도 3본산'이 상원사에 설치한 승려연합수련소에서 중강(中講)으로 『금강경』, 『기신론』, 『범망경』 등을 강의했다. 불가에 귀의한 지 얼마 안 된 신참스님에게 강의를 맡긴 것은 매우 이례적인 일이었다. 1939년에는 연합수련소에서 『화엄경』과 『화엄론』을 강의했다.

스님은 교학뿐 아니라 참선에도 조예가 깊었다. 한암 스님을 모시고 15년 동안 선원에서 정진했으며, 이 과정에서 스승의 권유로 『전등록』, 『선문염송』 등 선어록을 익혔다.

1955년에는 조계종 강원도 종무원장 겸 월정사 조실로 추대된 후 후학 양성에 적극 나섰다. 1956년 4월 오대산에 5년 과정의 수도원을 세웠다. 강원 대교과 졸업자나 대졸자, 또는 유가의 사서(四書)를 마친 자는 출·재가를 막론하고 공부할 수 있었다. 이후 스님은 월정사 주지, 동국대 대학선원장, 동국역경원 초대 원장, 1975년 동국학원 이사 등의 소임을 보았다.

평생을 불교 경전 연구와 번역, 수행에 전념했던 탄허 스님은 선교(禪敎)는 물론 동양학 전반에 두루 능했고 1971년 10여 년 간의 작업 끝에 『화엄경』 80권 집필을 마쳤다.

함석헌 선생과 자칭 '국보 국문학자' 양주동 박사가 탄허 스님에게 『장자』를 배우기도 했다. 양주동 박사가 소문을 듣고 탄허 스님을 찾아가 『장자』 강의를 들었는데, 이후 양주동 박사는 자신의 강의 시간에 다음과 같은 말로 탄허 스님의 강연을 극찬했다고 한다. "장자가 다시 돌아와 자신이 쓴 책을 설해도 오대산, 그 지혜로운 호랑이를 당하지 못할 것이다."

스님은 1983년 6월 월정사 방산굴(方山窟)에서 고요히 원적에 들었다. 세수 71세, 법랍 49세.

나의 스승 지관 스님

"은사스님께서는 항상 목표를 세워 정진하라고 하셨어요. 승려도 목표가 있어야 한다고 말씀하셨습니다. 또 게으르지 말라고 당부하셨어요. 은사스님은 보통 새벽 1~2시까지 원고를 보셨습니다. 외국에 가실 때도 원고 보따리를 들고 다니셨어요. '노력'만 놓고 볼 때 거의 타의 추종을 불허할 정도로 열심이셨고 제자들에게도 항상 노력하라고 하셨죠. 그리고 대중들과 항상 화합하라고 강조하셨습니다."

지관 스님

항상
목표를
세워
정진하라

前 중앙승가대 총장
태원 스님

오랜만에 서울 정릉 경국사에 갔다. 일주문 앞 다리는 도심과 산사의 경계가 되어준다. 분주하게 오가는 차들을 피해 다리를 건너면 여느 산사 못지않은 넉넉함과 한가로움이 느껴진다.

그런데 이날은 다리를 건넜음에도 많은 차량과 사람들로 붐볐다. 30년이 넘는 시간 동안 경국사에 주석하며 한국불교역사의 한 획을 그었던 지관 스님의 1주기 추모다례가 있었기 때문이다. 다례가 열린 경국사 관음전은 지관 스님과 인연이 있었던 원로노스님들과 제자스님들, 신도들로 꽉 찼다.

1년 전이었다(음력 12월 9일). 지관 스님은 '사세(辭世)를 앞두고'라는 제목의 임종게(臨終偈)를 남기고 열반에 들었다.

無常肉身開蓮花於娑婆 (무상육신개연화어사바)

幻化空身顯法身於寂滅 (환화공신현법신어적멸)

八十年前渠是我 (팔십년전거시아)

八十年後我是渠 (팔십년후아시거)

무상한 육신으로 연꽃을 사바에 피우고

허깨비 빈 몸으로 법신을 적멸에 드러내네.

팔십 년 전에는 그가 바로 나이더니

팔십 년 후에는 내가 바로 그이로다.

그리고 1년이 지나 다시 지관 스님의 가르침을 되새기고자 하는 대중들이 모였다.

이날 문도를 대표해 인사를 전한 태원 스님은 "은사스님의 각종 저서와 녹취·법문·강연 등을 모아 한글 40권, 영문 15권으로 '전집'을 만들고 행장을 정리한 '행장록'을 발간할 계획이다. 원고는 95% 정도 됐는데 너무도 방대한 작업이어서 시간이 걸리고 있다. 또 큰스님께서 평생 원력(願力)을 세워 진행하셨던 『가산불교대사림』 발간 작업도 차질 없이 진행되도록 마음을 모으겠다."고 밝혔다. 스님은 또 "조만간 해인사에 지관 큰스님의 추모비와 부도를 조성할 것"이라고 전했다.

1시간여의 다례가 끝나고 곧바로 이어진 문도회의를 마친 태원 스님과 함께 지관 스님의 흔적을 잠시 더듬었다. 지관 스님이 주석하던 방인 '무우정사(無憂精舍)'를 둘러보고 사찰 입구에 있는 지관 스님의 '불교대

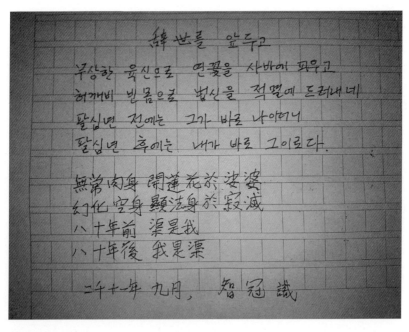

임종 세를 앞두고

무상한 육신으로 연꽃을 사바에 피우고
허깨비 빈 몸으로 법신을 적멸에 드러내네
팔십년 전에는 그가 바로 나이러니
팔십년 후에는 내가 바로 그이로다.

無常肉身 開蓮花於娑婆
幻化空身 顯法身於寂滅
八十年前 渠是我
八十年後 我是渠

二千十一年 九月, 智冠 識

지관 대종사 친필 임종게

30

사림편찬발원문'을 다시 읽었다.

> "(전략)범한어가 합친어휘 알기어려워 학인들은 이부분에 골치를앓다 제
> 가이점 해결코자 생각했으나 이런저런 잡된일로 얽매였다가 임술년에 이
> 르러서 비로소집필 한국불교 대사전을 편찬하노니 천룡팔부 호법신장
> 옹호하옵고 시방삼세 부처님은 증명하소서. 시작부터 마침까지 장애가
> 없고 문수보살 대지혜의 가피를입어 어휘마다 부처님의 본의에부합 하
> 루속히 완간하여 고불하리다. 이사전을 편찬하온 공덕으로써 한국불교
> 선양함에 도움이되고 감로수를 마신이는 모두가이익 일체중생 빠짐없이
> 해탈하소서(후략)."

스님은 감회에 젖는 듯했다.

"벌써 1년이 지났는데도 은사스님이 아직도 경국사에 계시는 것 같아
요. 예전처럼 궁금한 것이 있으면 여쭈어볼 수 있을 것 같고 일이 생기면
상의도 드릴 수 있을 것 같습니다. 그래서인지 더 큰스님이 그리울 뿐입
니다. 은사스님이 돌아가신 후에는 어디 가서 물을 곳이 없어요. 생존해
계셨을 때 더 많이 배우지 못한 것이 아쉽습니다."

복잡한 마음을 뒤로 하고 인근의 보국사로 자리를 옮겨 태원 스님과
마주 앉았다. 보국사는 태원 스님이 오래 전부터 주석하고 있는 사찰이
다. 스님은 당신의 출가와 지관 스님과의 첫 만남부터 차근차근 풀기 시
작했다.

독자로 태어나 평범하게 자라던 중 고2 때 스님의 인생에 '충격적인' 일이 일어났다. 평소 아들을 그렇게 아껴 주셨던 어머니가 돌아가신 것이다. 어머니의 사랑을 독차지하고 살다가 맞은 죽음은 표현하기 어려운 고통이었다. 그래서 다니던 교회 목사님에게 "왜 죽음이 있는지?" 물었다. 목사님은 "하나님이 필요해서 모시고 갔다."고 했다. 하나님보다 어머니가 더 필요한 사람은 바로 아들인데 도무지 이해할 수 없었다. 그래서 고향 인근의 사찰을 찾았다. 이 사찰은 중3 때 고등학교 입시를 준비하기 위해 머물렀던 곳이기도 했다. 주지스님과 죽음에 대한 얘기를 나누면서 생사(生死)를 극복하는 길이 불교에 있다는 생각이 들었다. 그래서 그 자리에서 출가를 결심했다. 얼마 후 밀양 표충사에 갔다가 아버지의 반대로 집으로 돌아왔다. 결국 고등학교를 마치고 스님은 다시 길을 나섰다. 중3 수학여행 때 보고 느꼈던 좋은 기억들을 더듬으며 해인사로 갔다.

"해인사는 큰절이어서 하는 일이 많아 힘들긴 했지만 재미있게 생활했어요. '스님'이라는 것이 꼭 저를 위해 존재하는 것 같았죠. 지금 생각해도 그때 스님이 안 됐으면 어디서 무엇을 하고 있을지 궁금해요. 아마 행복하진 않았을 것 같아요. 재가자들도 출가생활을 한 번쯤은 해 보는 게 좋다고 생각합니다. 길든 짧든 차분하게 자신을 돌아볼 수 있는 시간이 될 수 있을 것입니다."

스님은 당시 해인사 강주(講主)를 맡고 있던 지관 스님을 은사로 모셨다.

"주변에서 추천도 많이 하고 또 박학다식한 모습에 저 또한 지관 큰스님을 은사로 모시고 싶었는데 인연이 잘 이어졌어요. 지금과 달리 그때 강주의 위상은 대단했습니다. 강원을 책임져야 하는 것이 쉬운 일이 아니거든요. 은사스님께서는 철두철미하게 강의 준비를 하셨습니다. 강의하시는 것을 보면서 '스님 중에도 저렇게 많이 아는 분이 있구나'라는 생각이 들 정도로 해박하셨습니다. 평소에 그냥 뵈면 다소 깐깐해 보이지만 사실 저희 스님은 굉장히 자상하신 분이에요. 가끔 스님이 살며시 웃으시면 그 웃음에 빠져 들고 말아요. 하하."

태원 스님이 입산했을 때 해인사에는 자운, 성철, 지월, 지호, 영암, 일타 스님 등 기라성 같은 어른스님들이 있었다고 한다.

"지금 돌이켜 생각하면 당시 해인사의 공부 분위기가 부러울 정도입니다. 젊은 스님들이 노스님들을 가까이서 모시면서 정말 많은 것을 배웠거든요. 말 그대로 해인사 자체가 살아 있는 교육장이었어요. 백련암에 계시면서 수행자들의 전범(典範)이 되신 성철 큰스님, 행(行)으로 율(律)을 가르치셨던 자운 큰스님, 항상 하심(下心)으로 대중들을 제접하신 지월 큰스님, 법상에 앉았다 하면 명법문을 쏟아내시던 일타 큰스님 등 많은 선지식(善知識)이 계셨습니다."

태원 스님은 해인사 강원에서 공부를 마친 뒤 다시 동국대에 입학했다. 본격적으로 불교를 공부하기 위해서다. 지관 스님도 해인사 강주를 마치고 동국대 교수로서 후학들을 가르쳤다. 그러던 어느 날, 지관 스님이 동국대 4학년 2학기를 앞두고 있던 태원 스님을 불렀다. 당신의 연구

지관 스님(左)과 태원 스님(右)

를 도우라고 한 것이다.

"은사스님께서 삼선교 청룡암에 계시면서 동국대 교수를 하셨습니다. 저는 은사스님의 부촉으로 3년여 간 원고 정리를 도와드렸어요. 당시 나온 책이 『남북전육부율장비교연구(南北傳六部律藏比較研究)』와 『비구니계율연구(比丘尼戒律研究)』입니다. 그때는 정말 바늘과 실처럼 은사스님 곁에 딱 붙어 있었죠. 그런데 오랜 기간 은사스님을 모시고 있다 보니 제가 투정을 좀 부릴 때도 있었어요. 요즘말로 삐친 거죠. 그러면 은사스님께서 저를 부르십니다. '태원이 있나?' '예.' '다방에 가서 차 한 잔 할까?' 은사스님께서는 아버지처럼 저를 다독여 주셨어요. 그렇게 차를 마시다 보면 또 풀어집니다. 어린애 같았죠."

지관 스님이 남긴 수백 과(顆)의 '문자사리'

태원 스님은 그 후 서울 보국사 주지를 맡아 불사를 한 뒤 나이 40이 넘어 뒤늦은 일본 유학길에 올랐다.

"보국사에서 자운 노스님을 모셨는데, 노스님께서는 정토염불을 하셨습니다. 매일 새벽 2시만 되면 어김없이 일어나 염불기도를 하셨죠. 철저한 수행생활을 하시는 노스님을 보면서 정토염불을 학문적으로 뒷받침하고 싶어 일본 정토종이 교토에 세운 불교대학으로 유학을 갔습니다."

어렵게 간 유학이었기에 스님은 "밥만 먹으면 책을 봤다."고 한다. 또 일주일에 세 명의 교수를 모시고 윤독회를 했다. '염불의 원류와 전개사 연구'로 박사학위를 받은 스님은 귀국과 함께 중앙승가대 교수로서 20

년이 넘는 시간 동안 후학들을 가르쳤다. 스님이 이렇게 학승(學僧)의 길을 걷고 있는 것은 어쩌면 스승 지관 스님의 영향이 컸기 때문일 것이다.

"은사스님께서는 항상 목표를 세워 정진하라고 하셨어요. 승려도 목표가 있어야 한다고 말씀하셨습니다. 또 게으르지 말라고 당부하셨어요. 은사스님은 보통 새벽 1~2시까지 원고를 보셨습니다. 외국에 가실 때도 원고 보따리를 들고 다니셨어요. '노력'만 놓고 볼 때 거의 타의 추종을 불허할 정도로 열심이셨고 제자들에게도 항상 노력하라고 하셨죠. 그리고 대중들과 항상 화합하라고 강조하셨습니다."

지관 스님은 제자들에게 말로 당부하기에 앞서 먼저 실천으로 보여주었다. 그래서 수많은 문자사리(文字舍利)를 남겼다.

"은사스님의 업적을 말씀드리는 것이 오히려 누를 끼치는 일이 아닌가 싶긴 하지만, 제가 보기에 은사스님의 가장 큰 유산은 『가산불교대사림』 편찬이 아닌가 싶습니다. 한국불교 역사에서 불교사전은 사실상 없었다고 봐도 될 정도로 취약한 분야였습니다. 그런데 큰스님께서는 30여 년 전에 불교사전 발간에 원력을 세우시고 열반하시기 전에 원고까지 다 써 놓으셨습니다. 일본에 있는 불교대사전보다 훨씬 더 방대한 작업으로 알고 있는데 빠른 시일 안에 완간이 됐으면 하는 바람입니다. 두 번째는 한국고승비문을 전부 다 완역한 것입니다. 역시 한국불교사에서 길이 빛나야 할 일입니다. 각고의 노력이 없으면 안 되는 엄청난 일이었습니다. 세 번째는 지관 큰스님께서 열정을 가지고 『가야산해인사지』를 만든 것과 조계사의 역사를 정리한 탑과 비(碑)를 세운 것입니다. 또 '한국전통사상총서'를 발간하신 것도 대단한 일이 아닐 수 없습니다. '한국불교전서(韓

가산불교대사림 "제가 보기에 은사 스님의 가장 큰 유산은 『가산불
교대사림』 전집이 하나가 았읍니다. 한 불교 학자에서 불교사전
은 사전성 없었다고 해도 할 말로 꺼리의 붙어있읍니다. 그래대
불교속에서는 30여 년 전에 불교사전 발간에 위력을 채우시고 완
반화시기 전에 완고까지 다 써놓으십읍니다. 일본에 있는 불교대
사전보다 한별 더 발대면 작업으로 알고 있는 '대 백'는 사실 안에 완
간이 됐으면 하는 바람읍니다."

國佛教全書)' 중 90여 종의 글을 선별해 한글과 영어 각 13권, 총 26권을 펴내는 불사는 엄청난 일이었습니다. 불교에 대한 애정으로 하루도 쉼 없이 뛰셨던 어른스님의 모범을 후학들이 잘 본받아야 할 것입니다."

지관 스님은 조계종 총무원장 재임 시절 정부의 종교편향을 규탄하는 범불교도대회를 진두지휘했다. 당시 스님은 "人平不語水平不流(인평불어 수평불류), 즉 사람이 불편부당하고 공평무사하면 어느 누구도 그 사람에게 불평하지 않게 되고 흐르는 물도 평탄한 곳에서는 조용히 머물게 마련이다."라는 말로 이명박 정부의 종교편향에 '할과 방'을 내렸다.

또 "在公者取利不公則法亂(재공자취리불공즉법란) 在私者以詐取利則事亂 (재사자이사취리즉사란) 事亂則人事不平(사란즉인사불평) 法亂則民怨不服(법 란즉민원불복), 공직에 있는 자가 이익을 취함에 공평하지 못하면 법이 어지러워지고, 개인들이 정당하지 않은 방법으로 이익을 취하면 일이 얽혀 어지러워진다. 일이 복잡해지면 인사가 불공평해지고, 법이 어지러워지면 백성들이 원망하고 복종하지 않는다."고 하며 찾아오는 공직자들에게 마음가짐을 바르게 할 것을 주문하기도 했다.

승가교육이 불교의 미래

잘 알려져 있듯이 태원 스님은 중앙승가대에서 오랜 시간 동안 학인스님들을 가르쳤다. 주로 정토학과 교단사 관련 강의를 맡았다.

"1991년도부터 불교학과 교수를 하면서 역점을 둔 강의가 정토학과 교단사입니다. 정토학은 제 전공이었고 불교학 중에서도 중요한 위치

태원 스님 "승가교육의 질적 발전을 위해서는 젊은 출가자들이 계속 나올 수 있게 해야 합니다. 나이가 들어서 출가하는 사람이 많아지고 있는 상황에서 제대로 된 교육이 이뤄지기는 쉽지 않아요. 종단 차원에서 젊은 사람들이 출가할 수 있도록 지혜를 모아야 합니다."

를 가지고 있는 부분입니다. 교단사는 부처님 재세 시부터 교단이 어떻게 운영되어 왔는지를 고찰하는 강의입니다. 교단사 강의를 10년 동안 한 것을 가지고 나중에 『초기불교 교단생활』이라는 책을 출간하기도 했지요."

스님은 후학을 기르면서 총무처장, 교학처장, 기획실장, 도서관장 등의 소임을 맡았다. 또 2009년부터 총장으로서 중앙승가대를 이끌었다. 그 전부터 총장을 맡으라는 요청이 있었지만 2006년 발병한 암으로 엄두를 내지 못하던 상황에서 2009년에 총장을 맡았다.

"처음에는 몸도 좋지 않고 해서 극구 사양을 했어요. 그러다 학교 교수님들이 자꾸 부탁을 해서 어쩔 수 없이 맡았습니다. 나중에는 잘해야 한다는 마음이 생겼습니다. 총장을 하면서 세 가지의 목표를 정했지요. 첫째는 현대에 맞는 학사행정을 만드는 것으로 교과과정부터 운영시스템 전반을 현대적으로 바꾸는 일을 했습니다. 두 번째는 중앙도서관을 새롭게 만드는 것이었지요. 기존에 있던 것은 도서관이라고 말하기 어려울 정도로 열악했습니다. 제대로 된 서가가 없어 책을 들여오기도 힘들었거든요. 세 번째는 중앙승가대가 있던 개운사 공간을 출·재가 교육의 요람으로 만들고 싶었습니다. 앞의 두 가지는 어느 정도 성과를 냈는데 세 번째는 마무리하지 못해서 조금 아쉽네요."

스님은 중앙승가대에 있던 불교학과와 사회복지학과, 역경학과, 포교사회학과 외에 불교상담심리학과와 문화재학과를 신설했다. 또 학인스님들이 수행과 학문을 겸할 수 있는 다양한 교과과정을 개설하기도 했다. 중앙도서관 불사를 하기 위해 스님이 직접 발로 뛰어 63억 원의 재원을 마련했다. 지하 1층, 지상 3층 규모인 도서관에는 8만여 권의 장서와 500종이 넘는 간행물을 비치했다. 크지는 않지만 500여 학인스님들이 공부하기에는 부족하지 않은 규모다. "도서관을 새로 만든 것이 가장 큰 보람이었다."고 한 스님은 출가 직후부터 교육현장에 있었던 만큼 승가교육의 혁신이 필요하다고 여러 차례 강조했다. 승가교육이 제대로 돼야 불교가 더 발전할 수 있다는 것이다.

"승가교육의 질적 발전을 위해서는 젊은 출가자들이 계속 나올 수 있게 해야 합니다. 나이가 들어서 출가하는 사람이 많아지고 있는 상황에서 제대로 된 교육이 이뤄지기는 쉽지 않아요. 종단 차원에서 젊은 사람들이 출가할 수 있도록 지혜를 모아야 합니다.

또 승가교육이라고 하는 것은 학문만 가르치는 것이 아닙니다. 살아 있는 교육은 선배스님들이나 어른스님들이 모범을 보여주는 것에서 시작됩니다. 승려로서 모범이 될 수 있는 어른들을 교육현장에 모셔야 합니다.

이와 함께 중앙승가대학과 지방의 승가대학을 이원화하는 것도 생각해 봐야 합니다. 중앙승가대학을 명실상부한 '승가대학'으로 일원화하고 지방의 승가대학은 '특수대학원'으로 운영하는 것이 어떨까 합니다. 예전처럼 출가자들이 많지 않은 상황에서 좀 더 체계적으로 학인스님들을 관리하고 또 제대로 된 스님을 배출하는 시스템 마련이 시급합니다."

두 시간을 훌쩍 넘기며 스님은 당신의 스승과 승가교육에 대한 생각을 전했다. 앞서 전했듯이 사실 스님은 지금 투병 중이다. 2006년 발병한 암이 2009년과 2012년에 재발해 강원도의 한 사찰에서 몸과 마음을 추스르고 있다. 중앙승가대 총장 임기를 불과 몇 개월 앞두고 사임한 것도 건강이 급격히 악화됐기 때문이다.

들고 싶은 얘기는 많았지만 더 긴 시간을 청하는 것도 도리가 아닌 듯했다. 자리를 정리하기 전 마지막 질문을 드렸다.

"다음 생에도 인연이 돼 지관 스님을 만난다면 다시 스승으로 모실 수 있습니까?"

"다음 생에 만나면 당연히 스승으로 모실 것입니다. 그런데 저는 다음 생에는 극락세계에서 아미타(阿彌陀) 부처님을 스승으로 모시고 싶습니다. 사바세계에 올 생각은 없어요. 하하하. 극락세계에서 아미타 부처님을 스승으로 모시며 무생법인(無生法忍)을 얻고 화현(化現)의 몸으로 사바세계에 와서 중생들을 제도하고 싶습니다. 색신(色身)으로 와서 윤회하고 싶지는 않아요. 그래도 어쩔 수 없이 색신으로 사바세계에 오면 지관 큰스님을 다시 모시고 '짬지게' 공부하면서 수행하고 싶습니다."

지관 스님

1932년 경북 영일에서 태어난 지관 스님은 1947년 해인사에서 자운 스님을 계사로 사미계를, 1953년 통도사에서 자운 스님을 계사로 비구계를 수지했다. 1957년 해인사 강원 대교과를 나와 1963년 마산대 종교학과를 졸업했다. 동국대 불교대학원에서 불교학을 전공, 1976년 철학박사학위를 받았다.

스님은 중앙종회의원(2선), 동국학원 이사, 동국학원 감사, 해인사 주지, 중앙종회 부의장, 총무원 총무부장, 동국대 불교대학장, 동국대 총장, 조계종 총무원장 등을 역임했다. 특히 해인사 강주(1960~1970)와 동국대 선학과 교수(1975~1998), 총장 등을 역임하는 30여 년 간 교육현장에서 후학양성과 학문연찬에 진력했다.

스님은 1991년 가산불교문화연구원을 설립, 후학양성의 발판으로 삼았고, 연구원은 불교문화와 사상 전반에 대한 보편적 이해를 도모할 수 있는 『가산불교대사림』과 『역대고승비문총서』 등을 편찬했다.

『가산불교대사림』은 한국불교 1700년 역사상 최초로 일반·세계·한국불교술어를 집대성한 불교학 연구의 결정판이다. 1982년부터 10년에 걸쳐 기초자료를 조사하고 1991년 가산연구원 설립 이후 연구원들과 본격적인 제작에 들어갔던 『가산불교대사림』은 참고문헌만도 1000여 종에 이른다. 세계불교사전 가운데 가장 많은 표제어를 담고 있을 뿐만 아니라 한국불교 항목을 절반 가까이 늘려 한국불교학 연구 진척에 크게 기여했다는 평가를 받고 있다.

지관 스님은 총무원장 재임 시 '수행과 전법으로 정진하는 조계종'을 발원으로 '종풍진작과 수행승가 진흥', '대중원융살림 회복', '전법과 복지 진흥', '사회와 인류를 위해 봉사하는 수행승가'를 4대 비전으로 설정하고 사업을 추진하기도 했다.

스님은 조계종에서 최연소 강사(28세), 최연소 본사주지(해인사, 38세), 최초 비구 대학총장(1986년, 동국대) 등의 '기록'을 갖고 있기도 하다.

나의 스승 대은 스님

"은사스님께서 송암 스님을 찾아가 '스님이 알고 있는 소리는 하나도 빠짐 없이 원명이에게 가르쳐 달라'며 절을 했다고 합니다. 그때 은사스님 나이가 70이 넘었고 송암 스님은 이제 막 50줄에 접어들었는데, 제자의 공부를 위해 후배스님에게 절을 하신 거죠. 그 얘기를 나중에 들으니 정신이 번쩍 들었어요."

대은 스님

70 넘은
노스님이
20년
후배에게
절을 한
까닭은?

조계종 어장(魚丈)
동주 스님

인터뷰를 하기 위해 조계종 어장(魚丈) 동주 스님에게 전화를 걸었다. 인터뷰 취지를 말씀드리니 서울 강서구 가양동 홍원사에서 만나자고 한다. 그렇게 하겠다고 말씀을 드리고 전화를 끊었다. 그런데 갑자기 의문이 생겼다. "홍원사는 초기불교수행을 하는 사찰인데, 스님이 거기 계시나?" 자료를 더 찾아보니 동주 스님이 주석하는 사찰이 '그 홍원사'가 맞았다. 한국불교의식의 대가가 주석하는 사찰에서 초기불교수행을 하는 것이 조금은 '어색'하게 느껴졌지만 나중에 인터뷰를 하면서 얘기를 들어보니 그럴 만한 이유가 있었다.

동주 스님은 상좌인 홍원사 주지 성오 스님에게 '자유롭게' 공부할 것을 권했고, 성오 스님은 스리랑카와 인도에서 초기불교를 공부했다. 그

후 미얀마에 가서 위빠사나를 비롯한 초기불교수행법을 공부하고 돌아와 불자들에게 가르치고 있다. 동주 스님은 스승인 대은 스님의 지극한 관심과 뒷바라지를 받으며 공부를 했기에 제자도 맘껏 공부하며 수행하기를 바란다.

홍원사(弘願寺)는 2005년 10월에 문을 연 사찰이다. 지하 1층, 지상 3층 규모에 작지 않은 마당까지 있는 도심사찰이다. 절에 들어서니 남방사찰에서나 볼 수 있는 건물 꼭대기의 황금색 탑이 먼저 눈에 들어온다. 탑을 보고 사람들이 스리랑카 절이냐고 묻는다고 한다.

"말 그대로 홍원사를 '큰(弘) 원력(願)'을 실현하는 도량으로 만들어 보고 싶습니다. 제가 지난 수십 년간 불교의식을 집전해 왔지만 이것 못지않게 중요한 제 꿈이 있어요. 그것은 바로 스님들의 '기본'을 가르치는 수도원을 만드는 것입니다. 그 꿈을 그려가는 사찰로서 홍원사를 세운 것입니다."

아직 계획이 세밀하게 구체화된 것은 아니지만 스님은 수도원의 밑그림을 하나씩 그려가고 있었다.

"지금 우리 승가교육을 보면 기본을 제대로 가르치지 못하고 있어요. 행자교육만 봐도 예전에는 몇 년씩 행자생활을 하는 사람이 많았지만 지금은 딱 6개월만 합니다. 출가하는 이들도 날짜를 계산해서 절에 와 '딱' 6개월 채워 사미(니)계를 받는다고 하는 우스갯소리(?)가 있을 정도예요. 평생 '중 생활'을 하려면 행자 시기가 중요한데 지금처럼 허드렛일이나 하면서는 원력(願力)을 세우지 못합니다.

저는 '중 생활'의 기본과 기초를 다지는 수도원을 6년 과정으로 개설할 예정입니다. 수도원은 우리 전통강원의 대중생활과 같은 장점을 받아들이면서 현대적 필수학문을 가르칠 것입니다. 영어·일어·중국어와 빨리어·산스크리트어·티벳어 등의 기초를 가르칠 것이고, 비교종교학이나 철학, 사회복지학, 포교 관련 과목 등으로 교과과정을 구성할 예정입니다. 예불과 천수경 등 기본의식은 필수로 해야 합니다.

준비를 하려면 아직 많은 시간이 필요할 것 같습니다. 6년 과정을 마치고 전문 과정까지 졸업하려면 빨라도 20년 후에나 첫 졸업생이 나올 것 같아요. 그렇게 되면 100년쯤 흘러야 수도원의 취지를 살릴 수 있을 것 같습니다. 지금은 먼 훗날의 얘기 같지만 맑은 연못에 조약돌 하나 던지는 심정으로 차근차근 준비하고 있습니다."

스님은 수도원 부지를 이미 마련해 뒀다고 한다. 세수 70을 앞두고 있지만 스님의 의지는 확고했다. 스님이 이렇게 교육을 중요시하고 있는 것은 아마도 스승의 지도에 따라 철저하게 공부를 했기 때문일지 모른다.

'스님'은 내 운명

동주 스님은 절에서 태어났다. 스님의 아버지도 스님이었다. 아버지스님은 범패를 잘했다. 초등학교 4학년 때 아버지를 따라간 행사장에서 스님들이 범패 하는 것을 보고 출가를 결심했다. "범패에 푹 빠져 버렸다."고 한다. 아마 지금 스님의 모습이 그때 결정된 것인지 모른다.

대은 스님(左)과 동주 스님(右) "은사스님을 처음 만났을 때 마치 동네
어른을 만나며 서로 만난 것 같았어요. 무뚝뚝하면서도 인자한 모습이었지
요. 말씀 한마디 한마디가 자비로웠습니다. 화운사 비구니스님들이 '친
할아버지 같다'고 얘기하는 것을 많이 보았습니다."

"스님이 되겠다고 생각하니 하루하루가 즐거웠어요. 그러다 16살 때 늑막염에 걸려 죽다 살아났습니다. 그때 아버지스님에게 부탁을 드렸지요. 제가 만약 죽게 된다면 영혼 득도식이라도 해 달라고요. 그렇게 오랫동안 누워 있다가 천도의식을 하고 나서야 가까스로 일어났습니다. 몇 달 요양을 한 뒤 열일곱 살에 대은 큰스님을 은사로 출가했습니다. 법명(法名)은 원명(元明)이고 지금 쓰는 동주(東洲)는 나중에 은사스님께 받은 법호(法號)입니다."

스님은 1961년 서울 사자암에서 대은 스님을 만났다. 사실 대은 스님은 동주 스님의 세간 아버지스님이 추천해 준 스승이라고 한다. 용인 화운사에서 비구니스님들을 가르치고 있던 대은 스님은 마침내 동주 스님을 제자로 받아들여 출세간의 아버지가 된 것이다.

"은사스님을 처음 만났을 때 마치 동네 시골 할아버지를 만난 것 같았어요. 푸근하면서도 인자한 모습이었지요. 말씀 한마디 한마디가 자비로웠습니다. 화운사 비구니스님들이 '친정아버지 같다'고 얘기하는 것을 많이 들었습니다."

출가 후 5년 정도 은사스님에게 경(經)을 배운 스님은 대은 스님의 말씀에 따라 범패를 비롯한 불교의식을 배우기 시작했다.

"예전에 노장님들이 도반을 만나면 묻는 것이 세 가지 있었다고 합니다. 상좌를 몇이나 두었는지, 죽으면 화장할 장작 값은 마련했는지, 그리고 상좌에게 범패는 가르쳤는지가 중요한 인사 메뉴였다고 해요. 그래서인지 은사스님께서도 저에게 '중물을 들이려면 의식을 알아야 하니 배우고 오라'고 하셨지요. 그래서 불교의식을 배우기 시작했습니다."

대강사(大講師)였던 대은 스님은 강사의 길을 걷기 전에는 영산재를 비롯한 모든 의식을 배웠다고 한다. 어렸을 때는 재(齋)에 빠짐없이 참여했던 재바지 스님이었다. 열네 살 때 화계사에서 재를 올리다가 가사 입은 스님들의 모습이 좋아 보여 상궁에게 가사를 입어보고 싶다고 했다. 그러나 그 상궁에게서 돌아온 것은 면박뿐이었다. "가사는 큰스님들이 입는 것이지 너 같은 재바지 중이 입을 수 있는 것이 아니다."라는 상궁의 말에 충격을 받은 스님은 그길로 금강산 유점사로 가서 공부를 시작했다. 대은 스님은 하루에 한문으로 된 경전구절을 150줄씩 외울 정도로 뛰어났다고 한다. 유점사에서 기초 공부를 마친 스님은 보은 법주사, 문경 대승사, 공주 마곡사 등에서 경전공부를 했다. 그 후에는 전국의 수많은 사찰에서 학인들을 가르쳤다.

동주 스님은 김포 문수사에서 벽응 스님에게 범패를 처음 배웠다. 벽응 스님은 숨소리까지 똑같아야 다음 과정을 알려 주었다. 범패의 기초만 몇 달 배울 정도로 철저하게 배웠다. 그렇게 시간을 보내고 절에 돌아왔더니 대은 스님이 이번에는 송암 스님을 다시 추천해 줬다. 송암 스님은 당시 '불교계의 아이돌'로 불릴 정도로 수많은 재를 집전했다고 한다.

"은사스님께서 송암 스님을 찾아가 '스님이 알고 있는 소리는 하나도 빠짐없이 원명이에게 가르쳐 달라'며 절을 했다고 합니다. 그때 은사스님 나이가 70이 넘었고 송암 스님은 이제 막 50줄에 접어들었는데, 제자의 공부를 위해 후배스님에게 절을 하신 거죠. 그 얘기를 나중에 들으니 정신이 번쩍 들었어요. 처음에 송암 스님한테 갈 때만 해도 3개월 정도만 배우고 나중에 은사스님처럼 훌륭한 강사(講師)가 되겠다고 생각했는데 스님께서 그렇게 간곡하게 부탁을 했다는 얘기를 듣고 마음을 다잡았습니다. 끊여져가는 전통 불교의식의 맥을 잇고 후학을 가르쳐야겠다고 다짐했지요."

그렇게 공부를 시작했지만 처음에는 충분하게 배우지 못했다. 송암 스님이 너무 바빠서 아침에 10분~20분 정도 소리를 배우는 것이 전부였다. 송암 스님은 바쁜 가운데서도 아침마다 동주 스님에게 소리를 가르치고 다른 절에 가서 재를 지내 주었다. 잠깐 배운 것이었지만 하루 종일 완벽하게 연습했다. 스스로 다 외웠다고 생각하지 않으면 동주 스님은 다음 것을 배우지 않았다. 그렇게 4년 동안 송암 스님에게 의식을 배웠다.

술 취한 스님과의 하룻밤에 선방 갈 결심

서울 봉원사에서 송암 스님에게 불교의식을 사사받던 어느 날, 동주 스님은 한 노스님을 만났다. 매일 술에 취해 있어 가까이 가는 것조차 싫었던 그 노스님과 하루 밤을 같이 보내게 됐는데 그 스님이 주정처럼 "정신 차려라. 속지 말아라."라는 말을 토해냈다. 동주 스님은 "또 무슨 소리를 하려고 하는가?" 하고 귀를 닫았다. 그런데 그 노스님은 계속 그 말을 했다. 그래서 여쭈었다. "무슨 뜻입니까? 정신 차리고 속지 않으면 중노릇 잘할 수 있는 것입니까?" "여기 있는 대중들이 나를 미친놈이라고 하는데, 나는 미치지 않았다. 속지도 않았다. 내가 너를 보니 귓구멍이 뚫려 있는 것 같아 하는 말이다. 지금부터라도 참선을 해라."

그 노스님은 다음날 동이 틀 때까지 조사(祖師)스님들의 수행 이야기와 참선 방법에 대한 얘기를 전해 주었다. 밤새 공부 얘기를 들은 동주 스님은 발심했다. 선방에서 공부를 해야겠다는 의지가 확고해진 것이다.

"당장 선방에 가고 싶었지만 송암 스님에게 배울 것이 많이 남아 있어 더 공부를 열심히 했습니다. 빨리 배우고 나서 선방에 가자고 생각을 한 것이지요. 그렇게 공부를 한 뒤 1970년 하안거 해제 이틀 전에 송암 스님께 선방에 가겠다고 말씀을 드렸어요. 스님은 그 말을 듣자마자 고개를 돌리셨습니다. 실망을 하신 것이지요. 한참 지나고 나서 스님께서 '선방 가기로 마음먹었으면 다시는 여기 온다고 생각하지 말고 확실하게 공부하라'고 말씀하셨어요. 그렇게 허락을 받고 선방에 갔습니다."

동주 스님은 대은 스님의 추천으로 부안 내소사 선원으로 갔다. 당시 내소사에는 해안(海眼) 스님이 후학들을 제접하고 있었다. 해안 스님에게 '이뭣고' 화두를 받고 선원 생활을 시작했다. 그 후로도 합천 해인사, 양산 통도사 극락암, 순천 송광사, 문경 대승사 선원에서 공부했다.

"발심해서 갔기 때문에 정말 열심히 했어요. 평생을 선방에서 보내고 싶다는 생각을 할 정도로 저에게 뜻 깊은 시간이었습니다. 해안 스님, 성철 스님, 지월 스님, 경봉 스님, 구산 스님 같은 어른스님들께 많은 가르침을 받았습니다."

불교의식은 신도 교화의 핵심

8년여 간 선방에서 공부를 한 스님은 1977년 출가 사찰인 사자암 주지로 환지본처(還至本處)했다. 1993년까지 주석하며 가람을 일신했다. 사찰 불사(佛事)와 함께 불교의식을 재정립하는 불사도 같이 진행했다. 1980년부터 6년여 동안 당시 총무원장 월주 스님의 도움으로 '조계종 의식수련원'을 열어 스님들에게 제반 불교의식과 범패를 지도하기도 했다.

사자암 주지를 마치고 나서도 불교의식 연구와 설행(設行)은 계속됐다. 영산재, 수륙재, 예수재 등 지금까지 스님이 설행한 각종 재의식만 3,000회가 넘는다. 특히 조계종 출범 후 처음으로 2003년부터 3년간 조계사에서 진행한 영산재는 감회가 남달랐다고 한다.

"영산재 시연을 하려고 몇 달을 준비했습니다. 한번 시작하면 열 시간이 넘게 설행을 해야 하기 때문에 의식을 완벽하게 준비하는 것 못지않게 체력도 중요합니다. 쉽지 않았지만 그때는 힘들다는 생각보다 이제야 제대로 영산재를 재현한다는 생각에 환희심이 절로 났습니다."

이러한 노력의 결과로 스님은 2006년 조계종의 의식을 관장하는 어산 어장에 임명됐다. 이에 앞선 2005년에는 문화재청으로부터 중요무형문화재 제50호 영산재 전수교육조교로 지정되기도 했다.

2009년에는 조계종 불교의식을 정비한 『승가의범』 의식집을 펴냈다. 현대판 『석문의범』에 견주어도 손색이 없을 정도로 불교의식 전반을 담아냈다.

그리고 2013년 1월에는 서울시 무형문화재 제43호 '경제어산(京制魚山)' 보유자가 됐다. 경제어산은 서울경기지역의 불교 소리를 말한다. 전라도와 충청도, 강원도, 황해도, 함경도, 평안도 소리가 경제어산의 직접적 영향을 받았다. 경상도 소리만 경제어산과 다르다.

의식을 집전 중인 동주 스님 "불교의식은 신도 교화의 핵심입니다. 불교의식은 또 선정(禪定)의 극치에서 나옵니다. 마음을 한 낱 소으로 모으지 않으면 소리가 되지 않아요. 모든 번뇌가 사라져야 제대로 된 소리가 나옵니다."

"우리나라에는 범패, 판소리, 가곡 등 3대 성악곡이 있습니다. 판소리와 가곡은 조선중기 때 생긴 것으로 약 300여 년의 역사를 가지고 있습니다. 이에 비해 범패는 신라 말 진감 선사가 당나라에서 배워와 전해진 것으로 1100여 년 가까운 역사를 가지고 있어요. 신라의 대학자 최치원 선생이 쓴 진감 선사 대공탑비(국보 제47호)에 상세하게 기록이 남아 있습니다.

고려 광종 때 시작돼 조선조 500년간 서울을 중심으로 전해진 경제어산 수륙재는 지금은 그 명맥이 단절될 위기에 처해 있습니다. 이번 지정을 계기로 경제어산의 전통을 잇는 일에도 열심히 해 볼 생각입니다."

동주 스님은 지난해 홍원사에 한국불교전통의례전승원을 열었다. 전문과정 2년, 연구과정 3년의 전승원에서는 15명의 스님들이 동주 스님에게 의식을 배우고 있다. 전문과정에서는 상주권공, 불교의식장단, 영산재, 천도재, 예수재 등과 한글불교의식에 대한 교육이 진행되며, 연구과정에서는 수륙작법을 배운다.

"불교의식은 신도 교화의 핵심입니다. 불교의식은 또 선정(禪定)의 극치에서 나옵니다. 마음을 일념(一念)으로 모으지 않으면 소리가 되지 않아요. 모든 번뇌가 사라져야 제대로 된 소리가 나옵니다. 그래야 소리의 참맛을 느낄 수 있습니다. 그래서 중요한 원칙과 조건이 있습니다. 첫째, 계행(戒行)이 청정한 스님이 의식을 해야 합니다. 계행이 깨끗하지 않은데 어떻게 천도를 하겠습니까? 둘째, 입으로는 염불을 외우고 소리를 하되 마음으로는 지금 하고 있는 소리의 뜻을 생각하지 않으면 안 됩니다. 영가를 천도할 때는 특히 그렇습니다. 셋째, 사성(四聲)으로 소리를 해야 합니다. 사성이라고 하는 것은 평성(平聲), 상성(上聲), 거성(去聲), 입성(入聲)을 말합니다. 넷째, 법력(法力)이 있어야 합니다. 아무리 목청이 좋아도 수행이 안 되면 제대로 된 소리가 나오지 않아요. 참선이든 기도든 염불이든 경전 공부든 그 어떤 수행법도 좋습니다. 수행력이 있어야 합니다. 이 네 가지를 갖춰야 비로소 제대로 된 불교의식을 할 수 있다고 생각하고 제자들에게도 그렇게 가르칩니다."

동주 스님은 특히 "불교의식은 교리의 꽃이다. 팔만대장경의 골수만 뽑아서 만든 것이 의식이다. 글만 새기지 말고 그 뜻을 충분히 이해하고 체화해야 한다."고 강조했다.

스님은 앞으로 불교의례의식의 한글화와 수륙재의 가치를 알리는 일에 매진하겠다고 밝혔다. 동주 스님은 "의식의 한글화는 시대적 요청이다. 의식 책임자로서 반드시 한글화가 이뤄지도록 역할을 할 것"이라고 전했다. 수륙재는 육지와 강과 바다 등에서 죽어 저승에 가지 못하고 허공에 떠돌면서 갖은 고통을 받고 있는 영혼을 천도하여 극락세계에 왕생하기를 바라는 의식이다.

점심 직후에 시작된 인터뷰는 저녁 공양 시간까지 계속됐다. 잔뜩 찌푸려 있던 하늘에서도 함박눈이 내리고 있었다. 자리를 정리하는 도중 스님 방 한편에 있는 글씨가 눈에 띈다. '淸池皓月照禪心(청지호월조선심)', 즉 '맑은 못에 비친 밝은 달은 선승의 마음'이라는 뜻이다. '입'이 아닌 깨달은 마음으로 의식을 해야 한다는 동주 스님의 의지가 녹아 있는 듯하다. 창밖의 눈을 보면서 마지막 질문을 던졌다.

"다음 생에도 인연이 돼 대은 스님을 만난다면 다시 스승으로 모실 수 있습니까?"

"제 속가 아버지스님이 대은 큰스님과 저를 만나면 항상 하시는 말씀이 '우리 원명이는 나보다 스님을 더 좋아합니다.'라는 것입니다. 대은 큰스님에게 싫지 않은 푸념을 늘어놓으신 거죠. 저는 세세생생 대은 큰스님과 인연을 맺고 싶습니다. 이번 생에는 제가 먼저 큰스님의 제자가 되었으니 큰스님이 다시 환생하셔서 저의 제자가 되면 좋겠어요. 또 나중에 제가 죽으면 다시 큰스님의 제자가 되기를 희망합니다. 역할을 바꿔가면서 성불할 때까지 인연을 계속 맺고 싶어요. 하하하."

대은 스님

대은소하(大隱素荷) 스님은 평생을 포교와 강의에 진력했던 것으로 전해진다. 7세 때 철원 심원사에서 출가했으며 금강산 유점사와 문경 대승사, 보은 법주사 강원 등에서 공부했다. 또 유점사 선원을 비롯한 제방 선원에서 정진하기도 했다.

대은 스님은 보은 법주사와 문경 대승사, 서산 개심사, 용인 화운사 등에서 강사로서 후학들을 가르쳤고 중앙불교전문학교와 혜화불교전문학교에서도 강의했다. 조선불교교무원 중앙포교사, 대자유치원장 등을 역임했다. 서옹 스님이 출가하기 전에 처음 인연을 맺은 스님이 바로 대은 스님이었다고 한다. 대은 스님은 서옹 스님을 만암 스님 문하로 보내 출가하도록 했다.

『석가여래약전』, 『암야의 등명』, 『신앙의 등불』, 『피안의 메아리』, 『삼세인과』, 『육조대사 고행록』, 『금강신앙』 등 다수의 저서와 논문, 수필, 산문 등을 남겼다. 2009년 대은 스님 열반 20주기를 맞아 문도회에서는 저서 등을 모아 『대은 대종사 문집』을 펴내기도 했다.

동주 스님이 사자암 주지를 하면서 모시던 중 1989년 3월에 입적했다. 세수 96세, 법랍 89세.

나의 스승 홍법 스님

"저에게 수많은 스승님을 만날 수 있도록 해 주시려고 하셨는지 은사스님
께서는 일찍 사바세계를 떠나셨습니다. 어른스님들께 은사스님 법명을 말
씀드리면 저를 다시 봐 주셨습니다. 마음을 더 써 주신 거죠. 어른스님들
모두가 그러셨던 것 같습니다."

홍법 스님

스승을
남기고
떠난
스승

조계종 군종특별교구장
정우 스님

무언가를 꾸준히 하는 것은 쉬운 일이 아니다. 굳게 마음을 먹어도 주변 환경이 도와주지 않거나 자신의 의지가 확고하지 않으면 '작심삼일'하기도 쉽지 않다. 그래서인지 꾸준하게 무언가를 하는 사람들을 보면 절로 고개가 숙여지고 신심(信心)이 난다. 서울 구룡사에서 발행하는 사보(寺報) 월간 「붓다」가 2013년 2월호로 지령 300호를 맞았다고 한다. 1988년 「구룡사보」를 시작으로 「구룡」을 거쳐 월간 「붓다」로 독자들과 만난 지 벌써 25년이 된 셈이다. 월간 「불광」 등 극소수에 지나지 않는 불교잡지 역사에서 한 획을 그었다고 해도 과언은 아닐 것이다.

정우 스님에게 월간 「붓다」와 스승 홍법 스님에 대한 이야기를 듣고자 서울 구룡사를 찾았다. 구룡사는 서울 불광사와 함께 도심포교의 '맏형'

같은 존재다. 비교적 한가한 오후였지만 법당에서 기도하는 불자들이 적지 않았다. 법당에서 참배를 하고 회주실의 문을 두드렸다.

"훌륭하신 스님들이 많이 계신데 우리 스님 얘기를 먼저 해도 될지 모르겠습니다."

몇 차례 정우 스님을 만난 적이 있었지만 당신의 스승인 홍법 스님에 대한 이야기를 듣는 것은 처음이었다. 차 한 잔을 마시고 스님은 빛바랜 편지 한통을 먼저 보여주었다. 길지 않은 내용을 같이 읽었다.

頂宇 親展(정우 친전)

相別后(상별후) 소식 없어 雲散遠天(운산원천)에 북녘 하늘 바라보며 너 용모를 그립든 차 手書(수서)를 받고 보니 반갑기 그지없다. 그간도 몸 건강히 軍務(군무)에 충실하다 하니 더욱 반갑고나. 이곳은 너희들의 守護(수호)로 山中(산중)이 無故(무고)하니 安心(안심)하라. 그리고 嚴冬雪寒(엄동설한) 매서운 추위도 祖國守護(조국수호)의 任義務(임의무)로 알고 職分(직분)을 다하라.

念念菩提心(염념보리심)하면 處處安樂國(처처안락국)이니 佛子(불자)의 본분을 護持(호지)하여 淸淨(청정)을 汚染(오염)치 말고 榮譽(영예)롭게 歸寺(귀사)를 苦待(고대)한다. 여기는 오랜 만에 눈이 내려 月白雪白天地白(월백설백천지백)한대 山深夜深汝思深(산심야심여사심)이라 한결 너 모양이 비치는구나. 말로써 무슨 慰安(위안)이 되겠느냐 이만 줄인다.

1월 18일

弘法(홍법) 合掌(합장)

"1974년 제가 군대에 있을 때 은사스님께서 보내신 편지입니다. 무뚝뚝하시지만 상좌를 챙겨주시는 마음이 그대로 녹아 있어요. 편지를 받고 얼마나 좋았는지 모릅니다."

정우 스님은 출가 후 입대해 군승(軍僧) 장교가 아닌 일반 사병으로 복무했다. 홍법 스님은 여느 아버지와 다르지 않은 마음으로 제자를 챙겼다. 스승의 격려 덕분에 정우 스님은 사병 신분으로 호국황룡사와 호국일월사 등 군법당을 두 곳이나 세우는 원력을 보이기도 했다.

(이런 인연 때문이었는지 인터뷰 후 정우 스님은 조계종 군종교구장으로 추대돼 현재 활발한 활동을 펼치고 있다. 2013년 7월 25일 열린 취임법회에서 정우 스님은 "군불교 발전을 위한 자양분 역할을 하겠다."고 서원했다. 스님은 "군포교의 주체는 현장에서 뛰고 있는 현역군승들인 만큼 군승법사들이 최선을 다해 전법에 매진할 수 있도록 적극적으로 지원하겠다."고 강조했다. 군포교를 위해 동분서주하고 있는 스님은 지난 1월 14일 최전방 155마일 휴전선의 철책선과 연평도·백령도 등 서해 5도 해안경계선에서 근무를 서는 장병과 울릉도와 독도를 공중 감시하는 공군 부대 등 30개 부대 장병들에게 휴대용 보온용품 22만 개를 전달했다. 정우 스님은 지난해 12월에도 육군 52사단 번개연대를 방문해 장병들에게 현장에서 조리한 자장면 800그릇을 제공하기도 했었다. 정우 스님은 최근 열린 기자간담회에서 올해에는 노후 군법당 개보수불사를 추진하는 등 군포교 강화에 매진하겠다고 밝혔다. 스님은 올 한 해 동안 군승 충원 및 예비군승 교육 강화, 노후 군사찰 개보수 불사 추진, 군장병 불자 배가 운동 전개, 군 포교 네트워크 구축 등 4가지 중점사업을 추진해 나가겠다고 밝혔다. 특히 군 종교구는 노후 군사찰 개보수 불사를 추진하기 위해 건축위원회를 결성

청우 스님은 출가 후 입대해 군승대원 장교가 아닌 일반 사병
으로 복무했다. 홍법 스님은 어느 아버지와 다르지 않은 마음으
로 제자를 챙겼다. 스승의 걸려 덕분에 청우 스님은 사병 신분
으로 호국황룡사와 호국원원사 등 군법당을 두 군데나 세우는
위력을 보이기도 했다.

한 뒤 신축 사찰 표준설계안을 작성하고 군예산 획득방안 강구 등 노후된 군법당 불사를 위한 다각적인 노력을 전개한다는 계획이다. 육군 5사단 신병교육대대 법당 건립 등 8곳의 군법당 불사를 전개하고 있는 군종교구는 1교구 1군사찰 자매결연맺기 캠페인을 전개해 각 교구본사마다 군포교를 후원하도록 독려해 나간다는 방침이다.)

사실 정우 스님이 스승 홍법 스님을 모신 기간은 10여 년에 불과하다. 홍법 스님이 49세의 나이로 입적했기 때문이다. 그 10년 동안 행자생활을 하고 강원에 다니고 군 생활을 했으니 실질적으로 가까이에서 모신 시간은 얼마 되지 않는다. 수십 년 씩 시봉(侍奉)을 하는 스님들에 비하면 짧은 시간이라 할 수 있다. 그럼에도 불구하고 영원한 스승으로 가슴에 새겨진 홍법 스님과 정우 스님의 인연은 어떻게 시작됐을까?

짧은 인연, 긴 울림

전북 김제 출신인 정우 스님은 초등학교 때 출가 인연이 찾아 왔다. 초등학교 4학년 때 김제 망해사로 소풍을 가서 만난 한 스님이 '전설처럼 내려오는' 스님들의 이야기를 들려 줬다. 시골에서 평범하게 자라던 소년에게는 스님들의 이야기가 마냥 신기했다. 이야기를 다 듣고 난 소년은 자기도 모르게 스님에게 "저도 스님이 되고 싶어요."라고 말했다.

그러던 중 가까운 친척 중에 스님이 있어 자연스럽게 출가했다. 열다섯 살 때였다. 그렇게 정읍 내장사에서 삭발염의하고 승려 생활을 시작한 스님은 부안 백룡사, 인천 약사사, 그리고 서울 신대방동 장안사 등에서 정진했다. 그러던 중 장안사에 같이 있던 한 스님이 조계사의 성안 스님과 신태 스님을 찾아가 보라고 권유했다. 조계사에서 만난 두 스님은 다시 통도사와 홍법 스님을 추천했다. "스님으로서 수행정진을 더 하려면 통도사처럼 큰절에서 공부를 해야 한다. 또 통도사에 가면 홍법 스님이 계시는데 그 스님께 가르침을 받아라."는 말이었다. 나중에 알고 보니 그 스님들은 통도사 강원에서 홍법 스님에게 가르침을 받으면서 감화받은 분들이었다.

그렇게 인연이 돼 통도사로 향했다. 출가한 지 3년 만의 일이었다. 서울에서 양산 통도사까지 짧지 않은 거리를 물어물어 찾아갔다.

"통도사에 도착해 보니 '이곳이 불교이고 절이구나' 하는 생각이 들었습니다. 통도사에 계신 어른들이 진짜 스님처럼 보였죠. 제 집에 온 것처럼 정말 편안하고 좋았습니다. 절에 도착하자마자 은사스님을 찾아뵈었습니다. 저를 추천해 주신 스님의 편지를 전해 드렸더니 '잘 왔다'고만 말씀하셨습니다. 그때 스님께서는 강원(講院)에서 강사(講師)를 하고 계셨는데 자상하실 것 같다는 인상을 받았어요."

그렇게 정우 스님은 홍법 스님을 은사로 '두 번째 출가'를 했다. 그리고 행자 생활을 다시 시작했다. 절에 있다 와서인지 생활은 그리 힘들지 않았다. 강원을 마치고 입대해 군을 제대한 뒤 스님은 홍법 스님을 모시고 태백산 청원사에서 일주일을 보냈다.

"열반하시기 몇 년 전부터 건강이 좋지 않으셔서 은사스님께서 좀 쉬시길 바라는 마음으로 태백산에 모시고 갔습니다. 일주일간 제가 공부하고 느꼈던 것들을 많이 여쭈었습니다. 편찮으셨지만 자상하게 답을 주셨고 지금까지도 그때의 문답(問答)이 저에게는 공부의 큰 힘이 되고 있습니다.

　은사스님께서는 수행자에게 잠과 음식, 의복이 부족해야 한다고 말씀하셨어요. 사치를 버려야 하고, 잠을 많이 자면 안 되며, 음식을 많이 먹어서는 제대로 공부할 수 없다고 여러 차례 강조하셨습니다. 또 부족한 환경에서 공부를 더 간절하게 할 수 있다고도 가르치셨습니다. 은사스님이 통도사에 계실 때 유명한 일화가 있습니다.

　하루는 절에 불을 지피는 부목처사님이 은사스님 방을 따뜻하게 한다고 아궁이에 장작을 조금 많이 넣었습니다. 그 모습을 본 은사스님께서는 온기가 들어올 정도의 양만 남기고 장작을 다시 빼냈습니다. 장작이 나와 있는 것을 보고 처사님은 다시 넣고 은사스님은 또 뺐다고 해요. 그 때 큰스님께서는 '방이 너무 따뜻하면 중이 졸기만 한다'고 하셨다고 합니다."

　홍법 스님은 전(前) 조계종 총무원장 지관 스님과 남양주 봉선사 조실 월운 스님과 함께 해인사 강원을 1기로 졸업하고 강사의 길을 걸었다. 당시 불교계에서는 세 스님을 '차세대 3대 강사'라고 불렀을 정도로 뛰어난 학인들이었다고 한다. 홍법 스님은 훗날 통도사 강주와 통도사 주지를 역임하기도 했다.

　"저에게 수많은 스승님을 만날 수 있도록 해 주시려고 하셨는지 은사스님께서는 일찍 사바세계를 떠나셨습니다. 어른스님들께 은사스님 법명을 말씀드리면 저를 다시 봐 주셨습니다. 마음을 더 써 주신 거죠. 어른스님들 모두가 그러셨던 것 같습니다. 어른스님들께 들은 말씀이긴 한데 현대 한국불교에 세 분의 보살(菩薩)이 계셨다고 합니다. 서울 도선사 청담 큰스님과 해인사 지월 큰스님, 그리고 저희 은사이신 홍법 큰스님을 말합니다. 나중에 은사스님께서 많이 아프셨을 때는 경봉 노스님께서 '통도사를 다 팔아서라도 홍법 스님을 살려야 한다'시며 매우 안타까워하셨습니다."

정우 스님이 통도사에 갔을 때는 경봉 스님을 비롯한 기라성 같은 선지식들이 영축산에 주석하고 있었다. 홍법 스님이 일찍 입적하면서 할아버지가 손자를 아끼듯 노스님들은 정우 스님에게 각별한 마음을 써 주셨다고 한다.

"그때 산중 어른들은 어린 사미들의 법명을 다 기억해 주셨습니다. 누구 상좌고 법명은 무엇인지 다 알고 계셨어요. 항상 후학들에게 관심을 갖고 계셨다는 것입니다. 그런데 지금 우리는 그렇게 하지를 못해요. 부끄러운 일이죠. 어른이 될수록 대중들을 살펴야 하는데 저부터 반성하고 있습니다.

극락암에 계시던 경봉 노스님은 찾아뵈면 꼭 사미들에게 먹을 것을 주시고 맛을 물으셨어요. 손자들에게 과자를 주시듯 언제나 인자한 모습으로 격려해 주셨습니다. 제가 10대에 견성할 것이라고 마음먹고 인사를 드리면서 당돌하게 '저에게 화두 하나 주세요!' 했더니 노스님께서는 '이놈 어디 가려고 망상을 부리노?' 하시면서 출가자의 근본을 말씀해 주시고는 '부모미생전본래면목(父母未生前本來面目)'을 주셨습니다. 지금도 이것을 평생 화두로 참구하고 있습니다.

벽안 노스님은 당신 스스로는 상당히 꼿꼿하고 엄정한 분이셨는데, 후

앞줄 왼쪽부터 월하 스님, 운허 스님, 영암 스님
뒷줄 왼쪽부터 지관 스님, 홍법 스님, 월운 스님
통도사 주지와 강주를 역임한 홍법 스님은 전 조계종 총무원장
지관 스님과 전 동국대 역경원장 봉선사 조실 월운 스님과 함께
해인사 강원을 1기로 졸업. 당시 세 스님은 차세대 3대 강사라
고 불렀다.

학들을 참 따뜻하게 대해 주셨어요. 제가 해 보고 싶은 일이 있어 1976년도에 잠시 통도사를 나온 적이 있었는데 그때 벽안 노스님께서 격려 편지를 보내 주셨습니다.

'정우를 보내고 궁금하던 차 편지를 받아 보고 반겨 하였다. 공부를 위한 것이니 아무쪼록 공부를 착실히 하고 돌아와서 통도사를 위하고 또 불교를 위하여 크게 활약하고 훌륭한 승려가 되어라. 우리 불교는 현재 이 사회의 바람을 응수하지 못하고 있다. 젊은 세대는 반성해서 구습을 타파하여라. 이만 노승 벽안 답'이라 하여 1976년 10월 12일에 편지를 주셨지요.

월하 노스님은 제게 아버지 같은 분이셨습니다. 제가 스물일곱 살 때 은사스님께서 입적하셨습니다. 그때는 정말 억장이 무너졌습니다. 그래서인지 손상좌인 저를 늘 따뜻하게 보살펴주셨지요. 노스님께서는 제가 젊은 시절 머무르고 있던 서울의 작은 절에 두 번이나 다녀가셨습니다. 걱정이 되셔서 손상좌의 처소를 방문하신 것이지요. 그때가 노스님께서 동국대학교 재단 이사장으로 계실 때입니다. 월하 노스님의 자상함과 자애로움이 저의 젊은 시절을 버틸 수 있게 해 주었습니다. 노스님께서는 저를 생명줄처럼 붙들어 주셨지요."

은사스님을 대신한 여러 스승님들의 보살핌 덕분에 정우 스님은 통도사와 서울을 오가며 다양한 포교활동을 펼치기 시작했다.

정우 스님이 본격적으로 도심포교에 뛰어든 것은 1980년대 초였다. 군에서 제대를 하고 통도사와 서울을 오가다 1985년도부터 본격적으로 구룡사를 이끌기 시작했다. 원래 구룡사는 서울 종로구 가회동에 있었다. 그러나 주변에 조계사를 비롯해 칠보사, 선학원 등의 사찰이 있었고, 절 주변이 한옥 보전 및 미관 지역으로 지정돼 포교당으로 운영하기에는 여러 가지 문제점이 있었다. 그래서 불가피하게 새로운 지역을 찾아야 했다. 정우 스님은 현재의 구룡사 위치로 절을 옮기기로 하고 부지를 구해 천막을 쳤다. 2년 간의 천막법당 생활과 다시 2년간의 임시건물 법당 생활을 하면서 1989년도에 지금의 구룡사를 낙성했다.

"그때 처음으로 부처님 금란가사 친견법회를 100일 간 진행했습니다. 또 대중들에게 만불전(萬佛殿)을 짓겠다고 말씀드리고 적극적인 동참을 부탁했습니다. 그때 만 명이 넘는 사부대중들이 신심과 원력으로 동참해 줘 2년 만에 만불보전 낙성과 회향이 이뤄졌습니다. 그렇게 구룡사를 낙성하고 다른 포교당들도 만들게 됐어요."

정우 스님이 이렇게 만든 포교당은 국내외에 모두 23곳에 이른다. 포교당을 만들어 통도사가 아닌 해당지역 본사에 운영을 맡긴 곳도 있다. 가장 최근에는 필리핀 마닐라에 '마닐라 선원'을 개원하기도 했다.

"제가 포교당을 만든 것은 일도 아닙니다. 통도사 구하 노스님은 일제 강점기에 이미 도심포교당을 38곳이나 만들었습니다. 그것도 사격(寺格)을 제대로 갖춰서 말입니다. 광덕 스님 역시 불광사를 비롯한 많은 사찰을 만들고 포교활동을 하셨어요. 도심 대중포교는 시대의 목마름입니다. 수년 전부터 신도시가 많이 만들어지는 것을 보고 신도시마다 사찰을 건립해야겠다는 원력을 세웠지요. 그저 제가 할 수 있는 일을 찾아서 했을 뿐입니다."

정우 스님은 구룡사를 비롯한 도심포교당을 모두 조계종에 공찰로 등록했다. 스님은 또 1987년에 극단 '신시(현 신시컴퍼니)'를 창단하기도 했다.

"1980년대 중반에 연극 '님의 침묵'을 공연했던 적이 있는데, 당시 함께 했던 출연진과 스태프와 마음을 모아 극단을 만들었습니다. 연극도 좋은 포교 방법이 될 수 있다고 생각했지요. 많은 어려움을 극복하고 이제는 한국을 대표하는 극단이 되어 정말 감사하게 생각하고 있습니다."

스님이 한 박자 빠르게 도심포교에 나서고 극단을 만들고 인터넷 TV를 운영하는 것은 "시대의 부름에 함께하기 위해서였다."고 했다. 월간 「붓다」를 만든 것 역시 마찬가지라고 한다.

"월간 「붓다」는 순수 불교잡지로 만들어 갈 생각입니다. 아마추어적이더라도 아날로그적이면서 감성적인, 그리고 가슴에 울림을 주는 글들이 실리도록 하고 싶어요. 앞으로 좋은 글들은 인터넷을 통해서도 불자들과 만날 수 있도록 할 생각입니다.

불교에서 '본다'는 의미를 가지고 있는 것을 꼽자면 팔정도의 정견(正見), 간화선에서 간(看), 반야심경에서 관(觀) 등일 것입니다. 그런데 조금 자세하게 보면 정견은 인식기관으로 보고, 간은 찾아서 보고, 관은 지혜로 본다는 의미가 있어요. 인식기관으로도 보면서 찾아서 보고 지혜로도 보는 불교를 이 시대에 구현해야 합니다."

정우 스님은 1980년대 초반부터 조계종 중앙종무기관에서 일을 했다. 또 중앙종회의원과 통도사 주지를 비롯한 여러 소임을 거치며 다양한 행정 경험을 쌓았다. 조계종이 진행하고 있는 '자성과 쇄신 결사'에 대한 의견도 궁금해졌다.

"쇄신이라는 것은 자기 근본 도리를 찾는 것입니다. 각자가 도리에 맞게 살면 됩니다. 스님 개인 차원은 물론 종단과 사찰의 근본 도리, 존재 이유가 무엇인지 생각해 보고 실천해야 합니다. 또 시대가 우리에게 무엇을 요구하는지를 살펴보고 그에 부응하면 됩니다. 우리 불교는 사회에 대한 배려와 관심, 친절함으로 국민들에게 '어울림'을 좀 더 제공해야 하지 않을까 싶습니다."

스님은 "근본으로 돌아가야 한다."면서도 현 조계종의 결사에 대해서는 말을 아꼈다.

스님은 스승의 유지를 받들기 위해 '홍법문화복지법인'을 만들어 교육사업과 문화사업을 비롯한 다양한 활동을 전개하고 있다. 앞으로도 필요로 하는 곳은 어디든 달려가 부처님의 가르침을 전할 계획이라고 한다.

출가 50년을 앞두고 있는 정우 스님에게도 30여 명에 이르는 상좌와 손상좌가 있다고 한다. 부모가 돼 봐야 부모 마음을 안다고 했던가? 마지막 질문을 던지며 인터뷰를 마무리했다.

"다음 생에도 인연이 돼 홍법 스님을 만난다면 다시 스승으로 모실 수 있습니까?

정우 스님 "해선이라는 것은 자기 근본 도리를 찾는 것입니다. 각자가 도리에 맞게 살면 됩니다. 스님 개인 차원은 물론 종단 과 사찰의 근본 도리, 존재 이유가 무엇인지 생각해 보고 실천 해야 합니다. 또 시대가 우리에게 무엇을 요구하는지를 살펴보 고 그에 부응하면 됩니다. 우리 불교는 사회에 대한 배려와 관 심, 진정으로 국민들에게 '어울림'을 좀 더 해공해야 하지 않 을까 싶습니다."

"앞서 말씀드렸지만 이번 생에서 홍법 큰스님과 저의 인연은 너무 짧았습니다. 그렇지만 은사스님은 늘 저의 가슴 속에 살아계십니다. 어느 회상에서 만나더라도 반드시 인연을 맺을 거라 생각해요. 혹시 제 제자 중에 한 사람으로 와서 출가자의 길을 걷고 있을지도 모르죠. 하하하.

하나 더 말씀드리고 싶은 것은, 저는 은사스님께서 일찍 세상을 떠나시면서 남기고 가신 다른 어른스님들과의 수많은 인연 또한 매우 소중하게 생각합니다. 경봉, 벽안, 월하, 석주 노스님을 비롯해서 일일이 다 말씀드리기 어려울 만큼 많은 어른스님들의 가르침을 가슴에 새기며 살고 있습니다. 그 어른들의 가르침이 헛되지 않도록 더욱 정진하겠습니다."

1930년 경북 영주에서 태어난 스님은 1948년 통도사에서 월하 스님을 은사로 출가했다. 출가 후 해인사, 송광사, 범어사, 동화사, 수덕사 선원 등에서 정진했고, 통도사 강원과 해인사 강원을 졸업했다. 통도사 교무국장과 조계종 중앙종회의원, 통도사 강원 강주, 통도사 주지 등을 역임했다.

스님은 선(禪)과 교(敎), 율(律)에 두루 능했다. 특히 한국불교의 강맥(講脈)을 이을 스님으로 일찌감치 손꼽혔지만 젊은 시절 찾아온 병마로 일찍 생을 마감했다. 1978년 6월 세수 49세, 법랍 31세로 열반에 들었다.

절친한 도반(道伴)이었던 전(前) 조계종 총무원장 지관 스님은 1979년에 쓴 홍법 스님 비문에서 "입산 이래 촌음을 아끼면서 혹은 학불장(學佛場)에서 교리를 연구하며, 혹은 선불장(選佛場)에서 서래밀지(西來密旨)를 참구하며, 혹은 종단 발전을 위해 몸을 돌보지 않고 정진했다."며 추모했다.

나의 스승 법정 스님

"은사스님은 보통의 사제관계를 뛰어넘어 제 인생의 롤모델 같은 분입니다. 아이들은 커가면서 어른들의 모습을 보고 배웁니다. 그 중 멋져 보이고 훌륭해 보이는 사람을 저절로 닮아가게 되죠. 법정 큰스님이 대외적으로 사람들에게 비치는 여러 이미지가 있긴 하지만, 저는 한 인간으로서 지금까지 만났던 분 중에 은사스님이 가장 아름답고 인간적이고 멋진 분이었다고 생각합니다."

만암 스님

스님은
진정
'스님'
이셨습니다

법화림
덕현 스님

즐겨보던 TV 개그프로그램 중 '아빠와 아들'이라는 코너가 있었다. 외모도 비슷하고 먹을 것 앞에서는 물불을 가리지 않는 품성도 흡사한 부자(父子)가 일상에서 벌어지는 '식욕' 관련 에피소드로 웃음을 주었던 꼭지다. 한 주를 마무리하면서 부담 없이 보고 웃을 수 있는 캐릭터였다.

법정 스님과 덕현 스님을 보면 꼭 '아빠와 아들' 같다. 크고 깊은 눈과 소탈하면서도 당당한 모습이 똑 닮았다. 또 '딱 수행자 같다'고 느껴지는 이미지도 비슷하다. 이제는 생(生)과 사(死)의 서로 다른 영역에서 살고 있지만 덕현 스님을 보면 법정 스님을 자연스럽게 떠올리게 된다.

법정 스님 3주기를 앞두고 덕현 스님의 '행방(?)'을 알아봤다. 몇 차례의 연락 끝에 스님이 머물고 있다는 소백산 자락의 한 수행처를 찾았다.

시골 마을 뒤로 난 좁은 오솔길을 따라 한참이나 올라가니 '법화도량(法華道場)'을 알리는 이정표가 보인다. 공양간 겸 요사채로 쓰는 건물과 법당 겸 선방인 중도루(中道樓), 덕현 스님의 수행공간인 우각당(牛角當)이 전부인 아주 아담한 도량이다.

동안거를 막 끝낸 덕현 스님의 눈은 여전히 형형했다. 길상사에서 만났을 때와 달리 표정이나 몸짓이 훨씬 편안해 보인다. 사람이 몇 명 들어가지도 못하는 자그마한 처소 우각당 안에 스님과 마주앉았다.

"길상사에서 나온 이후론 언론 등과 접촉을 하지 않았습니다. 다만 이번 기회는 은사스님에 대해 개인적인 소회를 이야기할 수 있는 자리인 것 같아 마음을 냈습니다."

낮고 굵은 목소리의 스님이 운을 떼기 시작했다. 법정 스님이 열반에 들었을 때 장례 관련 실무를 도우면서 몇 차례 잠깐 말씀을 나눈 이후 3년여 만에 듣는 음성이었다. 스님은 법화도량에 주석하며 다른 사부대중들과 함께 수행하고 있었다. 동안거를 함께한 12명의 대중은 만행을 떠났지만 스님은 그 자리에 그대로 머물러 있다.

스님에게 먼저 길상사를 떠난 이유를 묻지 않을 수 없었다. 스님은 몇 년 전 '그림자를 지우며'라는 글을 남기고 홀연히 자취를 감췄다.

"그때 글에도 썼지만, 당시 길상사 상황에서는 설령 은사스님 당신이라 해도 거기(길상사)를 떠나는 편이 수행자다운 결단이라 여기셨을 것이라 생각했어요. 스승의 말씀에 따라 주지 소임을 맡고 나름대로 여러 가지 노력을 기울였지만 길상사와 주변의 상황은 그리 호락호락하지 않았습니다. 수행자로서 그런 속된 흐름을 오래 따라가서는 안 되겠다는 생각에서 절을 나오게 된 것입니다."

상황이 어려워도 주지로서 대중의 화합을 이끌어야 했던 것 아니냐는 말씀을 드리자, 스님은 "구성원들이 바뀌지 않는 한 쉽사리 진정한 화합을 이루기란 참 요원한 일이라 느꼈어요. 모두 제가 부족해서였겠죠." 하며 말을 아꼈다.

스님은 당시 길상사 상황과 관련해 할 수 있는 말이 많은 듯 보였다. 하지만 더 묻지 않았다. 스님에게, 또 다른 사람들에게 상처가 될지 모를 일을 더 거론한다는 것이 적절치 않아 보였기 때문이다.

남에게서 시선을 돌려 나의 허물을 봐라

이야기의 주제를 인터뷰 본래 취지로 다시 돌렸다. 덕현 스님에게 법정 스님과의 인연을 묻자 스님의 표정이 점차 밝아졌다.

"제가 은사스님을 처음 뵌 것은 1983년이었습니다. 고등학생 때 읽었던 『무소유』와 『선가귀감』의 저자를 직접 만난 것이지요. 당시 제가 다니던 대학에 큰스님께서 강연을 하러 오셨는데 법문 주제가 '선(禪)'이란 무엇인가'였어요. 큰스님께서는 선은 마음을 편안하게 하는 방법을 가르치기보다 마음을 즉각적으로 편안케 하는 법문이라고 하셨습니다. 임제 스님의 '살불살조(殺佛殺祖)'를 말씀하시면서 '대통령을 만나면 대통령을 죽이라'고 말씀하셨는데 쿠데타로 '서울의 봄'을 짓밟고 민주주의를 유린한 군부독재에 대한 저항감으로 치를 떨던 젊은 대학생들에게 열화와 같은 박수를 받으셨던 기억이 생생하네요. 또 초조달마와 이조혜가의 안

심법문(安心法門)의 선문답을 전해 주시기도 했는데, 저는 그 대목에서 큰 울림을 받아 결정적으로 출가를 결심했던 것 같습니다."

스님은 국내 최고 명문 법대생이었다. 그 당시 시대 상황에서 고뇌하던 대부분의 지성들처럼 자기 일신만을 위해 살아갈 생각은 없었다. 그렇다고 무엇인가 뚜렷한 목표를 쉽게 찾을 수도 없었다. 뭔지 모를 답답함과 허전함 속에 묻혀 방황하던 차에 법정 스님을 만난 것이다.

법정 스님의 강연을 듣고 얼마 후 밤기차를 타고 송광사로 가기 위해 역전에 갔다. 기차를 기다리다 헌책방에서 우연히 수행에 길잡이가 될 만한 책을 한 권 발견했다. 『진리의 태양』이었다. 힌두교의 수행관을 정리한 책이었는데, 거기에 나온 '나는 누구인가?'라는 하나의 질문을 통해서 자기탐구를 거쳐 깨달음에 이를 수 있다는 라마나 마하리시의 가르침이 큰 빛으로 다가왔다. 그래서 일단 집으로 발길을 돌렸다.

"지금 생각하면, 선가의 '이뭣고'와 비슷할 수도 있어요. 엄밀히 말하면 좀 다른데, 그때는 잘 몰랐었고 어쨌든 거기서 아주 강렬한 느낌이 왔었어요."

일단 출가를 단념하고 대학을 졸업한 뒤 군대에 간 스님은 "공부는 나의 온 존재를 다 바쳐서 해야 할 일"이라는 생각 끝에 제대 후 송광사로 갔다. 1989년이었다.

덕현 스님이 송광사에 도착한 날 법정 스님은 인도성지순례 중이었다. 입산할 때의 덕현 스님 생각은 행자생활을 마치면 불일암에 가서 법정 스님의 제자가 되는 것이었다. 하지만 법정 스님은 "이미 생긴 두 명의 상좌 외에는 더 이상 제자를 두지 않기로 했다."는 말만 전했다.

법정 스님(左)과 덕현 스님(右) "그런데 스님께서는 다른 말씀은 안 하시고 '자기 마음이 안으로 바르게 챙겨지지 않을 때 바깥의 시비분별에 끄달리게 된다'고 한마디만 하셨어요. 그 말씀에 충격을 받았지요. 문제는 결국 저에게 있다는 것을 알게 됐습니다. 또 자기를 바꾸는 것이 세상과 사람을 바꾸는 길이라는 것을 뼛속 깊이 다시 확인하게 되었지요."

"법정 스님을 만난 인연으로 출가를 했고 그 은혜로 절에 왔으니 얼마라도 보답하고자 하는 마음으로, 시간이 날 때마다 불일암에 올라가 허드렛일을 도와드렸어요. 계(戒)를 받아야 할 때가 임박해 다시 찾아가 '스승을 정하지 못하면 절을 떠나든지 집으로 돌아가야 한다'고 말씀드렸더니 웃으시면서 이름을 지어 주셨습니다. 같은 시기에 큰스님의 제자가 된 스님이 저보다 나이가 많아서 제가 네 번째 제자가 되었지요. 큰스님께서는 그때 '중 되는 데 신원보증이나 해 주겠다'며 저에게 법명을 주셨습니다. 제자를 받지 않겠다고 말씀하신 상황에서 받아주신 것이 정말 감사했습니다. 또 진정한 사제지간의 도리가 무엇인지에 대한 큰스님의 깊은 가르침이 저에게 가슴 깊이 와 닿았지요."

스님은 송광사 강원에 다니면서 불일암에 주석하던 법정 스님을 시봉했다. 긴 시간은 아니지만 가끔씩 법정 스님과 차 한 잔을 나누며 받은 가르침은 평생 수행의 지침으로 뇌리에 새겨졌다. 덕현 스님이 강원에 다닐 때의 일화 한 가지.

"강원에 다듬어지지 않는 언행으로 사람들을 불편하게 하는 스님이 들어왔어요. 그 스님 한 분 때문에 대중들이 다 불편하고 심하게 조화가 깨지고 그랬습니다. 나중에 불일암에 가서 스님께 사정을 말씀드렸어요. 내심 좋은 해결책(?)을 기대하면서요. 그런데 스님께서는 다른 말씀은 안 하시고 '자기 마음이 안으로 바르게 챙겨지지 않을 때 바깥의 시비분별에 끄달리게 된다'고 한마디만 하셨어요. 그 말씀에 충격을 받았지요. 문제는 결국 저에게 있다는 것을 알게 됐습니다. 또 자기를 바꾸는 것이 세상과 사람을 바꾸는 길이라는 것을 뼛속 깊이 다시 확인하게 되었지요."

법정 스님의 성정은 대단히 명료하고 올곧았다고 한다. 법문이나 글도 그렇고, 불일암이나 강원도 토굴에서 주석할 때도 제자들을 만나면 그 자리에서 허점이나 문제를 짚어 직설적으로 질책했다.

"제가 어렸을 때부터 몸을 쓰는 것에는 익숙해서 도량 돌보는 일로는 별로 경책을 듣지 않았는데, 일상적인 삶에서 잘 못하는 것이나 당신의 기준에서 벗어나면 즉석에서 혼이 났습니다. 예를 들면 '덕현이는 왜 수염을 안 깎나?' '옷을 왜 제 때 제 때 빨아 입지 않지?' 하는 식이었죠. 스님 주변은 물건이든 사람이든 항상 정갈하게 정리돼 있어야 했습니다. 하하하."

얘기를 듣고 덕현 스님을 보니 소매가 헤진 옷을 입고 있었다. "법정 스님께서 보시면 또 혼내시겠습니다."며 농을 던져 함께 웃었다.

출가 초기 덕현 스님은 전부터 화두처럼 들고 있던 '나는 누구인가'와 출가 후 알게 된 '이뭣고' 화두 사이에서 고민이 된다며 법정 스님에게 수행의 방법을 여쭈었다. 그때 법정 스님은 두 가지를 전해 줬다.

"은사스님께서는 '본래성불(本來成佛)'을 먼저 말씀하셨어요. 중생의 근본이 불성(佛性)과 다름이 없고, 그것은 본래 갖추고 있는 것이기 때문에 구하거나 찾으려 하지 말라고 하셨죠. 본래 있는 것을 확연하게 깨닫지 못하고 바르게 쓰지 못하는 것에 분심(憤心)을 내서 의심을 하라고 하셨습니다. 또 하나는 서산 대사가 『선가귀감』에서 말씀하신 '수본진심 제일정진(守本眞心 第一精進)'이었습니다. 자기 자신의 본래 마음을 지키는 것이 제일 중요한 정진이라는 것이지요. 이 두 가지 말씀을 처음 들었을 때는 마음에 깊이 와 닿지 않았는데 공부를 할수록 매우 요긴한 가르침이라는 것을 두고두고 느꼈습니다."

스님은 강원에 다니다 선원에 나아가 정진을 시작했다. 인천 용화선원에서 첫 안거를 날 때 송담 스님에게 '무(無)자' 화두를 받아 참구해 왔다고 한다.

자기다움을 실천한 스승

덕현 스님은 법정 스님을 '승적부에 게재돼 있는 은사 이상의 존재'라고 잘라 말했다.

"은사스님은 보통의 사제관계를 뛰어넘어 제 인생의 롤모델 같은 분입니다. 아이들은 커가면서 어른들의 모습을 보고 배웁니다. 그 중 멋져 보이고 훌륭해 보이는 사람을 저절로 닮아가게 되죠. 법정 큰스님이 대외적으로 사람들에게 비치는 여러 이미지가 있긴 하지만, 저는 한 인간으로서 지금까지 만났던 분 중에 은사스님이 가장 아름답고 인간적이고 멋진 분이었다고 생각합니다. 법정 스님이 제 스승이니까 무조건 따라야 한다는 것보다 인간적으로 끌렸기 때문에 당신의 기대라든지 가르침에서 벗어나지 않으려 했고 그것이 지금의 저를 만들었을 것입니다.

부처님께서도 수많은 가르침을 남기셨지만, 제가 보기에는 부처님이라는 인격 혹은, 존재 그 자체로 사람들에게 셀 수 없는 가르침을 주셨다고 봅니다. 법정 큰스님 역시 수많은 글과 법문을 통해서 대중들에게 삶의 이정표를 제시하기도 했지만, 큰스님의 생애 자체가 큰 가르침이었습니다. 덧붙여 말씀드리고자 하는 것은 은사스님께서는 그저 '스님'이었다는 겁니다. 좋은 글도 남기셨지만 언제나 스님 삶의 중심에는 수행자로서의 확고한 자기질서와 자기다움이 있었습니다. 저는 특히 이 부분이 중요하다고 봅니다."

법정 스님이 열반했을 때, 스님의 영정 앞에 놓인 위패에는 '比丘法頂(비구법정)' 네 글자만 적혀 있었다. 이 네 글자 속에 법정 스님의 모든 것이 들어 있었다고 해도 과언이 아닐 정도로 스님은 철저하게 '비구법정'을 지향했다고 할 수 있다.

'이제 시간과 공간을 버려야겠다. 번거롭고 부질없으며 많은 사람에게 수고만 끼치는 일체의 장례의식을 행하지 말라. 관과 수의를 따로 마련하지도 말며 편리하고 이웃에게 방해되지 않는 곳에서 지체 없이 평소의 승복을 입은 상태로 다비해 달라. 사리를 찾으려 하지 말고 탑도 세우지 말라.'

법정 스님의 추상같은 당부 때문에, 스님의 마지막 3일은 '장례'라는 말을 붙이기가 어색할 정도로 간소했다. 열반(涅槃)에 든 직후 길상사 행지실(行持室)에서 뵌 스님은 가사(袈裟) 한 장만 덮은 채 편안한 표정으로 누워 있었다. 또 길상사를 나와 출가본사인 송광사로 마지막 여정을 떠날 때도 강원도 오두막에서 쓰던 것과 똑같은 평상에 누운 채 가사 한장을 이불 삼았을 뿐이다. 마치 갠지스 강에서 보았던, 아무것도 없이 세연(世緣)을 마치는 화장 직전의 인도인들처럼 말이다. 하지만 간소한 것과 정반대로 추모객은 구름같이 모여들어 법정 스님을 흠모하는 이들이 얼마나 많았는지 알 수 있었다.

덕현 스님은 스승과 제자 사이에서 가장 중요한 것 중 하나는 제자가 스승에 대해서 판단하지 않는 것이라고 했다. 그렇게 해야 스승을 향한 완전한 귀의(歸依)의 마음이 생긴다고 한다.

"이조혜가가 스승 달마의 가르침을 받기 위해 스스로 팔을 잘라냈던 그런 진실하고 간절한 구도심이 중요합니다. 그런 마음이 없으면 스승을 중생의 눈으로 보게 됩니다. 바른 제자가 되기 위해서는 자의식(自意識)이나 자기애(自己愛)를 비롯한 모든 자기 욕망과 일체의 자기 소견을 내려놓는 것이 필요합니다. 오늘의 우리 승가 현실을 보면 마치 스승과 제자의 인연이 때로는 세속적인 거래 같아 안타까울 뿐입니다."

법정 스님의 말년을 함께한 덕현 스님은 항상 '직무유기'를 하고 있는 느낌이라고 한다. 법정 스님의 뜻을 제대로 계승하지도, 또 펼치지도 못했기 때문이다.

"노년의 은사스님을 보면서 노송(老松) 같다는 느낌을 많이 받았어요. 소나무는 우리 산천 어디에나 잘 어울리고 아주 당당하고 고고하잖아요. 위엄과 기상을 잃지 않으면서도 그윽하고 맑은 솔바람 소리를 안겨 주기도 하고요. 은사스님께서는 입적을 향해 나아가면서 노송과 같이 부드럽고 유연하면서 인간적인, 그러나 아무도 쉽게 흉내 낼 수 없는 그런 면목을 많이 보여주셨습니다."

덕현 스님은 길상사 주지를 하면서 법정 스님의 열반을 가까이서 보고 다비까지 치러냈다. 은사스님 삶의 마지막을 지킨 셈이다. 열반 직전 스님은 법정 스님과 적지 않은 대화를 나눌 기회를 가졌다고 한다. '공식' 유언 외에 남기신 말씀이 없느냐고 물었다.

"은사스님 열반 전에 평생을 정진하시면서 후회되는 일이 없으신지 여

법문 중인 덕현 스님

"법화림은 꽃 아닌 것들이 꽃인 척하거나 제각각 '내가 더 예쁜 꽃이다
'며 빼기고 우기고 다투는 것이 아니라 '나는 다만 한 송이 작은 꽃이
어도 좋다, 혹은 한 장의 꽃잎이거나 꽃일조차 되지 못할지라도 그냥
줄기이거나 뿌리여도 좋다'는 마음으로 모인 사람들이 마침내 피워낼
한 송이 진정한 꽃입니다. 여기 모인 사람들은 수행을 통해 긍정적인
변화와 안팎의 조화, 위대한 승화와 초극을 이뤄 '천상천하에 가장 아
름다운 화합승가의 꽃'을 피워낼 것입니다."

준 적이 있습니다. 그때 스님께서는 '효봉 선사의 제자로서 선원에서 선리(禪理)를 철저하게 참구하고 그 길에서 다른 사람들을 가르쳤어야 했는데 그러지 못하였다'고 하셨습니다. 또 열반 직전에는 '죽을 때 정신없이 죽지 마라'고 하셨어요. 위 두 가지가 저에게는 숙제 같은 가르침으로 남아 있습니다. 인연 따라 자기 길을 갈지라도 결국 어디를 향해 가야 하는지, 어느 길에서 우리가 하나인 것인지, 가슴에 새기고 있습니다."

덕현 스님은 은사 법정 스님의 유훈을 실천하기 위해 절치부심하고 있었다. 법정 스님의 사상이 꽃피고 불법(佛法)이 더 피어나서 사람들이 바른 삶과 바른 지향을 갖도록 돕는 일이 중요하기 때문이다.

"은사스님의 유지를 벗어나 길상사를 등지기는 했지만 제가 서 있는 위치에서 은사스님의 가르침을 많은 대중들에게 전하려 노력하고 있습니다. 시간이 흐르면서 같이 하는 사람들이 조금씩 늘고 있습니다. 위없는 스승들의 가르침을 벗어나지 않고 두루 사람들의 마음을 합하면 이 시대에 좀 더 의미 있는 승가공동체가 되지 않을까 싶습니다."

덕현 스님은 초기 승단이나 난세의 승가가 그랬던 것처럼 사부대중이 함께 하는 수행공동체를 가꾸고 있다. 그 이름은 법화림(法華林). 현재 온라인 회원이 1,000여 명에 이르고 오프라인 회원은 200명 정도다. 충북 음성과 경북 봉화에는 언제든 정진할 수 있는 수행공간이 있다.

"법화림은 꽃 아닌 것들이 꽃인 척하거나 제각각 '내가 더 예쁜 꽃이다'며 뻐기고 우기고 다투는 것이 아니라 '나는 다만 한 송이 작은 꽃이어도 좋다. 혹은 한 장의 꽃잎이거나 꽃잎조차 되지 못할지라도 그냥 줄기이거나 뿌리여도 좋다'는 마음으로 모인 사람들이 마침내 피워낼 한 송이 진정한 꽃입니다. 여기 모인 사람들은 수행을 통해 긍정적인 변화와 안팎의 조화, 위대한 승화와 초극을 이뤄 '천상천하에 가장 아름다운 화합승가의 꽃'을 피워낼 것입니다."

아침부터 시작된 인터뷰는 점심 공양 이후에도 한참이나 계속됐다. 그만큼 궁금한 것이 많았고 또 스님의 대답도 진지했다. 인터뷰가 심도를 더해갈수록 덕현 스님의 새로운 면이 느껴졌다. 사실 덕현 스님은 유머가 풍부했다. 웃음도 많았다. '3년 전에 만났던 그 스님이 맞나?' 하는 의문이 들 정도였다. 다음 만남을 기약하며 스님에게 마지막 질문을 던졌다.

"다음 생에도 인연이 돼 법정 스님을 만난다면 다시 모실 수 있습니까?"

"소중한 인연이 한 생으로 다할 리 없습니다. 지금 이 몸을 가지고 영원히 살 수는 없으니 은사스님과 언젠가는 다시 만날 것입니다. 은혜를 소홀히 하지 않고 남은 시간 동안 정진을 열심히 해서 제가 만약 은사스님보다 나은 수행자가 된다면 다음 생에서는 은사스님을 제자로 삼아서 가르칠 것이고, 그때도 은사스님보다 못하다면 당연히 다시 배울 것입니다. 스승의 삶과 가르침이, 그리고 내 자신의 삶이 헛되지 않도록 대중들과 함께 그 길을 갈 뿐입니다."

법정 스님

1932년 전남 해남에서 태어나 대학 재학 중이던 1955년 입산 출가를 결심하고 오대산으로 가다 서울 선학원에서 당대의 선승 효봉 스님을 만나 대화한 후 그 자리에서 머리를 깎았다. 스님은 "삭발하고 먹물 옷으로 갈아입고 나니 훨훨 날아갈 것 같았다. 어찌나 기분이 좋던지 나는 그길로 밖에 나가 종로통을 한 바퀴 돌았었다."고 회고하기도 했다.

해인사 강원을 마친 스님은 동국역경원의 경전 한글화작업에 동참했다. 또 함석헌, 장준하 선생 등과 함께 유신 철폐운동에 앞장서다 1975년 인혁당 사건으로 충격을 받아 다시 걸망을 짊어지고 송광사로 내려왔다.

스님은 1975년 10월부터 송광사 옛 암자터에 불일암을 짓고 홀로 살기 시작했다. 1976년 산문집 『무소유』를 낸 후 수행과 집필활동을 지속하다 찾아오는 사람이 많아지자 1992년 불일암을 떠나 강원도 산골 오두막에서 지냈다.

1996년 고급요정이던 서울 성북동의 대원각을 시인 백석의 연인으로 유명했던 김영한 보살에게 보시 받아 이듬해 12월 길상사로 탈바꿈시켜 창건한 후 회주로 주석하면서 매년 여러 차례의 법문을 했다. 이에 앞서 1994년부터는 시민운동단체인 '맑고 향기롭게'를 만들어 불교의 사회화를 실천하기도 했다.

길상사를 창건하고도 길상사에서 단 하루도 머물지 않았던 스님의 육신은 2010년 3월 11일 열반에 들고서야 길상사 행지실에서 하룻밤을 보낸 후 출가본사인 송광사에서 자연으로 돌아갔다.

나의 스승 금오 스님

"처음에는 은사스님께 받은 '이뭣고' 화두를 들었습니다. 은사스님께서는 제
가 참선하고 있으면 '월서야, 들고 있느냐? 놓치고 있느냐? 놓치면 죽은 사
람이다'라고 경책해 주셨습니다. '이뭣고'를 들고 한참 동안 정진을 하다가
성철 스님께 '마삼근'을 받아 그것을 들고 있습니다."

놀지
말고
참선을
하든지
일을
하라

조계종 원로의원
월서 스님

  서울 정릉 봉국사 앞 내부순환로는 쉴 새 없이 오가는 차들로 붐빈다. 바쁘게 돌아가는 세상의 시간표를 좇아 사람들은 헐떡거리는 숨을 뒤로 하고 도로 위를 뛰고 또 달린다. 그런데 도로에서 '한 생각'만 돌리면 마주하게 되는 서울 정릉 봉국사는 전혀 딴 세상이다.

  일주문을 지나 경내에 들어서니 고요함만 가득하다. 천왕문(天王門)에는 '신광불매만고휘유(神光不昧萬古輝猷) 입차문내막존지해(入此門內莫存知解)'라고 쓴 주련이 걸려 있다. '(부처님의) 신비스러운 빛은 어둡지 않아서 오랫동안 빛나도다. 이 문안에 들어올 때는 알음알이를 두지 마라.' 어줍지 않은 지식은 집어치우고 자기를 바로 보라는 부처님의 경책이다.

96

십 수 년째 봉국사에 주석하고 있는 조계종 원로의원 월서 스님은 도심사찰 한 가운데서 세상사를 살핀다.

"1998년 종단 분규 당시 호계원장을 맡고 있었습니다. 그때 업무가 너무 많아 서울에 거처를 마련했어야 했는데, 때마침 봉국사를 추천해 주는 사람들이 많아 이곳에 오게 됐습니다."

염화실에서 만난 월서 스님은 호탕한 웃음만큼이나 시원시원하게 자신의 수행 이야기와 은사 금오 스님에 대한 이야기를 풀어 놓았다.

죽음의 현장에서 자유의 길로

"한국전쟁이 끝날 무렵 지리산 공비토벌에 참가했습니다. 7~8개월 정도의 시간을 유격대에서 보냈습니다. 무수히 많은 전투를 치렀지요. 유격대는 30명으로 구성됐는데, 일주일 지나면 몇 명씩 숫자가 줄어들 정도로 엄청난 격전의 연속이었습니다. 전투 도중 인민군에 생포되었다가 간신히 도주해서 살아났지요. 피비린내 나는 전쟁을 치르면서 삶과 죽음에 대한 생각을 많이 했습니다. 참혹한 현실에서 벗어나고 싶었지만 그럴 수도 없었어요."

스님이 제대를 하고 며칠 지나지 않은 1955년 겨울, 남원 실상사 신도인 어머니를 따라 절에 갔다. 그때 실상사 약수암에서 은사인 금오 스님을 만났다. 키는 크지 않았지만 당당한 체구에서 뿜어져 나오는 카리스마가 대단했다. 스님은 그 자리에서 금오 스님에게 전부터 가지고 있던 고민을 털어놓기 시작했다. 금오 스님은 길지 않게 답했다.

"생사(生死) 문제는 우리에게 가장 중요한 일대사(一大事)다. 우주의 섭리로 보면 극히 일부분이지만 이것을 뛰어넘어야 진정한 자유를 얻을 수 있다. 스님이 되어 진정한 자유를 찾아보도록 해라."

월서 스님은 몇 달 후 금오 스님이 화엄사에 있다는 말을 듣고 스님을 찾아 길을 나섰다. 당시 금오 스님은 서울 봉은사, 보은 법주사, 남원 실상사를 정화(淨化)한 뒤 화엄사로 와 있던 참이었다. 월서 스님이 화엄사에 갔을 때는 사형(師兄)인 탄성 스님과 월주 스님 등이 금오 스님을 모시고 있었다고 한다.

"탄성 스님이 머리를 깎아 줘서 바로 행자를 시작했습니다. 당시 화엄사에는 50여 대중이 살았는데 여럿이 함께 살기에는 절이 너무 가난했습니다. 매일 감자만 먹다 보니, 감자가 그렇게 싫을 수가 없었지요. 하하하. 은사스님은 대중들이 한시라도 그냥 노는 것을 보지 못했습니다. 스님께서는 늘 참선을 하든지 일을 하라고 하셨어요. 또 일을 하고 시간이 남으면 탁발을 나갔습니다. 며칠씩 걸려 진주까지 다녀온 적도 있었지요. 처음에는 발심(發心)이 안 돼 탁발하는 것이 너무 힘들었습니다. 그때 화엄사에서 인간으로서 더 경험할 수 없는 그런 밑바닥의 삶을 살았다고 할 수 있지요. 당시 어려운 상황을 극복했던 힘이 지금의 저를 만든 것 같습니다."

월서 스님은 그렇게 화엄사에서 1년여 동안 모진 행자생활을 했다. 공양주(供養主) 3개월, 채공(菜供) 3개월에 별좌(別座)까지 두루 거쳤다. 출가 이후 행자기간은 "중이 되기 위한 담금질의 연속"이었다고 회고했다.

"은사스님께서는 경(經)을 보지 못하게 했습니다. 당시 해인사와 통도

1962년 대구 보현사에서 보살계 수계법회 후.
금오 스님, 이두 스님, 월서 스님, 월탄 스님 등이 함께했다.

사 등을 제외하고는 강원(講院)이 거의 없었지만 저는 강원에서 공부를 하고 싶은 생각이 컸습니다. 솔직히 사찰 생활이 너무 힘들기도 했지요. 그래서 하루는 새벽 도량석(道場釋)을 마치고 절을 빠져 나가려는데 어떻게 아셨는지 은사스님이 일주문 앞을 지키고 있었습니다. 두 번이나 이런 일이 있었어요. 은사스님에게 계속 붙잡혀서 할 수 없이 절에 있게 되었습니다. 하하하."

마음을 다잡은 월서 스님은 가까이에서 금오 스님을 모시기 시작했다.

어렵게 이뤄낸 정화, 현실은…

금오 스님은 당시 '지리산 호랑이'로 불릴 정도로 엄했다. 스님은 항상 한국불교를 정화해 수행하는 스님들이 많이 나와야 한다고 강조했다.

"깨달음을 얻기 위해서는 눈 밝은 스승을 만나야 한다고 역설하셨어요. 경허, 만공, 보월 스님의 가풍을 잇고 있는 은사스님의 지론은 한마디로 '무조건 참선'이었습니다. 공부는 참선 하나만으로도 충분히 할 수 있다고 강조하셨지요. 또한 믿음이 흔들리지 않는 신근(信根)이 서 있는 사람이라야 쉽게 성불한다고 하셨습니다. 가령 배고픈 사람이 밥을 먹으면 반드시 굶주림을 면한다고 믿는 것처럼 믿어야 한다는 것입니다. 이 믿음은 노끈으로라도 나무를 끊을 수 있다는 믿음이며, 방울 물로 돌을 뚫을 수 있다는 믿음이며, 표주박으로도 큰 바닷물을 퍼낼 수 있다는 믿음입니다. 이러한 굳은 신념이 철두철미한 사람이라야 도에 이를 수 있다는 것이지요. 그래서 은사스님은 믿음은 도의 근원에 들어가는 공덕의 모체가 되어 변함없는 모든 착함을 길러준다고 말씀하셨습니다."

금오 스님은 참선과 함께 철저한 계행(戒行)과 하심(下心)을 강조했다. "하심은 성불의 길을 넓히고 끝없는 도심(道心)을 발양(發揚)하는 토양이며 첩경"이라는 것이다. 금오 스님은 하심을 하기 위해 거지 생활을 자청했다고도 한다. 어느 날 거지 소굴로 찾아간 금오 스님은 •밥은 어떤 밥이든 트집을 잡지 않는다 •옷은 헤어져 살갗이 나와도 탓하지 않는다 •잠은 장소를 가리지 않고 어디서든지 잔다는 3개 항을 준수할 것을 약속, 거지패들과 어울려 같이 생활하며 하심을 통한 보임을 했다고 전해진다.

참선 수행과 계행을 강조했던 금오 스님은 잘 알려져 있듯이 정화에도 적극 나섰다.

"지금의 한국불교에 조계종을 있게 한 분이 바로 저희 은사스님입니다. 은사스님께서는 16세에 출가했는데, 출가할 때부터 지계(持戒)에 철저하셨다고 합니다. 일제 강점기 때에는 만공 스님과 함께 창씨개명도 거부하셨습니다. 서울 대각사에서 용성 스님을 3년 여 간 모시기도 했는데, 제가 볼 때 용성 스님의 영향을 많이 받은 것 같습니다. 생전에 저희 제자들에게 용성 스님 말씀을 많이 하셨습니다. 특히 용성 스님의 건백서(建白書)를 보고 정화의 중요성과 필요성을 절감하신 것 같습니다. 한국전쟁이 끝나고 효봉 스님, 동산 스님, 청담 스님 등과 함께 정화에 본격적으로 나서게 됩니다. 당시에는 대처승이 7,000여 명이었고 비구승은 300명에 불과했어요. 숫자는 적었지만 은사스님께서는 반드시 정화불사가 성공해야 한다는 의지가 강했고 그만큼 열심히 활동하셨습니다. 지금도 기억에 생생한 것은 은사스님이 대처승들과의 언쟁에서 한 번도 진적이 없다는 것입니다. 워낙 청정하고 올곧게 수행해 오신 분인지라 대처승들도 어찌 하지를 못했습니다."

금오 스님은 생전에 제자들과 후학들에게 "중을 하려면 용성 스님처럼 하라."고 여러 번 강조했다고 한다. 용성 스님의 수행과 계행, 포교 의지 등을 본받으라고 한 것이다.

용성 스님은 1926년 5월과 9월 두 차례에 걸쳐 조선총독부에 '승려가 아내를 얻고 고기를 먹는 행위를 반대한다'는 건백서를 냈다. 그렇지만 총독부는 일본 승려 대부분이 취처(娶妻)와 육식(肉食)을 했기 때문에 용성 스님의 건의를 수용하지 않았다. 이것을 지켜본 금오 스님은 일제불교와 대처불교에 상당한 거부감을 갖기 시작한 것으로 보인다. 월서 스님은 은사인 금오 스님을 도와 정화에도 적극 참여했다. 정화가 한창 진행될 때는 수백 명이 한자리에서 육탄전을 할 때도 많았다고 한다.

"정화를 거친 후 한국불교는 질적·양적으로 많은 발전을 거듭했습니다. 특히 매 안거 때마다 100개가 넘는 선원에서 2,200명 이상이 정진하는 것은 세계적으로 유례가 없을 정도입니다. 물론 일부 스님들이 계율을 소홀히 하는 등 문제가 있는 것도 사실입니다. 그렇지만 지금은 어느 정도 질서가 잡혔다고 생각합니다. 정화 당시에는 스님들이 승가교육 정상화와 불교방송, 불교병원 설립 등이 반드시 필요하다 생각했고 이를 위해 많은 노력을 해 왔습니다. 오늘날 일정 부분 이것들이 이루어졌습니다. 1994년 개혁 이후 불교의 위상은 많이 올라갔습니다. 그런 만큼 앞으로는 더 잘해야 합니다. 스님들은 청정해야 하고, 계율을 철저히 지키도록 노력해야 할 것입니다."

스님은 "요즘 일부 원로의원을 비롯한 각급 소임자들이 적절치 못한 언행(言行)으로 대중들의 입에 오르내리며 구설에 휘말리고 있다. 선배 어른스님들이 이룩하려 한 '정화'가 흐지부지되는 것 같아 안타깝다. 지금이라도 정화의 지향을 분명히 해야 한다."고 역설했다. 또 "종단 현안에 원로의원들이 개입하는 것처럼 비쳐지는 것은 결코 적절한 것이 아니다."며 선을 긋기도 했다.

60년간 뛰어온 마라톤 회향 준비

월서 스님은 출가 이후 정화에 동참하기도 했지만 시간이 될 때마다 화두(話頭)를 참구하였다. 스님은 "완전한 깨달음을 얻지는 못했다."고 고백한다.

"처음에는 은사스님께 받은 '이뭣고' 화두를 들었습니다. 큰스님께서는 제가 참선하고 있으면 '월서야, 들고 있느냐? 놓치고 있느냐? 놓치면 죽은 사람이다'라고 경책해 주셨습니다. '이뭣고'를 들고 한참 동안 정진을 하다가 성철 스님께 '마삼근'을 받아 그것을 들고 있습니다."

1990년 스님은 중앙종회의장 소임을 내려놓고 해인사 선원으로 가서 하안거 방부를 들였다. 월서 스님은 평소 성철 스님 회상에서 꼭 한 철을 나고 싶다는 생각을 하고 있었는데, "이때가 아니면 기회가 오지 않을 것 같아" 해인사로 향한 것이다. 월서 스님은 화두를 받기 위해 성철 스님이 있는 퇴설당으로 찾아갔다. 이런저런 이야기 끝에 성철 스님은 "월서라고 예외는 아니지."라고 했다. 당시 성철 스님에게 화두를 받으려면 3000배를 하는 것이 통례였으므로, 3000배를 하고 오라는 뜻이었다.

"안거를 보내며 3000배를 한다는 게 쉬운 일이 아니거든요. '화두 안 받으면 그만이지' 하는 생각에 그만둘까 하다가, 며칠이 걸리더라도 꼭 하고 말겠다는 오기가 생기더라고요."

월서 스님은 점심공양 시간을 쪼개 장경각에서 하루 1000배씩 절을 했다. 찜통더위 속에 셋째 날 3000배를 모두 마치자 가사 장삼이 땀으로 흥건히 젖었다. 스님은 당당하게 다시 퇴설당을 찾았다. 성철 스님은 여기서 월서 스님에게 '마삼근(麻三斤)' 화두를 주었다.

"깨달음은 확철대오(廓徹大悟)와 같은 것이 아니더라도 열심히 하면 점차적으로 자신의 변화를 느낄 수 있습니다. 동이 트면 해가 떠서 점점 밝아지듯이 깨달음의 문도 조금씩 열어 갈 수 있습니다. 깨달음을 바로 얻을 수 없어도 계속해서 열심히 정진하면 무엇인가 맑아지는 느낌이 있습니다. 그러다 보면 어느 순간 공부에 대한 이해가 되고 많이 진전된 경험을 할 것입니다."

현재 조계종 원로의원인 월서 스님은 조계종 중앙종회의장, 호계원장, 교구본사 주지 등 다양한 소임을 맡았었다. 스님은 2013년 9월 21일 보은 법주사 조실로 추대됐다. 이 자리에서 월서 스님은 "입적 당시 금오 큰스님의 세수는 73세였고 저는 30대 중반이었는데 위로 사형님들이 여러 분 계신데도 불구하고 건강과 여러 가지 사정으로 인해 제가 조실로 추대된 것 같다."며 '만사화공불자만(萬事和恭不自滿) 일심성경항존인(一心誠敬恒尊人), 만 가지 일을 함에 있어 공손하게 자만을 내려놓고 한결같은

1984년 해인사 퇴설당에서 성철 스님과 함께한 월서 스님(뒷줄 좌 두 번째)
"깨달음은 확철대오(廓徹大悟)와 같은 것이 아니더라도 열심히 하면
한지 식으로 자신의 변화를 느낄 수 있습니다. 동이 트면 해가 떠서
점점 밝아지듯이 깨달음의 분도 조금씩 얻어 갈 수 있습니다."

마음으로 남을 먼저 진실로 공경하고 항상 존경하는 사람'이라는 좌우명을 소개하면서 조실로서의 역할을 다하겠다고 밝혔다.

그렇다면 월서 스님이 생각하는 소임자의 자세는 무엇일까?

"공직에는 공심(公心)을 가지고 임해야 합니다. 이권이나 사사로운 감정을 가지고 사리사욕을 채우면 본인뿐만 아니라 종단 전체가 불행해집니다. 원로회의나 중앙종회, 총무원을 비롯한 중앙종무기관과 본말사 모든 곳에서 필요한 것이 공심입니다. 정부 공직자도 마찬가지입니다. 비리를 저지른 공무원은 개인뿐만 아니라 국민들도 불행하게 합니다."

스님은 가끔 불거지는 승단 내부 문제에 대해서도 우려를 표했다.

"승단의 화합은 오직 부처님의 가르침에 의해서만 회복될 수 있습니다. 결코 세속법에 의지해서는 화합이 이루어지지 않습니다. 그래서 『범망경』 보살계에도 '비법입제계(非法立制戒)'가 있습니다. 승단의 일을 계율이 아닌 비법(非法), 즉 국법에 예속시켜 통제하려고 하거나 심판을 받으려고 하면 안 된다는 것입니다. 이렇게 계율로 정해져 있는데도 승단의 일을 세속으로 끌고 나가는 것은 옳지 못합니다. 승단의 일은 계율정신에 의해 승단 안에서 처리하는 것이 옳습니다. 이것이 승단의 청정성과 화합을 지켜나가는 최선의 방법입니다."

스님은 최근 설립한 천호문화재단을 통해 동남아 어린이들의 교육지원에도 나서고 있다. 지금까지 수 만 권에 이르는 교과서를 비롯한 교육자료 등을 전달했다.

"캄보디아 승왕인 텝봉 스님의 초청으로 현지에 간 적이 있습니다. 산간 오지와 빈민촌을 둘러보면서 해맑은 아이들이 교과서도 없이 공부하

월서 스님 "공직에는 공심(公心)을 가지고 임해야 합니다. 이기이나 사사로운 감정을 가지고 시리사욕을 채우면 본인뿐만 아니라 종단 전체가 불행해집니다. 원로회의나 중앙종회, 종무원을 비롯한 중앙종무기관과 본말사 모든 곳에서 필요한 것이 공심입니다. 정부 공직자도 마찬가지입니다. 비리를 저지른 공무원은 개인뿐만 아니라 국민들도 불행하게 합니다."

는 모습을 보면서 많이 안타까웠어요. 불교계 안팎의 NGO들이 캄보디아를 비롯한 여러 나라에 경제적 도움을 주고는 있지만 캄보디아 발전을 위해서는 무엇보다 필요한 것이 교육이라는 생각이 들어 지난해부터 주변 대중들과 마음을 모아 현지 지원활동을 벌이고 있습니다."

월서 스님은 몇 년 전 북녘 동포와 외국인 노동자를 돕기 위한 첫 서예전을 열어 자비 보시행을 실천했으며, 또 성북구에도 불우이웃돕기 성금을 매년 보내고 있기도 하다.

"부처님 은혜로 출가해 60여 년을 잘 살아왔습니다. 마라톤으로 치면 완주는 했다고 할 수 있을 것 같아요. 이제 미력이나마 제가 가진 것을 나누면서 이번 생을 회향하고 싶습니다. 건강이 허락하는 한 국내외 어려운 대중들과 함께하는 자리를 계속 만들도록 하겠습니다."

전쟁을 직접 겪고 출가해 정화에 참여하고 현대 불교사의 중심에 서 있었던 월서 스님의 수행여정은 드라마틱했다. 그래서인지 스님은 회향을 통한 '해피엔딩'에 더 관심이 많은 듯했다. 자리를 정리하며 마지막 질문을 내놓았다.

"다음 생에도 인연이 돼 금오 스님을 만난다면 다시 모실 수 있습니까?"

"당연합니다. 아마 다음 생에서도 은사스님께서 저를 기다리고 계실 것이라고 생각해요. 아까도 말씀드렸지만 만 명이 넘는 스님들과 함께 마라톤을 뛰었습니다. 기를 쓰고 완주했어요. 그런데 '확철대오(廓徹大悟)'라는 신기록은 세우지 못했습니다. 다음 생에는 은사스님을 다시 만나 어릴 때 출가해서 반드시 신기록을 세울 것입니다. 하하하."

불교정화에 앞장섰던 금오(金烏) 스님은 한국 근현대를 대표하는 선지식 중 한 분이다. 1896년 전남 강진에서 태어난 금오 스님은 금강산 마하연에서 도암 스님을 은사로 출가했다. 금오 스님은 원래 만공 스님의 제자였던 보월 스님에게 깨달음을 인가받아 그의 법제자가 될 예정이었으나, 보월 스님이 40세의 젊은 나이로 입적하는 바람에 전법게를 받지 못했다. 스님에게 전법게(傳法偈)를 전한 스님은 이런 사정을 알고 있던 만공 스님이었다. 아버지를 대신해 할아버지가 손자를 거둔 격이다. 만공 스님의 전법게는 다음과 같다.

德崇山脈下(덕숭산맥하) 今付無文印(금부무문인)
寶月下桂樹(보월하계수) 金烏徹天飛(금오철천비),
덕숭산맥 아래 지금 무문인(無文印)을 부치노니
보배 달 비록 계수에서 졌으나 금까마귀 하늘에 사무쳐 나네.

이때 전법게와 함께 만공 스님에게 '금오'라는 법명을 받았다.
금오 스님은 김천 직지사를 비롯해 안변 석왕사, 도봉산 망월사, 서울 선학원, 태백산 각화사, 지리산 칠불선원, 김제 금산사, 팔공산 동화사, 청계산 청계사 등 제방선원에서 조실(祖室)로 후학들을 지도했다. 1954년 전국 비구승대회 추진위원장으로 선출되어 정화불사의 선봉이 됐다. 이듬해(1955년)에는 조계종 부종정과 감찰원장 소임을 맡았다.
스님은 법주사 조실로서 후학을 제접하다 1968년 열반에 들었다. 금오 스님의 제자로는 불국사 조실을 역임했던 월산 스님과 조계종 총무원장을 지낸 월주 스님, 현 조계종 원로의원인 월서, 월탄 스님 등이 있다.

나의 스승 관조 스님

"은사스님께서는 늘 당신의 사진을 '수행과 포교'라고 말씀하셨습니다. '사진을 왜 찍느냐?'는 질문에 '불교는 자기를 정화시키는 것입니다. 아름다움이 상대에게 전달될 때 나와 상대를 동시에 정화시킵니다. 사진을 찍으면서 나 자신이 정화되는 것을 느끼고, 또한 내 사진을 보면서 사람들이 정화되기를 바랍니다'라고 답하셨던 기억이 납니다."

산사 스님

스님의
사진은
사리(舍利)
입니다

가평 백련사 주지
승원 스님

절 주변에는 아름다운 숲길이 많다. 사람들에게 많이 알려진 강원도 오대산 월정사와 전북 부안 내소사의 전나무 숲길을 비롯한 많은 절집 길들은 찾아오는 사람들에게 마음의 여유와 휴식을 선물한다. 길 위에서 또 다른 길을 만날 수 있는 공간이 되기도 한다.

가평 백련사를 품에 안고 있는 축령산 잣나무 숲길은 월정사나 내소사의 그것과 견주어도 전혀 손색이 없을 정도로 힘차고 아름답다. 시원하고 곧게 뻗은 잣나무를 바라보고 있으니 답답하던 가슴속까지 후련해지는 느낌이다. 몇 년 전에 왔을 때보다 훨씬 깔끔하게 단장된 잣나무 숲길을 걸으면서 잠시 휴식을 취한 뒤 백련사로 내려갔다. 마침 백련사는 매월 마지막 주 일요일에 열리는 '바라밀 법회'가 한창이다. 법회장소인 선불장(選佛場)으로 들어가 80여 명의 대중들과 함께 승원 스님의 법문을 들었다. 스님은 이날 '열반(涅槃)'을 주제로 열띤 법문을 했다.

수행은 '관리'

"모든 것이 마음에서 오는 것이라면 진정한 열반은 자신의 마음을 바르게 보고, 자신의 삶을 바르게 관리하는 것에서 오는 것인데, 결국 열반이란 몸과 마음을 조화롭게 관리해 모든 것이 평화로운 상태를 유지하는 것이라고 할 수 있습니다. 만일 누가 저에게 '수행이 무엇입니까?'라고 묻는다면 저는 '수행은 관리'라고 대답할 것입니다. 천 번을 물어도 제 대답은 똑같습니다. 비록 아무리 수행을 많이 한 사람이라고 할지라도 자신의 삶을 바르게 관리하지 못한다면 그런 수행은 할 필요가 없습니다."

스님의 명쾌한 법문에 불자들은 연방 고개를 끄덕였다. 법회가 끝나고 점심공양을 마친 뒤 스님을 다시 만났다. "절이 한적한 시골에 있어서 법회에 참석하는 불자가 많지 않아요. 이제 날이 좀 풀리면 오늘보다는 더 오실 것 같기는 한데, 아직 많이 부족합니다. 올해 안에 200명 이상 법회에 함께하는 것이 목표인데 잘 될지 모르겠습니다. 하하하."

스님은 1999년부터 백련사 주지 소임을 맡아 도량을 가꾸고 있다. "절이 그리 크지 않지만 처음 부임하던 때를 생각하면 지금은 대궐"이라며 환하게 웃는다. 템플스테이 사찰로 지정되어 매년 2,000여 명에 가까운 사람들이 몸과 마음의 휴식을 위해 백련사를 찾는다. 스님은 외부에서

관조 스님의 사진들을 살펴보고 있는 승원 스님

"스님께서는 '중이 무슨 사진이야?'라는 주변의 수없는 질타 속에
서도 특별한 신념과 열정으로 흔들림 없이 정진하셨습니다. 결국
사라져서 남아 있지 못할 뻔했던 사찰과 승가의 장엄한 모습들이
스님의 렌즈를 통해 남겨졌습니다. 만일 그 때 스님의 혜안(慧眼)
과 불퇴전의 정진이 없었다면 과연 보물과도 같은 스님의 작품이
남아 있을 수 있었겠습니까?"

잠깐 다녀가는 것보다 백련사를 재적사찰로 삼아 꾸준하게 다니는 신도들이 많아지기를 바라고 있다.

"불교신도와 이웃종교 신도를 구분하는 글자가 하나 있는데 그것은 '면'자와 '도'자입니다. 불교신도는 '면자' 신도에 해당됩니다. 예컨대 불자는 바쁘면, 피곤하면, 아프면, 등산이나 운동 약속이 있으면, 각종 모임이 있으면 절대 절에 나오지 않습니다. 그러다 어쩌다 시간이 나면 그때 비로소 절에 나옵니다. 그러나 이웃종교 신도들은 바빠도, 피곤해도, 아파도, 약속이 있어도 반드시 교회나 성당에 정기적으로 나갑니다. 이것이 불자와 이웃종교인의 차이입니다. 앞으로 불자들이 '면자' 신도에서 '도자' 신도로 바뀌지 않는다면 결코 한국불교의 미래를 기대할 수 없을 것입니다."

스님은 불자(佛子)의 필수조건을 제시했다. 첫째, 계를 받고(受戒) 법명(法名)이 있어야 한다. 둘째, 고정으로 신행생활을 하는 원찰(願刹)이 있어야 한다. 셋째, 정기적으로 재적사찰의 법회나 기도에 참석해야 한다. 넷째, 꾸준히 부처님의 말씀을 공부하고 실천해야 한다. 다섯째, 수입의 일부를 즐거운 마음으로 보시하고 회향해야 한다.

"위 다섯 가지를 모두 실천하는 것이 쉽지 않겠지만, 불자로서 이런 원력(願力)과 실천이 없다면 부처님의 가르침도, 나아가 신행을 통한 우리의 행복도 있을 수 없습니다."

스님은 불자들의 신행생활도 중요하지만 종단과 스님들이 국민에게 신뢰(信賴)를 주는 것도 필요하다고 강조했다. "대한민국에서 불교와 종단, 스님과 불자가 어떤 역할을 해야 할 것인지에 대하여 냉정하게 고민

해야 합니다. 빨리 그 해답을 찾지 못하면 불교는 점점 사람들에게서 멀어질 것입니다. 지금 우리 불교에 가장 절실하게 필요한 것은 신뢰입니다. 최근 불교계 일각에서 사람들의 믿음을 저버리는 일들이 너무 많이 일어났습니다. 더 이상 이런 일들이 일어나지 않도록 종단이 중심을 잡아야 합니다. 최근 대만에 다녀왔는데, 그곳에는 계율(戒律)이 확실하게 서 있었습니다. 대만 사람들에게 스님(승가)은 신뢰와 존경의 대상이었습니다. 스님들에 대한 믿음이 있기 때문에 신뢰하고 의지하며 공경합니다. 신뢰 회복이 절실한 시점입니다."

불자의 조건에서부터 불교의 역할 등 다양한 이야기를 한참동안 나눈 뒤 본격적으로 승원 스님과 스승 관조 스님의 인연을 듣기 시작했다.

동네 형을 따라나선 출가의 길

"저는 전남 화순의 작은 농촌 마을에서 태어났습니다. 동네 형님뻘이신 분이 부산 범어사로 출가(出家)하여 스님이 되셨는데 어느 날 마을에 들르셨습니다. 어린 나이였지만 그 스님을 보면서 전생에 부처님과 작은 인연이라도 있었던지 '나도 출가하여 스님이 되면 어떨까?' 하는 생각을 품게 되었습니다. 고민 끝에 그 형님을 따라 부산 범어사로 출가하게 되었는데 제가 출가한 후에 저를 인연하여 인근의 후배들도 여럿 출가했습니다."

1974년, 스님이 열일곱 살 때의 일이다. 승원 스님은 "출가는 보통 발심(發心) 출가, 환경(環境) 출가, 도피(逃避) 출가로 구분할 수 있는데, 비록 환경 출가나 도피 출가를 했어도 결국에는 꼭 발심 출가로 회향되어야 한다."며 "회고해 보면 반(半)은 환경, 반(半)은 발심이 아니었나? 하는 생각을 한다."고 전했다.

범어사는 어린 학생이 생각했던 것보다 훨씬 큰절이었다. 새벽부터 저녁까지 잠시도 쉴 틈이 없이 바쁘게 밥하고 설거지하고 청소하고 심부름하면서 틈틈이 『천수경』, 『반야심경』을 외웠다. 속가에서는 응석을 부릴 나이였기에 쉬운 일이 아니었다.

"지금도 그렇지만 범어사는 선방 뒤편 대숲이 참 좋습니다. 봄이 되면 사람들이 죽순을 뽑아 가는 일이 많아 어린 행자들이 죽순을 지켜야 했습니다. 저도 대숲을 지키면서 대나무 작대기로 대나무 밑동을 두드리며 『천수경』, 『반야심경』 등을 외우고 불교의식을 익혔던 기억이 납니다."

행자생활을 마치고 계(戒)를 받을 때, 스님 역시 다른 사람들과 마찬가지로 스승을 모셔야 했다. 범어사의 몇몇 어른스님들은 똑똑하고 야무진 승원 스님을 상좌로 삼고 싶었지만 스님의 마음은 다른 데로 가 있었다. 막 해인사 강주 소임을 마치고 온 대쪽 같은 성품의 관조 스님이 이미 마음에 들어와 있었던 것이다. 몇 번의 '밀당'(?) 끝에 관조 스님은 승원 스님을 상좌로 받아 주었다.

"저는 은사스님을 오래 시봉하지 못했습니다. 제가 사미계를 받고 범어사 강원에서 치문과 사집을 공부하던 시기에 노스님과 은사스님을 잠깐 모신 뒤로는 공부하느라 서로 떨어져 살았기 때문에 직접 시봉해 드리지 못했습니다. 세월이 흐르고 스님께서 열반하신 뒤에 생각하니 좀 더 스님을 모시지 못한 것이 못내 아쉽습니다.

은사스님은 해인사 강주와 범어사에서 교무와 총무 소임을 보신 뒤로는 평생 주지나 일체의 공직을 맡지 않으셨습니다. 이후 범어사에 주석하면서 평생을 무욕(無慾)과 절직(節直)으로 일관된 삶을 사셨습니다. 그 누구보다 강직한 성품으로 '옳음'과 '바름'에 대해서 결코 타협이 없는 분이셨지요. 부러질지언정 결코 구부러지지 않는 대쪽 같은 수행자였습니다. 그런 점에서는 당신 자신은 물론 당신 주변에 대해서도 결코 예외를 두지 않았지요. 특히 소임을 맡은 스님들이 공심으로 일하지 않을 때는 그 누구를 막론하고 불호령을 내리셨습니다. 아마도 이러한 스님의 올곧은 성품이 범어사 뒷방에서 평생을 오로지 수행과 작품 활동으로 일관하신 원동력이 되었던 것이 아닌가 생각합니다."

사진은 수행이자 포교

잘 알려져 있듯이 관조 스님은 한국불교사진의 선구자다. 사회에서도 대중화되기 전인 1978년부터 사진을 찍기 시작한 관조 스님은 사진에 대해 따로 배운 것이 없었다. 모두 혼자 책을 보고 직접 현장에서 사진을 찍으면서 독학으로 익힌 것이다. 스님의 삶과 예술은 그야말로 치열한 '관조(觀照)'의 세계였다. 독학으로 익힌 사진 기술로 사찰과 자연, 그 내면의 세계를 단아하고 고요하게 렌즈에 담아내, 부처님이 말씀하신 참된 진리와 깨달음의 길이 무엇인가에 대한 성찰의 길을 보여 주었다.

"제 기억으로 은사스님께서는 1970년대 중반부터 사진을 시작하셨던 것으로 기억합니다. 그 당시 승가에서는 사진이나 일체의 예술행위 등을

촬영에 열심인 생전 관조 스님의 모습. "은사스님의 사진 한 컷 한 컷은
실로 당신 내면의 수행과 깨달음의 세계를 진솔하게 보여주신 것이
라고 생각합니다."

잡기로 폄하하고 도외시하던 시절이었지요. 그러나 스님께서는 '중이 무슨 사진이야?'라는 주변의 수없는 질타 속에서도 특별한 신념과 열정으로 흔들림 없이 정진하셨습니다. 결국 사라져서 남아 있지 못할 뻔했던 사찰과 승가의 장엄한 모습들이 스님의 렌즈를 통해 남겨졌습니다. 만일 그 때 스님의 혜안(慧眼)과 불퇴전의 정진이 없었다면 과연 보물과도 같은 스님의 작품이 남아 있을 수 있었겠습니까?

은사스님께서는 늘 당신의 사진을 '수행과 포교'라고 말씀하셨습니다. '사진을 왜 찍느냐?'는 질문에 '불교는 자기를 정화시키는 것입니다. 아름다움이 상대에게 전달될 때 나와 상대를 동시에 정화시킵니다. 사진을 찍으면서 나 자신이 정화되는 것을 느끼고, 또한 내 사진을 보면서 사람들이 정화되기를 바랍니다'라고 답하셨던 기억이 납니다. 스님께서는 또 '깨달음의 세계를 언어로 표현한 것이 선사들의 어록이라면 나는 카메라로 어록을 작성합니다'라고 하셨지요. "은사스님의 사진 한 컷 한 컷은 실로 당신 내면의 수행과 깨달음의 세계를 진솔하게 보여주신 것이라고 생각합니다."

관조 스님은 수많은 전시회를 열고 여러 권의 작품집을 출간했음에도 작품에는 한결같이 제목이 없다. "스님, 왜 제목을 붙이지 않으십니까?" 하고 물으면, 관조 스님은 "제목을 붙이면 그것은 참다운 사진이 아니다. 부처님의 설법이 듣는 사람의 몫이듯 찍는 일은 내 일이지만 보는 것은 보는 사람의 몫이다."라고 했다.

승원 스님이 학교를 마치고 난 뒤에는 관조 스님의 호출이 잦아졌다고 한다. 함께 사진 촬영을 가자는 신호였다. 승원 스님은 관조 스님의 운전기사이면서 보조자로서 전국의 사찰을 함께 다녔다.

"은사스님께서는 촬영을 할 때마다 같은 장소를 몇 번씩 가시곤 하셨습니다. 하루에도 새벽, 낮, 저녁에 가고 또 봄, 여름, 가을, 겨울에 가십니다. 시간과 계절, 조도와 습도가 모두 다르니 많이 갈 수밖에 없습니다. 당연히 길을 잃어버린 경우도 많았고 또 차가 들어가지 못해 먼 거리를 같이 걸어서 다닌 곳도 적지 않았죠. 처음 보조를 할 때는 상당히 '피곤'했습니다. 차차 은사스님의 촬영 패턴에 익숙해지면서, 또 촬영을 어떻게 하시는지를 보면서 열심히 하게 되었지요. 정말 사진은 원력과 열정이 있어야 할 수 있는 작업이라는 것을 그때 비로소 깨달았습니다.

사진은 순간을 낚아채는 깨달음과 같은 것입니다. 깨어 있지 않으면 순간을 잡을 수가 없어요. 한 컷을 찍기 위해 엄청난 노력을 합니다. 은사스님께서는 사진을 찍을 때 절대 인위적인 것을 가미하지 않았어요. 있는 그대로 표현하시려고 애를 쓰셨지요. 어두우면 어두운 대로 그곳에 생명이 있다고 하셨지요. 은사스님의 사진은 기술적으로도 뛰어나지만 담백한 맛이 있습니다. 평상시에도 그러셨고, 늘 있는 그대로의 세계를 사람들에게 보여주고 싶어 하셨습니다."

승원 스님은 관조 스님의 사진을 '사리(舍利)'라고 표현했다.

"사리는 뼈를 깎는 고행 끝에 이루어진 결과물입니다. 따라서 저에게는 스님의 작품 하나하나가 스님 수행의 결정체인 스님의 사리입니다. 또한 스님의 작품들이 세상을 깨우치고 맑히는 지혜의 법문이 될 것을 믿어 의심치 않습니다."

관조 스님은 후학들에게 "있는 그대로 살아라. 꾸미지 말고 속이지 말

2000년대 초반 강원도 한계사지에서 자리를 함께한
관조 스님(左)과 승원 스님(右)

라."고 당부했다. 승가의 풍토가 세속화되는 것을 경계했기 때문이다. 스님의 이런 가르침은 열반 전의 모습에서도 여실히 드러났다.

"은사스님께서 갑작스럽게 암 통보를 받으셨어요. 말기암의 고통은 말로 표현할 수 없었을 것입니다. 그런데도 스님께서는 저희들 앞에서는 아프다는 말씀을 하지 않으셨어요. 병원에 간병하는 분이 계셨는데도 하루는 병상에서 내려와 당신의 속옷을 직접 빨고 계시더랍니다. 침상에 누워 계시다가도 문병을 오는 사람이 있으면 병상에서 일어나 맞으셨습니다. 가실 때까지도 수행자의 위의(威儀)를 지키려고 노력하셨던 것이지요. 입적하시면서 생전에 약속하신 대로 안구와 법구를 동국대 병원에 기증하셨습니다."

승원 스님은 관조 스님의 유지를 받들어 대중들이 쉽게 사진 작품들을 볼 수 있도록 할 계획이다. 유작으로 20여 만 점의 작품이 있는데, 관조 스님이 남긴 필름들은 정리하여 목록을 만들고 디지털로 전환해 자료를 축적하고 있는 중이다. 작업이 끝난 필름들은 범어사 성보박물관으로 옮겨 보관 중이다.

"은사스님께서 남기신 사진을 통해서 우리의 불교문화를 세계에 알리는 데 일익을 담당할 수 있을 것으로 생각합니다. 은사스님께서 평생 하신 일이 헛되이 되지 않도록 제가 힘을 보태려고 합니다."

승원 스님은 한국불교의 대표 학승(學僧)이라 칭송받는 지관 스님도 오랫동안 모셨다. 지관 스님이 총무원장을 하던 시절에는 기획실장으로 스님을 보필하기도 했다.

"제가 일복이 많아서인지 기획실장을 하던 시절에 유난히 일이 많았습니다. 힘들었지만 지관 큰스님을 모신 것이 제게는 큰 행운이자 복이었지요. 큰스님께 많은 것을 배울 수 있었습니다. 저희 은사스님도 너무 일찍 가셨는데, 지관 큰스님께서도 조금만 더 우리 곁에 더 계셨더라면, 하는 진한 아쉬움이 남습니다. 어른이 계신다는 것만으로도 후학들에게는 큰 힘이 됩니다. 무슨 일이 생기면 위안이 되고 안심이 되고 또 여쭐 수 있는 어른이 계시다는 것이 얼마나 든든한 일입니까? 이제 어른들이 안 계시니 여쭐 곳이 없습니다. 이 시대에 지관 큰스님만큼 정안(正眼)과 정견(正見)으로 후학들을 인도해 주시는 분도 드물 것입니다."

앞서 밝힌 대로 승원 스님은 백련사를 가꾸고 스승 관조 스님의 유지를 잇기 위해 동분서주하고 있다. 또 가평의 군부대나 인연 있는 절에서 요청하는 법문을 하기 위해 잠시도 쉬지 않고 뛰고 있기도 하다. 가평 백련사가 경기 북부의 대표적 포교 사찰로 자리매김할 시간도 얼마 남지 않은 듯하다. 축령산 너머로 해가 넘어갈 즈음 스님에게 마지막 질문을 드리고 자리를 정리했다.

"다음 생에도 인연이 돼 관조 스님을 만난다면 다시 모실 수 있습니까?"

"어느 생에도 은사스님 같은 분을 만나기는 쉽지 않을 것입니다. 허심탄회한 스승과 제자, 서로 믿고 서로 눈길만 봐도 이심전심이 될 수 있는 그런 사이가 되고 싶습니다. 그러기 위해서는 다음 생에도 당연히 스님을 스승으로 모셔야겠죠. 은사스님이 생전에 강조하신 대로 수행자로서, 또 부처님 법을 전하는 스님으로서 흐트러짐이 없도록 노력하면서 다음 생에도 다시 스님을 만날 수 있기를 발원해 봅니다."

관조 스님

스님은 1960년 6월 15일에 범어사에서 성국(性國)이라는 법명(法名)으로 동산 스님을 계사로 사미계와 보살계를, 1965년 7월 15일에 해인사에서 자운 스님을 계사로 구족계를 수지했다. 이듬해 스님은 은사인 지효 스님으로부터 관조(觀照)라는 법호(法號)를 받았다.

1966년 해인사 강원을 졸업한 뒤 1973년부터 2년여 간 해인사 강원 제7대 강주를 지냈고 『법화경』과 『서장』, 『방거사 어록』 등을 번역, 출판하기도 했다.

1978년부터 사진 포교에 관심을 갖기 시작한 스님은 독학으로 익힌 사진 기술로 사찰과 자연, 그 내면의 세계를 단아하고 고요하게 렌즈에 담아내 부처님이 말씀하신 참된 진리와 깨달음의 길이 무엇인가에 대한 성찰의 길을 보여 준 것으로 평가받고 있다.

1980년 『승가 1』을 시작으로 수많은 사진집을 대중에게 전했으며, 특히 2003년 발간한 『사찰 꽃살문』은 2005년 프랑크푸르트 도서전 조직위원회가 선정한 '한국의 가장 아름다운 책 100선'에 뽑히기도 했다.

스님은 2006년 11월 20일 "삼라만상이 본래 부처의 모습인데(森羅萬象天眞同) / 한 줄기 빛으로 담아 보이려 했다네(念念菩提影寫中) / 내게 어디로 가느냐고 묻지 말라(莫問自我何處去) / 동서남북에 언제 바람이라도 일었더냐(水北山南旣靡風)."는 임종게를 남기고 열반에 들었다.

나의 스승 청화 스님

"궁금한 것이 생겨 은사스님께 여쭈면 답이 나오지 않는 게 없었습니다. 은사스님은 선·교·율(禪敎律) 그 어떤 분야에서도 막힘이 없었어요. 이 시대의 선·교·율 삼장법사라고 할까요? 또 은사스님은 '청정 그 자체'였습니다. 깨끗하게 빨아 풀을 먹였을 때의 승복 같은 그런 느낌 있잖아요. 그리고 늘 솔선수범하셨습니다. 누구에게 무엇을 말씀하기 전에 이미 몸소 보여주셨지요."

경허 스님

'청정'과 '정진'의 또 다른 이름 '청화'

동사섭 행복마을 이사장
용타 스님

봄비는 참 얄궂다. 어떤 날의 봄비는 '따뜻함'을 데리고 오기도 하지만 그렇지 않은 날은 다시 겨울 날씨로 되돌리기도 한다. 4월의 첫 주말, 서울을 비롯한 전국에는 비가 내렸고 그 후 며칠 동안은 다시 겨울이었다. 그래도 봄을 목전에 둔 겨울, 이른바 꽃샘추위였기에 마음은 그리 무겁지 않았다.

바람과 함께 몰아치는 비를 맞으며 서울 종로에 위치한 동사섭 서울센터를 찾았다. '동사섭'으로 많은 사람들의 마음을 어루만져 주고 있는 용타 스님이 서울에서 법문을 하는 날이기 때문이다. 스님은 매월 첫째 주 토요일 오전에 대중들을 만나고 있다.

사전에 접수를 해야 참석할 수 있는 정도로 스님의 법문은 인기다. 이

날도 40여 명을 수용할 수 있는 강의실에 두 배 가까운 사람들이 몰려와 발 디딜 틈이 없었다.

오전 10시가 되자 용타 스님이 모습을 드러냈다. 이날 법문의 주제는 '삶이란…'이다.

"여러분께 감사의 마음을 전합니다. '여기 서울센터에 발만 디디면 모두 행복해진다' 하고 제가 걸어 놓았으니 여러분 오늘 이곳에 오신 인연 공덕으로 모두 행복하시고 130세까지 무병장수하시길 바랍니다. 하하하."

따스한 축원과 함께 시작된 강의에 앞서 스님은 평소 강조하고 있는 돈망(頓忘)법을 다시 풀어 주었다.

"자, 모두 이런 저런 생각하지 말고 그냥 있어 봅시다. 그냥 있는 이것이 무한 퍼센트 행복이고 그냥 깨어 있는 이 의식이 자성(自性)입니다. 그냥 있으면서 정신만 제대로 차리면 누구나 다 5분 안에 느낄 수 있는 것이 행복이요, 해탈입니다. 원래 부처님 법이 그렇습니다. 그런데 10년, 20년, 혹은 수십 년을 수행해야 되는 것처럼 변해 버렸어요. 다시 한 번 해봅니다. '그냥 있으니 돈망천국이요, 한 생각 일으키니 지족천국이라네.' 아침에 눈 뜨면 곧장 이것저것 해야 할 일을 생각하며 직장으로 달려 갈 것이 아니라 잠깐 동안만이라도 그냥 깨어 있는 이 의식을 느껴보도록 합시다. 그리곤 늘 만나는 존재들에게 감사함을 느끼면서 살아갑시다."

돈망(頓忘)은 '이미 없다'는 의미로 용타 스님이 공리(空理), 식리(識理), 자성(自性)이라는 불교 가르침의 핵심을 통합시켜 만든 용어다. 동사섭 수련 고급과정에서 다루어지는 이 돈망법은 용타 스님이 "모든 사람들의 행복을 위해 세상에 전하고자 하는 최고법"이다. 본격적인 강의는 우리의 '삶'을 12연기(緣起)로 풀어나가면서 진행되었다.

"12연기의 열두 과정을 밟으며 삼세(三世)에 윤회(輪廻)하는 고통의 뿌리는 무명(無明)입니다. 그러니 무명을 끊어야 한다는 자각이 있어야 합니다. 무명이란 본래 나(我)와 세상(法)이 없는데 그것을 있다고 생각하는 실체 사고입니다. 『반야심경』은 '조견오온개공 도일체고액(照見五蘊皆空度一切苦厄-오온이 모두 텅 빈 것을 비추어 보고 모든 고통을 구제한다)'이라 했지요. 아(我)와 법(法)이 공함을 깨달으면 모든 고통이 사라진다는 것입니다. 여기에서 깨달음이란 지고지난(至高至難)하고 신비한 그 무엇이 아니라 우리가 사유를 통해서 얻을 수 있는 이해를 말합니다. 그러나 사유하지 않는 중생의 미성숙한 삶은 촉수(觸受) 과정에서 촉(觸)한 그것을 실체라 여기면서 애취유(愛取有)로 떨어지고 그 업력으로 번뇌 속 윤회를 무수히 반복하는 것입니다. 우리는 이 전개 과정에서 언제나 깨어 있어야 합니다. 이 순간이 바로 우리의 삶입니다. 이 순간에 깨어 있으면 우리는 깨어 있는 삶을 사는 것입니다."

동사섭의 5대 원리, 정체·대원·수심·화합·작선

두 시간 동안의 강의는 구수한 전라도 사투리에 유머까지 더해져 웃음소리가 끊이지 않았다. 이날 강의에 온 사람들 중 불자는 극소수, 대부분 이웃종교인이거나 무종교인이었다. '스님'이 하는 강의에 불자보다 '일반인'들이 훨씬 더 많이 온다는 것은 불교계에 시사하는 바가 크다. 불교계

용타 스님 "자, 모두 이런 저런 생각하지 말고 그냥 있어 봅시다. 그냥 있는 이것이 무한 퍼센트 행복이고 그냥 깨어 있는 이 의식이 자성(自性)입니다. 그냥 있으면서 정신만 제대로 차리면 누구나 다 5분 안에 느낄 수 있는 것이 행복이요, 해탈입니다."

가 깊이 생각해 봐야 할 대목이다. 여기에는 물론 용타 스님 개인의 원력(願力)이 큰 몫을 했다.

용타 스님의 또 다른 이름이라고도 할 수 있는 '동사섭(同事攝)'은 불교의 사섭법(四攝法) 중 하나다. 사섭법이란 보살이 중생을 향하여 베풀고(布施攝), 따뜻한 말로 위로하고(愛語攝), 이로운 일로 도와주고(利行攝), 나아가 그들과 희로애락을 함께하는(同事攝) 삶의 태도를 말한다. 용타 스님의 수련 프로그램은 이러한 동사섭의 의미를 바탕으로 하면서 세상의 모든 존재가 다 우주의 주인공임을 강조하고 있다.

출가자 신분으로 고등학교 독일어 교사를 하던 용타 스님은 당시 전남 교육계에서 시범 운영되던 'T그룹 워크숍(Training Group Workshop)'에 참석한 뒤 불교의 수행 원리를 접목시켜 동사섭 프로그램을 만들었다. 1980년 겨울 강진 무위사에서 처음으로 시작된 동사섭 수련은 지금까지 2만 명이 넘는 사람들이 다녀간 한국의 대표적인 수행명상 프로그램이다. 일반 과정과 중급·고급·지도자 과정 등 수준별 프로그램으로 다양하게 이루어져 있다.

"현재와 같은 동사섭 프로그램이 처음부터 만들어진 것은 아닙니다. 초기에는 순수한 엔카운터였습니다. 그 때는 이론 강의가 거의 없이 비구조적으로 마음 나누기만 하다가, 점점 형식의 필요성을 느끼면서 구조적 나눔의 장으로 변화 발전하였고, 이론의 필요성을 느끼면서 점점 이론화가 이뤄졌지요. 이후에는 관리되지 않는 마음은 나누어 봐야 공동체 성숙에 큰 도움이 없겠다는 생각이 들어 '마음 관리'를 더해 갔습니다. 그런데 마음 관리의 궁극적 목표는 역시 일체 에고(Ego)를 끊고 마음이

해탈해야 하는 것이어서 초월명상의 장이 더해지게 되었고, 전체 수련과정을 개념적으로 확연히 드러낼 필요를 느끼고 2002년 하반기부터는 삶의 5대원리를 수련 과정으로 재구성했습니다."

스님이 말하는 삶의 5대 원리는 정체(正體), 대원(大願), 수심(修心), 화합(和合), 작선(作善) 등을 말한다. 이 중에서 정체와 대원은 체(體)에 해당하고 수심, 화합, 작선은 그 체를 실천하는 용(用)이다. 자신에 대한 바람직한 자아관을 정립[正體]한 위에 모든 이들의 행복 해탈을 기원하는 대원을 세우고[大願] 그것을 위해 자신의 마음을 잘 닦고[修心] 이웃과 좋은 관계를 가지며[和合] 세상을 위해 바람직한 행동을 한다[作善]는 것을 의미한다.

용타 스님은 "동사섭 수련이 지향하는 것은 다 함께 행복해지는 세상입니다. 인류가 오래 전부터 희구하는 목표이기도 하지요. 또 모든 종교가 추구하는 것이기도 합니다."라고 말한다. 지난 2012년 동사섭 서울센터를 연 것도 '다 함께 행복해지는 세상'을 지향해 온 불교의 가르침을 서울이라는 대도시에서 좀 더 확실하게 널리 드러내기 위한 것이었다.

"부처님께서는 연기법을 깨달아 모든 고통에서 벗어나셨습니다. 사유라는 방편을 통하여 이 우주의 원리인 연기(緣起)를 이해하시고 고통에서 벗어나신 것이죠. 즉 사유를 통해 연기의 이치를 깨달으신 것입니다. 이것이 팔정도(八正道)의 첫째와 둘째 덕목인 정견(正見), 정사유(正思惟)예요. 우리 불교는 이 부분을 다시 돌아보고 그것을 살려내야 합니다. 사람은 누구나 지니고 있는 사유라는 능력을 통해 연기법이 말하는 공(空)의 이치를 이해하고 그것을 올바른 가치관으로 삼아 자아에서 벗어나 행복해질 수 있습니다. 그 원리가 바로 돈망법입니다.”

동사섭에 대한 이야기를 들으며 30년이 넘는 시간 동안 마음수행 프로그램을 이끌어 오고 있는 스님의 출가 인연이 더 궁금해졌다. 아울러 '이 시대의 살아 있는 도인'으로 추앙받았던 청화 스님은 어떤 스승이었는지도 듣고 싶었다.

며칠 뒤, 더 많은 이야기를 듣기 위해 함양 동사섭 행복마을로 스님을 찾아뵈었다. 우연인지, 용타 스님을 만나는 날마다 비가 왔다. 행복마을과 주변 산은 봄비에 흠뻑 젖어 있었다. 행복마을에는 20여 명이 매월 넷째 주 진행하는 월례정진에 참여해 마음을 나누고 있었다.

광복절에 진정한 해방을 맞이하다!

서울과 함양을 오가는 빡빡한 일정에 지칠 법도 하지만 스님은 웃음을 잃지 않고 있었다. 신록에 스며드는 창밖의 비를 보며 '2부' 인터뷰를 시작했다.

“제가 대학 3학년 때 출가했는데 출가하기 1년 전에 은사스님을 만났습니다. 같이 자취하던 친구가 은사스님 문하에서 출가생활을 하다 환속한 사람이었어요. 그 친구한테서 하루도 거르지 않고 은사스님에 대해 들었지요. 그 친구 말만 들으면 우리 은사스님은 너무도 위대한 대(大)도인이었습니다. 사람이 아닌 존재로 느껴졌어요. 너무나 다양한 이야기를 듣다 보니 어느새 저도 모르게 은사스님에게 빠져버렸습니다. 그렇게 얘기만 듣고 있던 어느 날, 은사스님께서 우리 자취방에 오셨어요. 비록

환속했지만 제 친구가 잘 있는지 직접 확인하려고 오신 것이지요. 엄청
난 기대를 했는데, 은사스님을 처음 뵌 순간 '그냥 평범한 스님이구나'
하는 생각만 들었어요. 수행자의 느낌은 났지만 뭔가 특별한 분이라는
생각은 안 들었지요. 제가 너무 큰 그림을 그려놨던 것 같기도 합니다.
어찌 됐든 그런 인연으로 인사를 드리고 그 후 몇 차례 더 만날 기회가
있었는데 뵐수록 은사스님의 향기가 제게 스며들었습니다. '위대성'을 알
게 됐다고 할까요? 자연스럽게 은사스님 옆에 붙어 있는 시간이 늘게 되
었고 결국 자취방에서 나와 스님이 계시던 광주 추강사에 살면서 스님
을 모시다가 출가를 했습니다."

용타 스님은 청화 스님을 만나기 전까지는 침례교회에 다니던 평범한
청년이었다. 그러나 한 청년의 삶은 '인연'을 만나면서 급격히 바뀌었다.

"같이 자취를 하던 그 친구가 가끔 『반야심경』을 읊었는데, 하루는 그
것을 듣고 '색즉시공(色卽是空) 공즉시색(空卽是色)'이라는 말에 푹 빠졌습
니다. '왜 분명히 있는 것(色)을 없다(空)고 할까?' 두 달을 매달려 생각을
거듭해도 답이 나오질 않았어요. 그러던 어느 날 낮잠을 자는데 꿈속에
서 신기한 소리를 들었습니다. '프리즘을 없애라', 이 말이 계속 되풀이해
들리는 것입니다. 그 말을 세 번째 듣는 순간 눈이 번쩍 뜨였지요. 단지
하나를 깨달았을 뿐인데 미칠 듯 기뻤습니다. 그 경험을 한 뒤 은사스님
을 만났고, 그 후 '숙명통(宿命通: 전생을 꿰뚫어 보는 능력)'에 이끌려 출가했
습니다. 출가를 위한 필요충분조건이 다 만들어진 것이지요. 그렇게 해
서 1964년 8월 15일에 계(戒)를 받았습니다. 나라가 해방된 날, 저도 해
방되어 버렸습니다. 하하하."

스님은 계를 받았으나 대학을 졸업하고 8년 6개월 정도 교직에 있었다. 전공은 철학이었지만 독일어를 가르쳤다. 철학 원서들을 많이 읽으며 독일어를 익혔기에 어렵지 않게 독일어를 가르칠 수 있었다. 스님 신분의 교사로서 학생들을 가르치면서도 진리를 구하고자 하는 마음은 더욱 간절해졌다. 결국 다시 선원으로 환지본처(還至本處)했다.

1974년 여름 송광사 선원에서 첫 안거를 지낸 후 스님은 오랫동안 제방에서 정진했다. 청화 스님이 주창했던 염불선(念佛禪)과 간화선(看話禪)을 병행했다. 사실 간화선 중심인 선방 정진 풍토에서 청화 스님의 염불선은 철저한 비주류였다.

"은사스님의 염불선은 제 노스님이신 금타 대화상의 사상을 이어받은 것입니다. 금타 대화상께서는 288자로 된 '보리방편문'을 제시하셨습니다. 보리방편문은 공성상일여의 일합상이라는 우주관으로 심즉일불(心卽一佛)을 드러내어 아미타불을 상념하도록 하고 있습니다. 금타 대화상과 은사스님의 이 가르침을 공부해 본 사람이라면 실상리언(實相離言)의 우주 자체를 드러내는 보리방편문의 위대성을 금방 알 수 있습니다. 금세기 최고, 최귀의 가르침이고 수행법이지요."

용타 스님은 선방에 다니다가도 기회가 있을 때마다 청화 스님을 모셨다. 동사섭 프로그램을 본격적으로 진행하기 전인 1978년의 일이다. 함양 용추사 주지를 하던 용타 스님을 보기 위해 청화 스님이 찾아왔다. 절 사정이 좋지 않았지만 형편대로 수행하고 있는 제자를 격려하기 위해서였다. 정진 대중 모두가 참여한 새벽 예불이 끝나는 순간 청화 스님이 가사를 수한 상태 그대로 공양주보살 앞으로 다가갔다. 그리고는 큰절

말년의 청화 스님

을 했다. "어려운 절 살림에 이렇게 열심히 살아줘서 고맙다."며 손을 잡아줬다. 갑작스런 절에 공양주보살은 연방 고개를 숙일 수밖에 없었다.

용타 스님은 "은사스님에게 모든 사람은 다 부처님이었다. 그렇기 때문에 만나는 사람들을 항상 부처님 대하듯 하셨다."고 전했다.

제자를 아끼던 청화 스님의 마음을 알 수 있는 이야기 하나. 제자 한 명이 절 아랫마을서 술을 먹고 값을 치르지 않아 술집 주인의 불만이 커져 가고 있던 어느 날 청화 스님이 그 집 앞을 지나가고 있었다. 그러자 그 주인은 기다렸다는 듯 청화 스님에게 하소연을 했다. 다른 사람 같으면 불호령을 내렸을 터인데, 청화 스님은 "진작 말씀하시지 이제 말씀하십니까? 미안하게 됐습니다."라고 정중히 사과하며 술값을 대신 계산했다. 이 소식을 들은 그 제자는 그 날로 술을 끊고 정진에만 몰두했다. 청화 스님이었기에 가능한 일이다. 이런 일화는 수없이 많다.

모든 물음에 답을 주시던 스승

용타 스님은 청화 스님이 그 어떤 질문에도 답을 주시던 스승이었다고 회고한다.

"궁금한 것이 생겨 은사스님께 여쭈면 답이 나오지 않는 게 없었습니다. 은사스님은 선·교·율(禪敎律) 그 어떤 분야에서도 막힘이 없었어요. 이 시대의 선·교·율 삼장법사라고 할까요? 또 은사스님은 '청정 그 자체'였습니다. 깨끗하게 빨아 풀을 먹였을 때의 승복 같은 그런 느낌 있잖아요. 그리고 늘 솔선수범하셨습니다. 누구에게 무엇을 말씀하기 전에 이미 몸소 보여주셨지요. 빨래나 방청소는 물론이고 당신과 관련된 것은 거의 다 직접 하셨어요. 우리 제자들이 처음 시자를 맡으면 할 일이 없어서 무안했던 적이 한두 번이 아니었습니다.

또한 은사스님의 하심(下心)은 깊이를 모를 정도였고, 모든 사람을 존경했습니다. 은사스님을 따르던 신도 중에 이화여대 교수님이 한 분 계셨는데, 그 교수님의 은사도 이화여대 교수를 하셨던 분입니다. 자기 제자가 청화 스님 얘기를 많이 하니까 도대체 어떤 분인가 하는 생각에 직접 만나러 오셨습니다. 인사만 하고 아무 말씀도 하지 않았는데 그 노교수가 울기 시작했습니다. '청화 스님을 만나니 지난 세월 아만(我慢)으로 가득 찼던 제 인생이 아무 것도 아니다'라고 하면서요. 이런 일화는 엄청나게 많습니다."

청화 스님이 곡성 태안사에서 회상을 열었던 1980년 대 중반. 당대를 대표하던 선지식 중 한 스님이 청화 스님에 관한 이야기를 듣고 직접 찾아온 적이 있었다고 한다. 자신보다 한참 후배인 청화 스님이 궁금해서였다. 잠시 대화를 나눈 그 스님은 청화 스님에게 3배를 하고 평생을 도반으로 지냈다고 한다. 출·재가를 막론하고 청화 스님은 대중들이 "절로 고개를 숙이게 하는" 그런 존재였다.

그렇다면 용타 스님이 생각하기에 청화 스님의 가르침 중 꼭 후학들에게 계승됐으면 하는 것은 무엇일까?

"은사스님은 '상(相)'이 없었습니다. 상이 없는 인품은 모든 불교인이 배워야 합니다. 앞서도 말씀드렸지만 차별을 하지 않고 모든 사람들을 다 부처로 대하셨습니다. 또 철저한 지계(持戒) 정신도 계승해야 합니다.

청화 스님(左)과 용타 스님(右) 용타 스님은 "모든 사람을 부처
님 대하듯 하셨던 청화 스님은 대중들이 절로 고개를 숙이게
하는 존재였다"고 회고한다.

하루가 멀다 하고 터지는 최근의 파계 사건을 보면 은사스님이 더욱 그리워집니다."

용타 스님은 그러면서 '스승'에 대해 정의를 내렸다.

"불교에서 스승은 우선 깨달음 체계가 있어야 한다. 불교는 깨달음의 종교이기 때문이다. 그리고 도(道)에 대한 질문을 해 줄 수 있어야 한다. 질문을 통해 제자들의 공부를 점검할 수 있기 때문이다. 이와 함께 솔선수범하고 정직해야 한다."는 것이다.

다른 스님을 만났을 때도 들었던 생각이지만 용타 스님을 인터뷰 하면서 '스승을 잘 만나는 것은 정말 큰 복'이라는 생각을 다시 해 본다. 인터뷰가 끝나고 나서 스님은 정진에 참여했던 사람들과 스스럼없이 대화의 자리를 가졌다. 교사로 일하고 있는 참가자들에게는 교직에 있었던 선배로서 이심전심 아낌없는 조언을 해 준다. 용타 스님 스스로 청화 스님이 그랬던 것처럼 범접하기 어려운 스승이 아닌 곁에 있는 도반 같은 스승으로 다가왔다. 빗줄기가 잦아들고 어둠이 짙게 내려앉아 세상이 고요해질 무렵 마지막 질문을 던졌다.

"다음 생에도 인연이 돼 청화 스님을 만난다면 다시 모실 수 있습니까?"

"당연하죠. 우리 청화 큰스님을 다시 만나면 스승으로 모시는 것은 당연한데, 사실 저는 다음 생은 미국에서 태어날 것입니다. 현재 세계 문명과 문화의 흐름을 주도하고 있는 곳이 미국이고, 미국이 법(法)을 펴기에 제일 좋은 곳이라고 생각하고 있습니다. 미국 사람들에게 법을 전해서 깨달음을 알게 해 주고 싶습니다. 그래서 그 미국 사람들이 다시 세계에 깨달음을 전하도록 하겠습니다. 수십 년 후에 미국이 그렇게 변한다면 그 안에 제가 있을지 모르겠습니다. 하하하."

청화 스님

1923년 전남 무안에서 태어난 스님은 일본과 한국을 오가며 학업을 이수했고 해방 이후에는 사재를 털어 학교를 세워 교육사업을 펼치기도 했다. 동서양의 철학에 심취해 있던 스님은 1947년 백양사 운문암에서 금타 스님을 은사로 출가했다. 스님은 해남 대흥사, 구례 사성암, 함안 벽송사, 남원 백장암, 안성 칠장사 등의 선원과 토굴에서 수행 정진했다.

1985년 전남 곡성군 동리산 태안사에서 3년결사를 시작으로 회상을 이뤄 대중교화를 시작했고 1995년까지 태안사를 중창복원하여 구산선문 중 하나인 동리산문을 재건했다. 미주포교를 위해 카멜 삼보사, 팜스프링스 금강선원 등을 건립하여 3년결사를 하기도 했다.

계율을 엄격히 지키며 염불선 수행을 했던 스님은 참선을 할 때는 100일간 물만 먹고 정진하기도 했다고 한다. 스님은 다양한 교법을 서로 걸림 없이 회통하는 원통불교(圓通佛敎)를 주창했다. 또한 청화 스님이 중요하게 강조한 것은 '정통불법의 중흥'이다. 통불교를 선양하여 염불선을 제창하고 엄정한 계율을 견지하여 해탈을 증득하는 위법망구의 전법도생을 강조했다. 누구도 따라할 수 없는 정진으로 평생을 보낸 청화 스님은 2003년 11월 곡성 성륜사에서 열반에 들며 다음과 같은 임종게를 남겼다.

此世他世間(차세타세간) 去來不相關(거래불상관)
蒙恩大千界(몽은대천계) 報恩恨細澗(보은한세간)
이 세상 저 세상 오고 감을 상관치 않으나
은혜 입은 것이 대천계만큼 큰데
은혜 갚기는 작은 시내 같음을 한스러워할 뿐이네.

스승인 금타 스님의 유고를 정리하여 『금강심론』을 펴냈으며, 법어집으로 『정통선의 향훈』, 『원통불법의 요체』, 『마음의 고향』, 『가장 행복한 공부』 등이 있고 역서로 『정토삼부경』, 『약사경』, 『육조단경』 등이 있다.

나의 스승 백봉 김기추 거사

"백봉 선생님은 정법(正法)이 아닌 것에는 절대 타협을 하지 않았습니다. 어떠한 기복(祈福) 행위도 하지 않으셨어요. 오로지 정법수호에만 열심이셨습니다. 그때는 몰랐지만 지금 보면 이것은 엄청난 자비심이었습니다. 후학들이 제대로 된 수행을 할 수 있도록 미리 길을 만들어 주신 것이지요. 또 선생님께서는 한 번도 수행자로서의 자세를 흐트러트린 적이 없었습니다. 늘 반듯하게 사셨습니다. 삶에 대한 자세를 바르게 해야 정진도 잘할 수 있다고 말씀하신 것도 기억에 남습니다."

백봉 김기추 거사

분명히
재가자도
견성할
수
있다

보림선원 서울선원
안경애 선원장

선(禪)의 꽃을 활짝 피운 육조혜능이 『단경』을 설한 중국의 대감사는 시내 한복판에 있는 절이다. 만 명이 넘는 사부대중이 운집한 가운데 혜능은 선(禪)의 골수를 전했다.

얼마 전 중국 광동성 샤오관(韶關) 시내에서 직접 본 대감사는 '시장 한가운데에 있는 도심포교당' 같은 느낌이었다. 번잡한 도심이지만 '불법은 세간에 있다(佛法在世間)'는 것을 상징적으로 보여주는 듯했다.

2011년 10월 서울 강남에 문을 연 보림선원 서울선원도 대감사와 비슷한 느낌이다. 도심 한복판에, 그것도 재가자들이 모여서 공부하는 선원이 조금은 '어색'했다. 이웃종교와 비교해 볼 때 도심포교에 한참이나 뒤떨어져 있는 불교계 전체를 생각해 보면 보림선원이 더욱 대단해 보였다.

바람마저 상큼했던 5월 첫 일요일 보림선원을 찾았다. 30평 남짓 되는 공간에서 사람들은 주말철야정진을 막 마치고 자리를 정리하고 있었다. 몇몇 거사들과 대화를 나누던 여성이 눈에 들어온다. 한눈에도 선원장 소임을 맡고 있는 사람이라는 것이 느껴진다. 바로 보림선원 서울선원장 안경애 보살이다.

안 선원장은 철야정진을 마친 뒤 참석자들과 인터뷰를 하고 있었다. 안 선원장과 정진대중의 '인터뷰'가 끝나고 난 뒤에 '인터뷰'를 청했다.

'추대'된 여성 선원장

안 선원장은 2011년 10월 보림선원 서울선원이 문을 열면서 선원장으로 추대됐다. 백봉 김기추 거사 입적 후 서울 정릉 보림사 등에서 각자 사정에 맞게 정진하던 제자들이 의기투합해 문을 연 서울선원의 사실상 첫 선원장인 셈이다.

"정릉 보림사에서는 백봉 선생님의 육성 법문을 듣고 참선 하는 정도 였습니다. 좀 더 체계적으로 공부를 하고 싶다는 도반들의 의견이 많아 이곳 강남 역삼동에 선원을 다시 열게 됐습니다."

서울선원에서 안 선원장과 함께 법회를 주관하는 지도법사(法師) 역할을 하고 있는 김광하 거사가 옆에서 운을 뗐다.

"안 선원장님은 백봉 선생님께서 뛰어난 제자로 인정했던 분입니다. 집에서 애를 키우고 어른들을 모시면서도 수행을 놓지 않았던 분이고요.

도반들의 의견이 모아져 자연스럽게 '추대'를 했습니다. 물론 아무도 이의제기를 하지 않았습니다."

김광하 거사는 "백봉 선생님이 계실 때는 칭찬이 대단했다. 제가 1977년도에 보림선원에 처음 갔을 때부터 안 선원장님에 대한 이야기가 많았다. 도반들 중에는 안 선원장님에게 삼배를 하는 사람도 있었다."고 귀띔한다.

안 선원장은 "배우면서 소임을 하고 있다."고 전했다. 20대 초반에 백봉 거사를 만나 참선을 시작했지만, 일찍 결혼하여 가족을 돌보는 주부로 살다가 덜컥 일을 맡아 걱정이 많았다고 한다. 아무튼 한국불교 사부대중(四部大衆) 가운데 비공식적(?)으로 '제일 아래 계급'이라고 할 수 있는 여성이 선원장을 맡아 대중들을 이끌고 있는 것은 획기적인 사건임에 틀림없다.

지난 2년여 간 대중들을 이끌어 온 안 선원장은 백봉 거사의 법문을 일목요연하게 정리해 2013년 10월 『백봉 거사의 선(禪) 이야기-이 말 한마디 듣기 위해 이 세상에 왔노라』를 출간했다.

이렇듯 책을 집필하는 것 외에도 안 선원장은 매주 화요일 낮법회와 저녁법회, 매월 두 번째 토요일과 일요일에 진행하는 주말정진법회, 매주 일요법회를 주관하며 대중들을 이끌고 있다. 사실상 '반(半) 선원, 반(半) 가정'의 생활을 반복하고 있다. "선원에 있다가도 집에 가면 다시 평범한 주부로 돌아간다."는 안 선원장은 남편이자 도반인 이수열 거사의 빈틈없는 '외조'가 항상 고맙다고 전했다.

"부부가 같은 방향을 바라본다는 것은 결국 인생관과 가치관이 비슷

남편이자 평생 도반인 이수열 거사(左)와 함께 한 안경애 선원장(右) "부부가 같은 방향을 바라본다는 것은 결국 인생관과 가치관이 비슷하다는 것이잖아요. 살아가는 데 정낭히 중요한 것 같습니다. 어떤 일이든 의사소통이 되니까요. 선원에 오는 시간이 많아서 주부로서의 역할을 제대로 못하는 경우도 많은데 남편이 이해해 주고 잘 도와줍니다."

하다는 것이잖아요. 살아가는 데 상당히 중요한 점 같습니다. 어떤 일이든 의사소통이 되니까요. 선원에 오는 시간이 많아서 주부로서의 역할을 제대로 못하는 경우도 많은데 남편이 이해해 주고 잘 도와줍니다. 제일 좋은 것은 역시 남편이 평생 공부 도반이라는 것이지요. 하하하."

안 선원장은 백봉 거사의 '소개(?)'로 남편을 만났다고 한다. 평생 공부를 가르쳐 준 스승이 남편과의 인연까지 만들어준 것이다. 이에 앞선 안 선원장과 백봉 거사의 만남 역시 운명적이었다.

'도인'이라는 말에 호기심 발동

"저는 불교를 전혀 몰랐어요. 어렸을 때부터 '삶'에 대한 의심이 많긴 했는데 특별히 종교를 가까이 하지는 않았습니다. 대학에 들어가서 사귄 단짝 친구가 대불련 활동을 하고 있었어요. 9월 어느 날 제가 활동하고 있던 동아리 선배가 그 친구한테 '100년에 한번 나올까 말까 하는 도인이 계시는데 그분께 법문 들으러 가자'는 얘기를 했습니다. 그 친구는 조금 시큰둥했는데 저는 가보고 싶은 호기심이 생겼지요. 가기로 한 날 약속장소에 나가 보니 저하고 그 선배만 나왔어요. 친구에게 조금 섭섭했지만 '도인'을 보기 위해 당시 부산 광안리에 있던 보림선원에 갔습니다."

당시 부산 보림선원은 일반 가정집을 개조한 조그만 '토굴'이었지만 법문을 들으러 오는 사람들로 붐볐다. 잠시 마루에 앉아 기다리는데, 같이 갔던 선배가 말한 그 '도인'이 법문을 하러 나왔다. 백봉 거사였다.

"처음 뵈었을 때 정말 신선 같았어요. 하얀 머리와 하얀 눈썹, 하얀 수

염의 모습이 꼭 신선이었습니다. 또 무협지에 나올 법한 투명하면서도 불그스름한 피부도 뭔가 달랐고요. 법문을 하실 때는 항상 두루마기를 입으셨는데, 정말 '신선 할아버지' 같은 느낌이 들었습니다."

백봉 거사의 범상치 않은 모습에 놀란 것도 잠시, 안 선원장은 백봉 거사의 법문에 다시 한 번 놀란다.

"그때 법상(法床) 위에 꽃병이 있었고 그 꽃병에 여러 종류의 꽃이 꽂혀 있었어요. 자리에 앉자마자 백봉 선생님께서 백합을 가리키면서 '이게 무슨 색깔입니까?' 하고 물으시는데 정말 깜짝 놀랐습니다. 그때 저는 순간적으로 '나와 똑같은 생각을 하는 사람이 다 있구나' 하는 생각과 함께 전율이 느껴졌습니다."

안 선원장 역시 집 마당에 있던 장미를 보면서 '장미는 무슨 색깔일까?' 하는 의문을 가지고 있었다고 한다. 적록색맹이었던 동생의 눈에는 장미가 녹색으로 보였던 것이 안 선원장으로 하여금 더 '장미는 무슨 색깔일까?'에 대한 의문을 키워가고 있던 시기였다.

"대중들이 대답을 못하자 백봉 선생님께서는 '이것은 무색(無色)이다. 비색(非色)이다'라고 하셨습니다. 저는 그 말씀을 듣는 순간 금방 이해가 됐어요. 무색이니까 가능하고 비색이니까 가능하다는 것, 그렇기 때문에 많은 색깔이 될 수 있는 것이고요. 한 가지 색깔로만 고정되어 있다면 어떻게 그것이 다른 색깔로 보일 수 있겠어요? 나중에 생각해 보니 저의 의문과 선생님의 말씀이 결국은 불교공부였습니다. 근본적인 질문을 통해 의문을 풀 수 있도록 하는 것이 불교공부잖아요."

'도인'을 처음 만난 그 자리에서 안 선원장은 백봉 선생을 스승으로 모

1976년 여름 부산 남천동 보림선원에서 백봉 거사와 함께 한 모습.
왼쪽에서 세 번째가 안 선원장이다.

시고 공부하기로 결심했다. 안 선원장이 22살, 대학 3학년 때였다.

그 날부터 안 선원장의 '단순한' 학교생활이 시작됐다. 학교에 갔다 수업을 마치면 곧바로 선원으로 가서 '다른' 공부를 하는 식이다. 당시 백봉 거사의 법문은 주로 『금강경』과 『유마경』을 교재로 이뤄졌다. 나중에는 『선문염송』도 했다.

"백봉 선생님은 경전들을 당신의 살림살이로 소화해 자유자재로 설파하셨습니다."

그렇게 공부를 하면서 안 선원장은 수행의 힘을 느끼게 됐다. 백봉 거사 문하에서 공부한 지 한 달 만에 인가를 받았다고 한다. 백봉 거사는 안 선원장을 인가하면서 '일심행(一心行)'이라는 법명(法名)도 함께 내려줬다.

인가를 받을 때와 지금의 '경지'를 비교해 달라는 질문에 안 선원장은 "그때는 풋과일이었다면 지금은 조금 익은 과일쯤 되는 것 같다."며 웃었다.

시간이 흐르면서 안 선원장은 출가(出家)에 대한 고민도 하기 시작했다. 백봉 거사는 그러나 '재세간(在世間)'을 말했다.

"그때는 정말 공부가 너무 재미있어서 결혼은 생각도 하지 않았어요. 출가 쪽으로 마음이 기울고 있었는데 선생님께서 이를 아시고는 '너는 세간에 인연이 있다. 출가하지 않고도 공부를 할 수 있다. 인연을 거스르지 않는 것이 불법(佛法)이다'라고 하시면서 세간에서의 공부를 당부하셨습니다."

그렇게 공부를 시작한 안 선원장은 이후 결혼을 하고 시조부모와 시

부모를 비롯한 10여 명에 이르는 대가족을 봉양하며 공부를 계속해 왔
다고 한다.

'거사풍과 새말귀'의 확산을 위하여

안 선원장은 소임을 맡은 후부터 백봉 거사의 '거사풍(居士風)과 새말
귀'의 확산을 위해 동분서주하고 있다. 재가자도 견성할 수 있다는 믿음
에서 출발하는 것이 바로 '거사풍과 새말귀'다.

"백봉 선생님께서는 이미 1970년대에 재가자들에게 알맞은 수행방편
이 필요하다고 역설하셨습니다. 불교가 출가자 중심이다 보니 재가자들
은 '2등 시민'인 풍토가 지금보다 훨씬 더 강했지요. 선생님께서는 재가
자도 생활 속에서 수행을 하면 견성(見性)할 수 있다고 하셨고 이를 위한
방편으로 제시하신 것이 거사풍과 새말귀입니다.

거사풍은 재가자들도 올바른 수행방편을 가지면 누구나 다 깨달음에
이를 수 있는 것을 말합니다. 쉽게 얘기해서 유마 거사의 길을 걷자는
것입니다. 새말귀는 '새로운 화두'라는 뜻입니다. 화두(話頭)는 말귀라는
뜻입니다. 이것은 '본래부처'를 설법(說法)을 통해 이치로 알고 그것을 바
로 실천하는 것입니다. 우리 재가자들이 생활하고 있는 곳이 바로 도량
이라는 생각으로 공부하는 것을 말합니다.

백봉 선생님께서는 당시 거사풍과 새말귀가 시기상조라고 했어요. 재
가자들도 스님들이 하는 것과 같은 화두를 하고 있었으니까요. 그러나
머지않아 재가자에게 맞는 새로운 형식의 화두인 새말귀 수행이 보편화

될 것이라고 내다보셨습니다. '빛깔도 소리도 냄새도 없는 내가 모습을 잘 굴린다'는 생각을 하면서 선(禪)을 하면 됩니다."

백봉 거사는 이와 같은 '허공으로서의 나'를 근간으로 삼아 새로운 화두라는 뜻의 '새말귀'를 제창했다. 즉 '허공으로서의 나'를 철저히 이해하면 일상생활 전부를 화두로 들 수 있다는 것이 바로 새말귀다.

그러면서 안 선원장은 '모습 공식'을 제시했다. 모습 공식은 •모습은 자체성이 없다 •모습은 변한다 •모습은 헛것이다 •모습에 머물 수 없다 •모습을 잘 굴리자 등으로 공부하면 공(空)의 이치를 깨닫게 되고 결국은 변하고 헛것이고 실체가 없는 몸이 '나'가 아니라 법신자리가 모습을 굴리게 된다고 한다. 사실 백봉 거사가 거사풍과 새말귀를 구체화한 것은 안 선원장의 건의에서 비롯된 것이라고 한다.

"1976년 5월쯤 선생님을 시봉할 때 말씀을 드렸지요. '선생님이 선지식(善知識)이라면 이 시대 재가자들에게 알맞은 방편을 주셔야 하지 않느냐'고 말입니다. 며칠 후 선생님께서는 '새말귀'를 내려 주셨습니다. 30년 뒤인 지금에는 제 몫이 돼 버렸습니다. 하하하. 지금 중요한 것은 이 거사풍과 새말귀를 널리 보급하는 것입니다. 그래서 재가자들이 진정한 자유를 누리고 행복하게 잘 살도록 하는 것이 저와 보림선원의 제일 중요한 임무예요."

그렇다면 거사풍과 새말귀를 주창한 백봉 거사는 불교의 핵심을 어떻게 보았을까?

"선생님 문하에서 한창 공부할 때 한 학생이 선생님께 '불법(佛法)이 무엇입니까?'라고 여쭌 적이 있었어요. 그때 선생님께서는 '사실을 사실대

강의 중인 백봉 거사 "선생님께서는 재가자도 생활 속에서 수행을 하면 견성(見性)할 수 있다고 하셨고 이를 위한 방편으로 제시 하신 것이 거사풍과 새말귀입니다. 거사풍은 재가자들도 올바른 수행방편을 가지면 누구나 다 깨달음에 이를 수 있다는 것을 말합니다. 쉽게 얘기해서 유마 거사의 길을 걷자는 것입니다. 새말귀는 '새로운 화두'라는 뜻입니다."

로 알고 사실대로 행하는 것'이라고 말씀하셨습니다. 이것은 굉장한 말씀입니다. 백봉 선생님이 깨달은 분이기 때문에 그렇게 명쾌하게 말씀하신 것입니다. 아까도 말씀드렸지만 백봉 선생님은 법문을 하실 때 불교의 'ㅂ'도 얘기하지 않고 불교를 말씀하셨어요. 젊은 사람들이 쉽게 알아듣게 하려고 그러셨던 것 같습니다."

안 선원장은 백봉 거사를 '아버지 같은 스승'이라고 했다. 안 선원장은 백봉 거사에게 크게 혼난 적이 없었다고 한다. "딸같이 어린 사람이 공부한다고 해서 그런지 귀여움을 많이 받았던 것 같습니다. 저도 나이가 들고 보니 젊은 사람들이 와서 공부하겠다고 하면 그렇게 예쁠 수가 없습니다."

안 선원장은 '스승'에 대해서도 '한 사람의 인생을 송두리째 바꾸는 이정표'라고 했다. 그래야 진짜 스승이라고 할 수 있고 백봉 거사는 바로 그런 스승이었다고 회고했다.

불교 역사를 통틀어 보면 백봉 거사를 비롯한 수많은 재가자들이 부처님 법을 알고 실천했다. 그리고 지금 안 선원장을 비롯한 많은 사람들이 전국에서 깨달음을 얻기 위해 정진하고 있다. 앞으로 재가불교가 한국불교에서 많은 역할을 할 것이라고 기대되는 이유다. '마음씨 좋은 보살님' 같은 인상의 안 선원장에게 마지막 질문을 던지며 인터뷰를 정리했다.

"다음 생에도 인연이 돼 백봉 거사님을 만난다면 다시 모실 수 있습니까?"

"백봉 선생님은 정법(正法)이 아닌 것에는 절대 타협을 하지 않았습니다. 어떠한 기복(祈福) 행위도 하지 않으셨어요. 오로지 정법수호에만 열심이셨습니다. 그때는 몰랐지만 지금 보면 이것은 엄청난 자비심이었습니다. 후학들이 제대로 된 수행을 할 수 있도록 미리 길을 만들어 주신 것이지요. 또 선생님께서는 한 번도 수행자로서의 자세를 흐트러뜨린 적이 없었습니다. 늘 반듯하게 사셨습니다. 삶에 대한 자세를 바르게 해야 정진도 잘할 수 있다고 말씀하신 것도 기억에 남습니다.

거사풍과 새말귀의 가르침 말고도 선생님의 이런 모습들 때문이라도 저는 백봉 선생님을 다시 모실 것입니다. 백봉 선생님은 정말 눈 밝은 선지식이셨습니다. 선생님의 가르침이 더 널리 전해지도록 노력할 것입니다. 제가 이번 생에 다 못하면 다른 도반과 후학들이 잘해 주리라 믿고 있습니다."

백봉 김기추 거사

백봉 김기추(白峰 金基秋, 1908~1985) 거사는 20세기 '한국의 유마 거사'로 추앙받는 재가불교
의 선지식이다. 1908년 부산에서 태어난 백봉 거사는 젊은 시절 항일 민족운동을 벌이다 부
산형무소에서 1년간 복역하고, 이후 만주 땅에서 '불령조선인(不逞朝鮮人)'으로 감시를 받다가
해방을 맞았다. 광복 후에는 교육 사업을 하다 50이 넘은 나이에 불교를 만났다.

1963년 어느 날, 백봉 거사는 친구들과 함께 충청도 심우사(尋牛寺)를 찾았다. 여기서 스님과
대화를 나누다 발심한 백봉 거사는 무(無)자 화두를 붙들고 정진했다. 1964년 정월에 심우사
에서 선정에 들었던 백봉 거사는 『선종무문관(禪宗無門關)』에 나오는 '비심비불(非心非佛)' 네
글자를 보고 깨달음을 얻고 오도송을 읊으니 다음과 같다.

忽聞鍾聲何處來(홀문종성하처래)
寥寥長天是吾家(요요장천시오가)
一口呑盡三千界(일구탄진삼천계)
水水山山各自明(수수산산각자명)
홀연히 들리나니 종소리는 어디서 오나?
까마득한 하늘이라 내 집안이 분명하이.
한 입으로 삼천계를 고스란히 삼켰더니
물은 물 뫼는 뫼 스스로가 밝더구나!

이후 백봉 거사는 전국에 보림선원을 세워 거사풍(居士風) 불교를 일으켜 수많은 사람들에게
선(禪) 법문을 설했다. 1985년 7월 27일 지리산 산청 보림선원에서 마지막 하계수련대회를
주재할 때 '여하시최초구(如何是最初句: 무엇이 최초의 구절인가?)'라는 글을 걸게 하고는 8월 2일
마지막 설법을 한 후 향년 78세로 입적했다. 저서로는 『금강경 강송』, 『유마경 대강론』, 『선
문염송 요론』, 『절대성과 상대성』, 『백봉 선시집』 등이 있다.

나의 스승(노스님) 보문 스님

"보문 노스님은 정말 여법하게 사신 스님 중의 스님입니다. 노스님이 조금만
더 사셨다면 한국불교가 바뀌었을 것이라고 말씀하시는 분들이 많았어요.
노스님은 일 년 내내 누더기 옷만 입으시고 탁발을 해서 살아가셨고, 일거
수 일투족이 모범적인 스님 그 자체였다고 합니다."

보문 스님

보문
노스님이
좀 더
살아계셨더라면…

봉화 축서사 선원장
무여 스님

축서사가 있는 봉화 문수산의 신록은 대단했다. 중생들이 부처님을 뵈면 스스로 마음의 빗장을 풀었듯이 산을 바라보기만 했는데도 뭔가 무장해제되는 느낌이 들 정도다. 녹색의 중중무진(重重無盡)이었다.

시선을 산 정상에서 축서사 경내로 돌렸다. 반듯하게 자리 잡은 전각들이 연등(燃燈)을 고리로 서로 어울려 놓고 있다. 부처님오신날을 앞둔 축서사 경내는 깔끔하면서도 아담했다. 또 은은했다. 평일인데도 축서사는 꽤 많은 사람들로 붐볐다. 축서사에 대한 소문을 듣고 찾아온 참배객부터 기도 중인 신도들, 그리고 일찍 안거를 시작한 스님들까지 늘 머물고 있는 대중이 40~50명은 족히 돼 보인다. 깊은 산중에 있지만 축서사가 여느 도심포교당 못지않게 사람들로 붐비는 것은 주지이자 선원장으로서 사부대중을 제접하고 있는 무여 스님이 주석하고 있기 때문이다. 무여 스님을 만나기 위해 응향각(凝香閣)의 문을 두드렸다.

"중요한 것은 장소가 아니라 지극한 마음"

"절이 깊은 산중에 있어서 오시는데 고생이 많았지요?"

스님의 '정성스런' 말투에 고개가 절로 숙여진다. 낮으면서도 친근한 말투의 스님은 인터뷰 질문에 차근차근 답을 이어나갔다. 절이 도심에서 너무 멀어 운영을 하는 것이 쉽지 않을 것 같다는 질문에 스님은 "절 운영이 안 되리라는 생각은 없었다. 도시든 산중이든 얼마나 지극한 마음으로 하느냐가 중요하지 장소는 문제될 게 없다."고 잘라 말했다.

"제 주변에서도 힘들지 않겠느냐, 절이 좀 크지 않느냐, 너무 판을 벌리지 않았느냐는 말을 많이 했어요. 그런데 절집에는 이런 말이 있습니다. 어디서 살든 스님이 스님답고 절을 절처럼 운영하면 먹고 사는 건 걱정하지 않아도 된다고 말입니다. 먹고 사는 데 큰 어려움은 없습니다."

스님이 축서사에 처음 온 것은 1987년. 전각이라고는 두서너 채에 불과했던 축서사는 지금 여느 교구본사 못지않은 사격을 갖춘 대찰로 변신했다.

"여기 오기 전까지는 출가 이후 줄곧 선방에만 다녔습니다. 다니다 보니 제 자신을 정리할 필요가 있겠다는 생각을 하게 됐어요. 스님이라면 상구보리(上求菩提)도 좋지만 하화중생(下化衆生)이 중요하다는 생각을 했습니다. 마침 고우 스님이 축서사를 소개해 줘서 오게 되었습니다. 처음에는 2년쯤 있다가 나가려고 했는데 신도들이 계속 붙잡아 머물다 보니 26년이 지나버렸네요."

무여 스님은 1996년부터 본격적인 불사를 시작해 대웅전과 보현선원이 있는 운수각, 선열당, 심검당, 안양원, 진신사리탑, 보탑전 등을 세웠다. 문수선원이 있는 적묵당과 기존의 보광전까지 어울려 축서사는 봉화의 중심사찰로 거듭났다.

스님은 그동안 축서사를 출·재가 불자들이 방부를 들이고 싶은 도량으로 가꾸었다. 스님들이 정진하는 문수선원에는 현재 10명의 수좌들이 공부하고 있다. 10여 일 후에 '공식' 안거가 시작되지만 문수선원의 안거는 이미 두 달 전에 시작됐다.

문수선원 스님들은 다른 선원이 3개월씩 정진하는 것과 다르게 5개월간 수행한다. 그것도 하루 15시간씩 오직 화두만 들고 있다. 보통의 안거보다 2개월 먼저 시작해 해제는 같이 하는 시스템이다.

무여 스님은 "안거 후 해제 기간이 다소 길다. 산철에 결제 때처럼 공부하기가 쉽지 않다. 공부는 끊임없이 쉬지 않고 꾸준하게 해야 한다. 그래야 향상이 있다. 가급적이면 화두가 도망가지 않아야 한다. 아침에 눈을 떠 밤에 눈을 감을 때까지 화두가 들려 있어야 공부를 잘하는 것이다. 공부를 잘할 수 있는 방법을 모색하다 보니 해제를 줄이고 결제기간을 늘리게 됐다. 하루 15시간씩 하는 것도 이런 이유에서 그런 것"이라고 밝혔다. 스님의 설명에 '공부 외에 다른 것은 없다'는 결연한 의지가 엿보인다. 문수선원은 2006년 문을 연 이후 계속 '5개월, 15시간'의 원칙을 고수하고 있다. 새벽 1시 45분에 시작하는 정진은 밤 10시가 돼서야 방

봉화 축서사 전경　부어 스님은 1996년부터 본격적인 불사를 시작해 대웅전과 보현전위이 있는 요수가, 선영당, 심검당, 안 양원, 진신사리탑, 보탑전 등을 세웠다. 문수전위이 있는 석불 당과 기존의 보광전까지 이울러 축서사는 봉화의 중심사찰로 거듭났다.

선(放禪)을 한다.

재가자들이 정진하는 보현선원은 매 안거 때마다 20여 명이 무여 스님의 지도로 같이 정진한다. 산철결제도 있다. 산철결제는 안거 해제 후 음력 8월 1일부터 9월 15일까지, 음력 2월 1일부터 3월 15일까지 진행한다. 무여 스님은 "재가자 공부도 마찬가지다. 수행은 어쨌든 쉬는 시간이 적어야 한다. 화두가 끊어지지 않아야 한다. 꾸준하게 애쓰고 노력하면 공부를 잘할 수 있는 지혜가 생긴다."고 강조했다.

축서사에서 매월 셋째 주말에 열리는 철야 참선법회에도 150명 안팎의 재가자들이 참여한다. 벌써 7년째다. 서울·경기도는 물론 부산·대구 등 전국에서 찾아오는 재가 선객(禪客)들이 줄지 않고 있다. 최근에는 의사·변호사 등 전문직 남성은 물론 기독교 신자들도 심심치 않게 오고 있다고 한다. 축서사가 '참선 전문 도량'으로 불리는 이유가 바로 여기에 있다.

수행은 발심과 간절함이 요체

얘기가 나온 김에 간화선의 핵심에 대해 더 여쭈었다. 무여 스님은 참선 수행의 요체는 '발심(發心)과 간절함'에 있다고 했다.

"우선은 진심으로 발심해야 합니다. 발심하지 못하면 이 공부를 못합니다. 옛 어른들도 입버릇처럼 말씀하셨습니다. 깨달음을 이루고야 말겠다는 강한 의지와 집념을 갖는 것이 발심이에요. '발심이 있는 곳에 화두가 있고 화두가 있는 곳에 발심이 있다'고 하잖아요.

166

무여 스님 "선지식(善知識)은 대학의 교수, 학교의 교사와는 다릅니다. 선지식은 공부하고자 하는 사람들을 깨달음으로 인도할 수 있는 결정적인 원인을 제공합니다. 참선자는 선지식에 의해 공부길이 열리고 공부의 힘을 얻으며 지혜의 눈을 얻습니다. 캄캄한 밤에 불 없이 산에 오를 수 없습니다. 선지식은 환한 등불을 가진 안내자와 같은 존재입니다. 스님이든 재가자든 제대로 공부하려면 반드시 선지식에게 의지해야 합니다."

또 절실해야 합니다. 해도 되고 안 해도 되는 것이 아니라 선(禪) 공부는 반드시 꼭 해야 하는 것이라는 절실함이 있어야 합니다. 며칠 굶은 사람이 밥 생각 하듯이, 목마른 사람이 사막에서 물을 찾듯이, 또 어린아이가 어머니의 품을 그리워하듯이 그렇게 간절하게 해야 합니다. 요즘 돈 돈 하는데 돈 자체는 큰 괴로움입니다. 선(禪)과 잘 섞여야 돈이 행복으로 변해요. 인생의 진정한 행복, 보람, 긍지도 참선을 해야 느낄 수 있습니다."

스님은 아울러 선지식의 역할이 중요하다고 덧붙였다.

"선지식(善知識)은 대학의 교수, 학교의 교사와는 다릅니다. 선지식은 공부하고자 하는 사람들을 깨달음으로 인도할 수 있는 결정적인 원인을 제공합니다. 참선자는 선지식에 의해 공부길이 열리고 공부의 힘을 얻으며 지혜의 눈을 얻습니다. 캄캄한 밤에 불 없이 산에 오를 수 없습니다. 선지식은 환한 등불을 가진 안내자와 같은 존재입니다. 스님이든 재가자든 제대로 공부하려면 반드시 선지식에게 의지해야 합니다."

스님은 매월 두 차례 법문을 통해 공부하는 사람들을 점검해 주고 있다. 매월 초하루 법회와 매월 셋째 주 토요참선법회가 그것이다. 법회가 아니더라도 궁금한 것이 있을 때는 언제든 찾아와서 물을 수 있도록 문을 열어놓고 있다.

"문수선원과 보현선원에서 더러 점검 받으러 오는 사람이 있습니다. 공부의 정도가 다 다릅니다. 공부가 잘 되는 사람도 있고, 초보자도 있지요. 조금씩 공부의 향상이 있는 것을 볼 때 기분이 좋습니다."

무여 스님이 특히 더 신경을 쓰는 것은 화두 간택이다. 하나의 화두를 법회 참석자 전체에게 주는 식이 아니라 공부하고자 하는 사람과 대화를 나눠본 뒤 화두를 준다. '자상함'과 '인내심' 없이 하기 힘든 일이다.

"참선을 원하는 사람과 대화를 해 보고 화두를 줍니다. 사람마다 근기가 다르기 때문에 여러 화두 중 적당한 것을 간택해 줍니다. 한 번에 많은 대중들에게 하나의 화두를 주는 방식은 적절하지 못합니다."

스님이 이렇게 화두 참선 공부의 필요성과 중요성을 강조하는 것은 그동안 공부를 통해 '선수행의 깊은 체험'을 했기 때문이기도 하지만 어쩌면 출가 전부터 품었던 의심의 결과물일 수도 있다. 또 보문 스님도 빼놓을 수 없는 존재였다.

보문 스님은 알짜배기 수좌

"본래 출가할 생각은 없었습니다. 그런데 절집에 들어와 50년 가까이 살아 보니 이것도 운명인 것 같습니다. 하하하."

비교적 여유로운 환경에서 자란 스님은 책을 통해 세상과 소통하기 시작했다. 고등학생 때 소설에서부터 위인들의 전기물 등 다양한 책을 보면서 "어떻게 사는 것이 잘 사는 길인가?"에 대한 의문을 품기 시작했다.

대학에서 경제학을 전공하고 군대에 가 있으면서도 이 의문에 대한 답은 보이지 않았다. 그러다 휴가 때 우연히 들른 조계사에서 『반야심경』

법문을 듣고 발심을 했다. 책이나 강의를 통해서 만나지 못했던 '감동'이 느껴졌던 것이다. 자연스럽게 독서의 대상이 불교 서적으로 옮겨지기 시작했다.

"제대를 하고 꽤 괜찮은 직장에 다녔지만 그리 재미는 없었습니다. '나'라는 존재를 모르고 사는데 좋은 직업을 가진 것이 별 의미가 없었어요. 그러다 직장을 그만두고 해인사의 암자에 잠깐 머물다 출가(出家)가 저의 길이라는 확신이 들어 바로 입산했습니다."

송광사 등 몇몇 큰 사찰을 순례한 뒤 통도사 극락암으로 향했다. 당대의 선지식인 경봉 스님이 회상을 열었던 극락암으로 전국의 불자들이 모여들었었다. 무여 스님 역시 경봉 스님에게 배우고 싶은 생각이 컸다.

"제가 극락암에 간 날 큰 재가 있었습니다. 다음날도 그랬고요. 사람이 많고 번잡해 '이곳에서는 내가 있기 어렵겠다'는 생각을 했어요. 저는 새소리도 들리지 않는 깊고 깊은 산중에서 수행하고 싶었거든요. 그래서 경봉 스님께 다른 곳을 추천해 달라고 했어요. 스님께서는 그 자리에서 추천서를 써 주셨습니다. 스님께서 '이 편지를 들고 오대산 상원사로 가라'고 하셔서 그렇게 했습니다."

경봉 스님은 수행 가풍이 살아 있는 오대산을 추천했다. 당시 오대산에는 한암 스님과 탄허 스님, 보문 스님 등 기라성 같은 스님들이 주석하시면서 후학을 제접하고 있었던 것이다. 편지의 수신인은 당시 상원사 주지였던 희섭 스님이었다.

"경봉 스님께서는 희섭 스님에게 저를 거두라고 부탁하셨습니다. 그래서 저는 희섭 스님의 제자가 되어 출가를 하게 됐습니다."

보문 스님이 남기신 지팡이와 삿갓

무여 스님은 10여 명의 대중들을 시봉하며 행자생활을 시작했다. 스님은 "상원사에서의 생활은 오롯이 공부에만 관심이 있었을 뿐 주변의 어떠한 것에도 관심이 없었다. 오로지 '내가 누구인가' 하는 의심만 가졌었고 그것이 자연스럽게 '이뭣고' 화두가 되었다."고 한다.

『초발심자경문』 하나만 읽고 7~8년 동안은 일체 책을 보지 않고 참선만 했다. 그래서인지 스님은 출가 후에도 한참 동안이나 『천수경』을 외우지 못했다고 한다.

"오대산의 겨울은 유난히 추워서 땔나무를 많이 해야 했습니다. 겨울엔 하루 종일 불을 아궁이에 넣어야 했지요. 공양주와 채공 소임을 맡다 보니 한가할 겨를이 없었어요. 그래도 언제나 화두만을 생각하면서 '내가 참 좋은 길에 들어섰구나' 하는 생각에 젖곤 했습니다."

행자 시절 은사인 희섭 스님은 무여 스님에게 늘 "부지런히 공부해라. 중노릇 깨끗하게 잘해라. 언제라도 부끄럽지 않은 삶을 살아라."라고 당부했다. 한암 스님의 손상좌이자 보문 스님의 상좌였던 희섭 스님은 쌀한 톨, 나물 한 쪽도 버리지 않는다는 이야기가 있을 정도로 알뜰한 살림을 살았다고 한다.

보문 스님에 대해 희섭 스님은 "그런 스님이 없다. 아무리 눈을 씻고 찾아봐도 그런 스님이 없다. 스님의 상좌가 된 것이 한없이 감사할 뿐이다."라고 무여 스님에게 여러 차례 얘기했다. 또 "한암 스님, 보문 스님을 귀감으로 삼아 수행하라."고 강조하기도 했다.

선방에 다니면서 무여 스님도 점차 보문 스님에 대한 이야기를 듣기 시작했다. 한번은 해인사 선원에 방부를 들인 뒤 성철 스님에게 인사를

희섭 스님 　보문 스님에 대해 희섭 스님은 "그런 스님이 없다. 아
무리 눈을 씻고 찾아봐도 그런 스님이 없다. 스님의 상좌가 된
것이 한없이 감사할 뿐이다."라고 부어 스님에게 이런 치례 얘기
했다. 또 "허환 스님, 보문 스님을 귀감으로 삼아 수행하라."고 강
조하기도 했다.

드리며 보문 스님의 손상좌라고 얘기했더니 "보문 스님은 알짜배기 수좌"라며 칭찬을 아끼지 않았다고 한다. 성철 스님과 보문 스님은 1947년 '봉암사 결사'를 같이 시작한 인연이 있었다.

"보문 노스님은 정말 여법하게 사신 스님 중의 스님입니다. 노스님이 조금만 더 사셨다면 한국불교가 바뀌었을 것이라고 말씀하시는 분들이 많았어요. 노스님은 일 년 내내 누더기 옷만 입으시고 탁발을 해서 살아가셨고, 일거수 일투족이 모범적인 스님 그 자체였다고 합니다.

노스님께서는 보현사에서 열반에 드셨는데 당시 일화가 지금까지도 전해져 오고 있습니다. 부처님오신날을 앞두고 노스님께서 은사스님을 부르셨습니다. '아무래도 곧 갈 것 같다. 죽거든 솜을 준비해 숨이 떨어지자마자 몸의 아홉 개 구멍을 막아라. 간소하게 장례를 치른 뒤 다비하고 재는 팔공산에 뿌려라'라고 하셨어요. 그렇게 말씀하신 뒤 다음날 정말로 눈을 감으셨다고 합니다. 다급해진 은사스님이 대구에서 병원을 운영하던 의사 신도를 불러 응급조치를 했습니다. 그래서 다시 살아나셨어요. 깨어나서 하시는 말씀이 '갈 때 돼서 가는 데 왜 살려냈느냐?'며 호통을 치셨어요. 그래서 그 신도가 머쓱해 했다고 합니다.

그런 일이 있고 난 뒤 보름쯤 뒤에 초파일을 넘기기 어려울 것 같다고 하시면서 '내가 죽으면 조용히 윗목에 놔두었다가 초파일 끝나고 장례를 치러라'고 하셨답니다. 노스님은 음력 4월 6일에 돌아가셨습니다. 초파일을 앞두고 노스님이 안 보이시니 신도들이 난리가 났습니다. 할 수 없이 은사스님이 초파일 저녁에 노스님의 입적을 알렸고, 온통 울음바다가 되었다고 합니다. 노스님께서는 이처럼 당신이 가시는 시간까지 예언

할 정도로 수행을 잘하셨던 분입니다. 조사 열반 모습 그대로였습니다."

무여 스님은 "마취도 하지 않고 대수술을 하신 이야기, 김천역에서 봉암사로 가는 기차 안에서 속가 동생을 만나고도 단호하게 물리친 이야기, 대구에서의 탁발 이야기, 선원에서의 갖가지 에피소드 등 보문 노스님과 관련된 일화들이 수없이 전해지고 있다."고 덧붙였다.

조계총림 송광사 방장 보성 스님은 『보문 선사』에서 보문 스님의 탁발 일화를 소개하기도 했다.

> "보문 스님의 탁발은 부산 범일동 시장이 유명하다. 6.25가 나서 서울에 있던 정부가 다 부산으로 옮겼을 때 황산덕 서울대 교수의 부인이 스님의 탁발을 보고 나에게 말했다. 보문 스님이 발우를 가지고 반야심경만 외우고 가는데 시장의 점포에 있는 사람 중에서 그 발우에다가 돈을 넣지 않는 사람이 없었다고 했다. 그러면 발우에 있는 돈이 넘쳐 그 돈을 집어가는 거지가 있으면 스님은 그 거지에게 가져가라고 말했다."

사실 어떤 사람을 직접 만나지 않고 존경심을 갖는 것은 쉬운 일이 아니다. 단순히 노스님이라는 이유만으로 존경할 수도 없다. 그러나 무여 스님이 노스님인 보문 스님을 생각하는 것은 여느 스님과 많이 다른 것 같았다. 평생을 수좌로 살아온 것 역시 보문 스님의 영향이 적지 않았을 것이다. 선(禪)의 대중화를 위해 진력하고 있는 무여 스님에게도 마지막 질문을 던졌다.

"다음 생에도 인연이 된다면 보문 스님을 모실 수 있습니까?"

"노스님을 다시 만날 수 있을지는 모르겠습니다. 금생에 뵙지는 못했지만 저와는 특별한 인연이니 자연스럽게 가까워지지 않겠나 싶어요. 그래서 더 '특별한' 관계가 될 것으로 생각합니다. 다시 뵙게 되면 공부에 대해 많이 여쭙고 배우고 싶습니다. 노스님의 경책을 직접 받을 수 있었다면 제가 더 공부를 잘했을지 모르겠습니다. 하하하. 며칠 후면 노스님 기일입니다. 축서사에서 보문 노스님 추모법회를 올립니다. 일단 보문 노스님 추모법회부터 여법하게 올리겠습니다."

보문 스님

1906년 경북 문경에서 태어났다. 31세 때인 1936년 금강산 유점사를 거쳐 마하연으로 입산했다. 그 후 오대산 상원사에서 한암 스님을 은사로 출가했다. 이후 오대산 적멸보궁, 통도사 극락암, 통도사 내원암 등에서 정진했다.

41세이던 1947년에 성철, 자운 스님 등과 함께 봉암사 결사를 주도했다. 결사 후 보은 법주사 복천암선원, 구미 도리사 태조선원, 합천 해인사 선원, 김천 직지사 천불선원 등에서 정진했다.

1953년에는 대구 팔공산 삼성암에서 수행했으며 1955년부터는 대구 보현사에서 후학들을 제접했다. 1956년 음력 4월 6일 부처님오신날을 앞두고 열반에 들었다.

많은 제자를 두었던 한암 스님은 "내 상좌 가운데 선(禪)에 대한 지견이 투철한 사람은 보문이뿐이다."라고 말했을 정도로 뛰어난 선사로 알려져 있다.

나의 스승 벽안 스님

"처음 그 말씀을 들을 때는 큰 충격이었어요. 그런데 나중에 음미해 보니 저 스스로를 경책하게 되는 말씀이었어요. 금생이 없는 것으로 여기자고 스스로 타이르게 됐습니다. 지금도 은사스님의 그 말씀을 항상 가슴에 담아두고 있습니다."

벽암 스님

금생은
안 태어났다
생각하고
정진하라

조계종 고시위원장
지안 스님

맑은 날씨에 자신의 모습을 온전히 드러낸 산을 보는 것도 좋지만 흘러가던 구름과 어우러져 놀고 있는 산을 걷는 것도 매력이 있다. 촉촉하게 젖어 있는 산의 생명들을 보면 지쳐 있던 몸과 마음에 다시 활력이 생기는 것 같다.

본격적인 장마가 시작되어서인지 양산 영축산은 며칠째 구름을 보내주지 못하고 있었다. 통도사 일주문에 들어서자 온 산과 절은 가랑비에 젖기 시작했다. 그리 많은 양이 아니어서 부담 없이 즐길 수 있는 비였다.

적멸보궁을 참배하고 다시 차를 달려 영축산 안으로 들어갔다. 20여 곳이 넘는 암자를 안내하는 이정표를 뒤로 하고 극락암 쪽으로 향했다. 극락암은 현대 한국불교 선지식 중 한 분인 경봉 스님이 주석했던 곳이다. 극락암 바로 앞에서 차의 방향을 다시 돌렸다. 반야암으로 가기 위해서다. 길은 다소 좁고 울퉁불퉁했다.

염화실(拈花室)의 문을 두드렸다. 15년 넘게 반야암에 주석하고 있는 조계종 고시위원장 지안 스님이 '염화미소(拈華微笑)'로 맞아준다. 스님의 방은 책으로 가득했다.

경전 공부도 참구하는 마음 필요

반야암은 영축산 내 다른 암자들에 비해 역사가 짧다. 1999년 불사를 시작해 2000년 부처님오신날 봉축법요식을 대웅전에서 봉행했다. 그 뒤에도 불사는 몇 년 더 진행됐다.

"반야암은 원래 제 책 둘 곳을 찾다가 만들어진 암자입니다."

젊은 시절부터 책을 즐겨 보던 지안 스님은 현재 1만 5000권이 넘는 책을 가지고 있다. 한 곳에 보관하기 어려워 반야암을 비롯한 곳곳에 책을 나눠 두고 있다. 스님은 훗날 책을 한 곳으로 모아 여러 사람들이 편하게 볼 수 있는 도서관 건립을 발원하고 있다.

"강원을 졸업하고 통도사 강원 강사로 있을 때부터 책을 많이 보면서 살다 보니 소장량이 점점 늘게 되었어요. 반야암을 짓기 전에 통도사 마산포교당 주지를 하며 몇 년을 살았어요. 그때도 그곳에서 여러 불자들과 공부를 하면서 책이 많이 늘어났지요. 소임을 마치고 다시 통도사로 들어오려고 하는데 책이 짐이 되어 둘 만한 곳이 마땅치 않았습니다. 그래서 작은 토굴을 지어 책을 갖다 놓을까 생각하고 있었는데 당시 방장이셨던 월하 큰스님께서 토굴보다는 암자 형태를 갖추어야 한다고 하셔서 암자를 짓게 되었습니다. 여러 스님들과 신도님들의 도움으로 반야암이 만들어지게 됐지요."

책 보관을 위해 지어진 반야암은 지금 책을 보는 사람들이 끊이지 않는 장소로 바뀌고 있다. 지안 스님이 설립한 반야불교문화연구원 주최 학술대회가 정기적으로 열리고 또 공부하는 청소년들을 위해 매년 장학금도 지급하고 있다. 반야경전교실과 일요가족법회, 보름기도법회, 템플스테이 등의 프로그램을 통해 공부의 맛을 느끼게 하고 있다. 특히 반야거사회는 자체적으로 「반야」라는 회보를 매달 발간하고 있다. 반야암에는 다른 사찰들과 달리 남성 불자들이 많이 다니면서 공부 바람을 일으키고 있다.

잘 알려져 있듯이 지안 스님은 현재 한국불교를 대표하는 강백(講伯)이다. 출가 후 강원에서 경전을 공부하고부터 줄곧 강사의 길을 걸어왔다. 1995년 남양주 봉선사에서 월운 스님의 강맥(講脈)을 이어받았다. 통도사 강사와 강주, 조계종 승가대학원장 등을 역임했고 지금은 조계종 고시위원장을 맡고 있다. 고시위원장은 조계종 스님들이 응시하는 '승가고시'를 총괄하는 소임이다.

스님은 칠순을 앞두고 있지만 변함없이 글을 쓰고 강의를 한다.

"절에 있을 때는 책도 보고 참선도 합니다. 또 요새 원고 요청이 많이 들어와 글 쓰는 시간도 적지 않습니다. 근래에는 책을 몇 권 냈는데, 저는 여러 사람들이 부처님 말씀을 읽고 이해할 수 있도록 돕는 역할을 하고 싶어요."

지안 스님 젊은 시절부터 책을 즐겨 보던 지안 스님은 현재 1만
5000권이 넘는 책을 가지고 있다. 한 곳에 보관하기 어려워 만
○○○을 비롯한 곳곳에 책을 나뉘 두고 있다. 스님은 훗날 책을
한 곳으로 모아 여러 사람들이 편하게 볼 수 있는 도서관 건립
을 발원하고 있다.

스님은 근래 『왕오천축국전』, 『조계종 표준 금강경 바로 읽기』, 『처음처럼』, 『마음속 부처 찾기』, 『대승기신론강해』, 『금강경 이야기』, 『학의 다리는 길고 오리 다리는 짧다』, 『연꽃잎 달빛 향해 가슴을 열고』, 『바루 하나로 천가의 밥을 빌며』, 『산사는 깊다』 등 많은 책을 내며 불자들의 공부 길을 열어주고 있다.

스님은 집필 외에도 강의로 많은 시간을 보내고 있다. 매주 쉬는 날이 없을 정도로 전국을 다니며 법문을 하고 있다. 장소도 서울, 창원, 부산, 양산 등 원근을 가리지 않는다.

"출가해서 강사가 된 뒤 매주 10시간 이상 강의를 한 것 같습니다. 지금도 그렇고요. 40여 년간 그렇게 해 오다 보니 이제 생활이 되었습니다. 매주 스님들과 불자들을 만나면서 저 스스로도 공부를 많이 할 수 있었던 것 같습니다. 앞으로도 인연이 되는 대로 대중들을 만날 것입니다."

이렇게 정통 강사의 길을 걸어 온 지안 스님에게 경전 공부는 어떻게 해야 하는 지에 대해 물었다. 스님은 웃으며 "열심히 봐야 한다."며 말을 이었다.

"경전 공부도 원력(願力)을 가지고 해야 합니다. 그냥 책 읽듯이 하면 안 됩니다. 공부를 통해 부처님 가르침에 깊이 다가서겠다는 의지가 있어야 합니다. 가끔 강의를 하면서 사람들에게 말합니다. 참선이든 염불이든 주력이든 간경이든 10년만 꾸준하게 하면 내공이 쌓인다고 말입니다. 경전공부를 통해서도 얼마든지 깨달음에 다가설 수 있습니다.

또 참학(參學)의 자세가 필요합니다. 경전에 나온 부처님 말씀의 뜻을 알기 위한 자세 말입니다. 경전 한 줄을 보더라도 왜 이런 말씀을 하셨는지 생각하고 생각해야 합니다. 그렇게 해야 경전 속에서 제대로 된 부처님 공부를 할 수 있습니다."

스님은 사람들이 꼭 읽었으면 하는 경전도 추천해 주었다.

"먼저 조계종의 소의경전(所依經典)인『금강경』을 꼽을 수 있습니다. 그 다음으로 초기경전 중에는『숫타니파타』를, 대승경전 중에서는『화엄경』과『법화경』을 추천합니다. 특히『법화경』은 내용도 내용이지만 문학적인 완성도와 작품성이 뛰어납니다. 일부 사람들이 대승경전은 위작(僞作)이라고도 하는데 중요한 것은 부처님 말씀의 참뜻이 있느냐 없느냐 하는 점입니다. 이런 점들을 감안하면서 경전을 보면 좋겠습니다."

이렇게 한평생 공부만 해서인지 스님의 제자들도 공부하는 사람이 많다. 12명의 제자 중 미국, 일본, 스리랑카 등에서 유학을 한 스님도 있고 대학원에서 박사학위를 받은 스님도 꽤 된다.

"우연인지 인연인지 상좌들도 공부를 하겠다는 사람이 많아요. 한때 6명의 상좌가 함께 동국대에 다닌 적이 있습니다. 두 명은 대학원, 네 명은 학부에 다녔어요. 아마 그때 제가 동국대에서 학생을 제일 많이 둔 학부모였을 것입니다. 하하하."

지안 스님은 앞으로 반야불교문화연구원을 중심으로 불교연구공동체를 꾸릴 생각이다. 직접적인 연구는 물론 인재를 키우는 일에도 팔을 걷어붙일 것이라고 한다. 또 연말에는 은사 벽안 스님 추모문집도 발간할 예정이라고 한다. (인터뷰 후 2013년 12월 벽안 스님 추모문집『청백 가풍의 표상-벽안 스님의 수행과 가르침』이 발간됐다.) 말이 나온 김에 지안 스님의 스승 벽안 스님에 대한 이야기를 시작했다.

20대 중반, 어지러운 마음이 좀처럼 다스려지지 않아 가까이 지내던 선배에게 도움을 청했다. 그 선배는 "통도사를 참배하며 마음을 추슬러 보라."고 권했다. 스님은 기회가 되면 영축산 내 암자에서 책도 보고 마음도 쉴 겸 그렇게 통도사로 갔다.

통도사는 생각보다 훨씬 컸다. 스님들도 많았다. 경내에서 만난 스님들이 성스러워 보였다. 마침 지나가던 스님에게 물었다. "어떻게 하면 스님이 될 수 있습니까?" 그 스님은 젊은 청년이 출가하러 절에 온 것으로 생각하고 다른 행자를 불러 행자실로 안내를 해 줬다. 원치 않게 행자실에서 하룻밤을 보낸 뒤 스님들을 따라 새벽예불에 참석했다.

"……唯願 無盡三寶 大慈大悲 受我頂禮 冥熏加被力 願共法界諸衆生 自他一時成佛道(유원 무진삼보 대자대비 수아정례 명훈가피력 원공법계제중생 자타 일시성불도).

오직 원하옵건대, 다함없는 삼보이시여. 저의 정례를 받으시고, 그윽한 향과 같은 가피력으로 온 법계의 중생들, 나와 남이 일시에 불도를 이루게 하옵소서.'

대웅전 법당에서 100여 명의 대중스님들과 함께 예불을 드리다 보니 저도 모르게 눈물이 났어요. 말로 표현할 수 없는 어떤 감동이 밀려왔죠. 그때 그 장엄한 창불(唱佛) 소리에 제 영혼이 번쩍 눈을 떴는지 모르겠습니다."

예불이 끝나고 스님은 출가를 결심했다. 1970년 12월 한겨울의 일이

강의를 하고 있는 지안 스님

었다. 그렇게 행자가 되었고 계(戒)를 받을 때가 되었다. 원주스님이 지안 스님을 불러 어떤 분을 은사로 모실 것인지 물었다.

"제가 자격이 될지 모르지만 벽안 큰스님을 모셨으면 합니다."

원주스님은 마침 벽안 스님의 상좌였다. 원주스님은 지안 스님에게 벽안 스님을 찾아 인사를 올리고 청을 드려보라고 했다. 3배를 하고 사정을 말씀드렸음에도 돌아온 것은 '거절'이었다.

"내가 덕이 부족하니 조실스님(월하 스님)이나 주지스님(홍법 스님)을 은사로 모시는 게 좋겠다."

쓸쓸한 마음을 뒤로 하고 벽안 스님 방을 나와 원주스님에게 사정을 얘기했다. 원주스님은 "처음에는 그렇게 말씀하시니, 나중에 다시 찾아가 말씀드리자."고 했다. 그래서 며칠 뒤 다시 찾아가 말씀을 드려 겨우 허락을 받았다.

벽안 스님은 새 제자에게 '지안(志安)'이라는 법명을 내렸다. '뜻을 세워 편안히 수행에 전념하라'는 뜻이라고 설명해 주면서 "중은 금생(今生) 한 생은 없는 셈치고 살아야 한다."고 당부했다. 이번 생은 애당초 태어나지 않은 것으로 생각하고 정진하라는 뜻이다.

"처음 그 말씀을 들을 때는 큰 충격이었어요. 그런데 나중에 음미해 보니 저 스스로를 경책하게 되는 말씀이었어요. 금생이 없는 것으로 여기자고 스스로 타이르게 됐습니다. 지금도 은사스님의 그 말씀을 항상 가슴에 담아두고 있습니다."

지안 스님이 본격적인 출가생활을 할 때 대중처소에 다섯 가지 규칙이 붙어 있었다고 한다. '하심하라. 서로 공경하라. 자비심을 가져라. 차례를 지켜라. 남의 일을 말하지 말라' 등이다.

스님은 "은사스님의 당부와 함께 겸손하게 자기를 낮추고 상대방을 자비롭게 대하며 험담하지 말라는 내용의 이 규칙들은 지금까지 수행 정진해 오는 데 있어 늘 도움이 되었다."고 전했다.

스님이 강원에 다닐 때는 "공부하겠다는 의지와 열정이 활활 타올랐다."고 한다.

"당시 전기 사정이 좋지 않아 절 전체가 밤 아홉 시만 되면 전원을 내렸습니다. 한창 초발심(初發心)에 불타던 저와 학인스님들은 촛불을 켜놓고 공부를 했어요. 코피도 나고 제대로 잠을 자지 못해 몸은 힘들었지만 부처님 법(法)을 공부한다는 생각에 피곤함도 잊던 시절이었지요. 특히 어른스님들이 학인들의 공부를 위해 물심양면 지원을 해 주셔서 즐겁게 공부했습니다."

인생을 예술처럼 사는 것이 스님이다

벽안 스님의 은사는 경봉 스님이다. 두 분은 세납으로 아홉 살 차이밖에 나지 않는다. 그래도 벽안 스님은 은사를 지극하게 모셨다.

"은사스님께서는 항상 경봉 노스님을 깍듯하게 모셨어요. 매일 큰절에서 극락암까지 걸어가서 말년에 몸이 불편해 주로 극락암에 계시는 경봉 노스님께 인사를 드렸습니다. 그때 은사스님도 몸이 불편해 지팡이를 짚고 다니셨는데 극락암 삼소굴 앞에 도착하면 지팡이를 다른 곳에 감추어 두고 삼소굴로 들어갔어요. 노스님께 지팡이 짚은 모습을 보여 드리

1970년대 말 벽안 스님(右)과 함께 한 지안 스님(左) "다음 생에 스님이 되면 다시 은사스님을 만날 것입니다. 그러면 스승으로 더 잘 모실 것입니다. 저는 지금도 은사스님의 품속에서 살고 있습니다. 여전히 제 마음속에는 은사스님이 계십니다. 제가 정신적으로 성숙할 수 있게 해 주신 분이 바로 은사스님이세요."

는 것이 예의가 아니라고 생각했기 때문입니다. 팔순의 제자가 구순의 은사에게 예를 갖추는 모습을 그리는 것만으로도 정말 보기 좋죠?"

지안 스님은 이런 벽안 스님의 모습을 보면서 스승을 어떻게 모셔야 할지에 대해 많은 생각을 했다. 또한 청백가풍(淸白家風)의 모범이었던 벽안 스님은 만년에 노구에도 불구하고 거동이 불편할 때까지 조석예불과 큰방 대중공양에 빠지는 일이 없었다. 대중 청규(淸規)를 철저히 지켰으며, 출가자로서 지켜야 하는 계행(戒行)이나 예의범절에도 철저했다.

"은사스님께서는 공과 사가 분명하셨고, 청렴하셨습니다. 또 항상 솔선수범하셨기 때문에 말없이 사람을 감화시켰지요. 통도사 주지를 하실 때 신도님들이 은사스님께 약값에 보태 쓰시라고 봉투를 드리면 스님께서는 일언지하에 거절하셨습니다. 그리고는 법당 불전함에 넣으라고 정중하게 말씀하셨어요. 또 외부에 출장을 다녀오시고 나서 남은 출장비는 꼭 종무소에 반납하셨습니다."

이런 성격 때문인지 지안 스님은 출가한 뒤 20년 가까이 벽안 스님을 모시고 살았지만 용돈을 받아본 일이 거의 없었다. 그런데 딱 한 번 용돈 받은 일이 생겼다.

"은사스님께서 동국대학교 이사장으로 계실 때 서울 약사사에서 스님께 인사를 하고는 내려올 차비가 부족해 조금 머뭇거렸습니다. 스님께서는 '왜 안 가나?' 하셨어요. 옆에 있던 스님이 '차비가 없어 그런가 봅니다.'라고 말씀을 드렸더니 웃으시면서 1000원을 주셨습니다. 제가 스님께 받은 유일한 용돈이었습니다. 하하하."

벽안 스님을 회고하는 지안 스님의 얘기는 끝이 없었다. 벽안 스님이 석우, 청담 스님 등 선지식(善知識)들을 모시고 수행한 일화부터 종단 정화불사에 동참했던 일까지 '레퍼토리'는 무궁무진했다.

지안 스님이 스승 벽안 스님을 어떻게 생각하고 있는지는 마지막 질문을 통해 최종적으로 확인할 수 있었다.

"다음 생에도 인연이 돼 벽안 스님을 만난다면 다시 모실 수 있습니까?"

"저는 사람들에게 얘기합니다. '인생을 가장 예술적으로 사는 사람들이 스님이다'라고 말입니다. 저는 다음 생에 다시 태어나도 스님으로 살 것입니다. 지금보다 더 예술적으로 살고 싶어요. 하하하.

다음 생에 스님이 되면 다시 은사스님을 만날 것입니다. 그러면 스승으로 더 잘 모실 것입니다. 저는 지금도 은사스님의 품속에서 살고 있습니다. 여전히 제 마음속에는 은사스님이 계십니다. 제가 정신적으로 성숙할 수 있게 해 주신 분이 바로 은사스님이세요.

출가 전에 학교에 다니면서 여러 선생님들을 만났고 또 출가해서도 여러 어른스님들을 뵈었습니다. 그 중에서도 은사스님이 가장 이상적인 스승이셨습니다. 감동받은 일이 한두 가지가 아닙니다.

저도 제자를 두고 있고 출·재가 불자들을 가르치고 있지만 스승 노릇을 잘하고 있는지 모르겠습니다. 은사스님 같은 스승이 되어야 하는데 걱정입니다. 하하."

벽안 스님

벽안 스님은 1901년 4월 경북 월성군 내남면에서 태어났으며 출가 전 경주 내남공립보통학교 학무위원을 지냈다. 일제강점기의 암울한 시대 상황에도 교육자로서의 길을 택했던 스님은 재가자 신분으로 35살에 금강산 마하연 선원에 들어가 석우 스님 회상에서 정진하며 불교와 인연을 맺었다.

제방선원에서 정진하던 스님은 양산 통도사에서 경봉 스님을 은사로 출가했다. 출가 후 통도사 주지를 두 차례 지냈으며, 원효학원 이사와 동국학원 이사, 동국대 이사장을 역임했다. 또 조계종 중앙종회의장을 세 차례 지내며 종단의 기틀을 닦기도 했다. 이(理)와 사(事)에 두루 능통하다는 평가를 받고 있다.

통도사 적묵당에 머물던 스님은 1987년 12월, 다음과 같은 임종게를 남기고 열반에 들었다.

靈鷲片雲(영축편운) 往還無際(왕환무제)
忽來忽去(홀래홀거) 如是如是(여시여시),
영축산 조각구름 오고가는 짝이 없네.
홀연히 왔다 홀연히 가니 이와 같고 이와 같더라.

벽안 문도 대표인 눌암지정 스님은 2013년 12월 발간한 벽안 스님 추모문집 『청백(清白) 가풍의 표상-벽안 스님의 수행과 가르침』 발간사에서 "벽안 스님은 공사가 분명하고 매사에 엄격한 법도를 지키시며 말 없는 덕화로 우리들을 지도해 주었다. 총림의 수행 분위기를 살피시면서 납자들이나 학인들을 격려했고 대중생활에서 무엇이든지 솔선수범해 대중이 법규를 따르게 했다."면서 "'수양산 그늘이 강동 팔백 리'라는 말처럼 우리 문도들에게 스님의 그늘은 승가 정신을 키우는 보금자리와 같았다. 이에 스님을 기리는 마음으로 문집을 발간하게 됐다"고 밝혔다.

나의 스승 서옹 스님

"한 번은 큰스님을 모시고 백양사 일주문까지 포행을 한 적이 있습니다. 그때 큰스님께서는 '감정에 빠지면 안 된다. 일체의 감정에서 벗어나 자유스러워야 한다'고 말씀하셨어요. 또 '항상 방하착(放下着)하라. 생각을 놓는 연습을 해라. 계속 놓다 보면 참사람의 마음이 될 것이다'라고 하셨습니다."

서옹 스님

계속
놓아라
그것이
참사람의
마음이다

고불총림 백양사 주지
진우 스님

　2003년 12월 장성 백양사에는 유독 많은 눈이 내렸다. 치워도 치워도 끝없이 내리던 눈은 한 선지식(善知識)이 세연(世緣)을 다할 때까지 계속됐다. 고불총림(古佛叢林) 백양사에 주석하며 현대 한국불교를 상징했던 서옹 스님은 사뿐히 땅에 내려앉던 눈처럼 고요히 다음과 같은 임종게를 남기고 좌탈입망(坐脫立亡)한 모습 그대로 열반에 들었다.

　雲門日永無人至 (운문일영무인지)
　猶有殘春半落花 (유여잔춘반락화)
　一飛白鶴天年寂 (일비백학천년적)
　細細松風送紫霞 (세세송풍송자하)

운문에 해는 긴데 이르는 사람 없고

아직 남은 봄에 꽃은 반쯤 떨어졌네.

한 번 백학이 나니 천년 동안 고요하고

솔솔 부는 솔바람 붉은 노을을 보내네.

영결식과 다비식이 진행되던 시간 내내 가까이 있던 선지식을 친견하지 못하고 가르침을 청하지 못한 아쉬움은 계속됐다.

서옹 스님 열반 후에도 몇 차례 더 백양사에 갔다. 운문선원을 비롯해 곳곳에 서옹 스님의 흔적이 남아 있었다. 그럼에도 절을 찾을 때마다 사중 분위기가 다소 가라앉은 모습이었던 것으로 기억된다. 대중들도 많지 않았고 어수선했다.

시간이 흘러 꽤 오랜만에 다시 백양사로 향했다. 장마가 잠시 숨을 고르고 있던 날 찾은 백양사는 예전의 역동성을 회복하는 모습이었다. 여름의 싱그러움을 머금은 백암산의 모습에서도 생동감이 느껴진다. 일주문을 지나 경내에 들어서자 백양사를 찾은 사람들의 모습이 적지 않게 눈에 들어온다.

대웅전 앞마당에 서서 백암산 큰 바위를 바라보니 예전 고불총림의 기상이 다시 느껴지는 듯했다. 발걸음을 돌려 설선당(說禪堂)으로 향했다.

설선당에서는 주지 진우 스님과 총무국장·포교국장스님을 비롯해서 소임을 맡은 스님들이 차담을 나누고 있었다. 젊어진 백양사답게 차담은 유쾌했다.

백양사 일주문 "선·교·율(禪敎律)의 정통 법맥이 이어진 곳이 바로 고불총림 백양사입니다. 근대 호남불교를 일으켰던 만암 큰스님에게 선·교·율의 법맥이 이어졌고 이를 다시 받은 분이 서옹 큰스님이십니다. 수산 큰스님은 만암, 서옹 큰스님의 가르침을 몸소 실천하셨고요. 지선 스님께서 그 뒤를 이어 법(法)을 계승하고 있습니다.

"얼마 전 불미스러운 일로 많은 불자와 국민들에게 심려를 끼쳐드렸습니다. 앞으로는 그간의 상처를 딛고 만암, 서옹, 수산 큰스님의 유지를 굳건히 받들면서 총림이 안정적으로 발전할 수 있도록 할 것입니다. 지금까지의 시련을 거름삼아 정진하겠습니다."

진우 스님은 먼저 '백양사 승풍 실추 사건'에 대한 '참회의 마음'부터 전했다. 사실 승풍 실추 사건이 불교계와 우리 사회에 던진 파장은 말로 표현하기 어려울 정도였다. '생생한' 영상으로 전달된 사건은 온 국민을 충격에 빠뜨렸다. 이 사건 전부터 시작되었던 백양사 내분은 정점으로 치달았다. 다행히 내분이 수습되면서 진우 스님은 2012년 9월부터 주지 소임을 시작했다.

"백양사 내부 문제들이 해결될 때쯤 소임을 맡았지요. 많이 틀어져 있던 사중 분위기를 다시 바로잡으려 하고 있습니다. 처음 소임을 맡자마자 100일간 108참회를 올리고 이후 계속해서 기도를 하고 있습니다. 기도는 묘한 영험을 주거든요. 그리고 다른 전각은 부전스님들에게 맡기고 제가 직접 칠성기도를 하고 있습니다. 본사의 주지가 칠성기도를 한다고 하면 이상하게 생각할지도 모르겠지만, 이 또한 포교의 방편입니다. 예전부터 백양사에는 칠성신앙이 이어져 왔습니다. 대웅전 바로 옆에 칠성각이 자리한 사찰은 백양사밖에 없을 것입니다. 모든 사부대중과 함께 매일 새벽예불 직후와 매달 음력 7일 사시예불 및 법회에서 '자녀를 위한 칠성기도'를 함께 하고 있습니다."

칠성기도는 사실 백양사의 심각한 재정문제를 해결하기 위해 시작했다고 한다. 인터뷰를 함께한 한 소임자 스님은 "스님들이 토굴에서 정진할 때도 다음에 올 스님을 위해 독에 쌀을 남겨두고 겨울을 보낼 장작을 해두는 게 도리다. 그런데 주지스님이 오셔서 곳간을 확인해 보니 쌀은 커녕 빚만 잔뜩 있었다."고 한다.

더디게 진행되고 있는 방장(方丈) 추대와 관련해 진우 스님은 조만간 대중들의 뜻을 모아 마무리할 방침이라고 밝혔다.

(진우 스님과의 인터뷰가 진행된 뒤 백양사 대중들은 2013년 8월 30일 산중총회를 열고 지선 스님을 고불총림 백양사 방장으로 추대했다. 지선 스님은 1946년 장성에서 태어나 1961년 석산 스님을 은사로 출가했으며 1967년 범어사에서 동산 스님을 계사로 구족계와 보살계를 수지했다. 1972년 서옹 스님으로부터 '학봉'이라는 법호를 받으며 법제자가 됐고, 제주 관음사와 백양사 주지, 조계종 중앙종회의원, 실천불교전국승가회 의장, 고불총림 백양사 유나와 수좌 등을 역임했다. 총림의 방장은 선·교·율을 겸비하고 학덕과 수행이 높은 스님으로 총림을 대표한다.)

진우 스님은 이와 함께 백양사가 총림 본연의 역할을 할 수 있도록 각 기관을 정비하고 있다. 수년간 문을 열지 않았던 고불총림선원을 지난 동안거부터 다시 열었고 서옹 스님이 주석했던 운문선원에서도 스님들이 정진에만 집중할 수 있도록 하고 있다. 이번 하안거에는 고불총림선원에서 10명, 운문선원에서 13명의 스님들이 화두와 씨름하고 있다. 또 고불총림 율원에서도 10명의 스님들이 정진하고 있으며 새로 개설한 중관유식승가대학원에서도 7명의 학인스님들이 공부하고 있다.

"중관유식승가대학원에서 학인들이 '불교심리학'을 깊이 있게 공부할

진우 스님 사보( ) 발간과 홈페이지 개편, 일요열린법회 등을 통해 백양사 법 대중들과의 소통에도 나서고 있으며, 매주 화요일에는 진우 스님이 직접 '참사람 강의'를 하고 있다.

수 있을 것입니다. 이를 다시 서옹 큰스님의 참사람 정신과 결합시켜 '마음힐링' 콘텐츠로 만들 예정입니다. 나중에 '마음치료' 하면 백양사가 떠오를 수 있도록 그렇게 운영하려고 합니다."

사보(寺報) 발간과 홈페이지 개편, 일요열린법회 등을 통해 백양사 밖 대중들과의 소통에도 나서고 있으며, 매주 화요일에는 진우 스님이 직접 '참사람 강의'를 하고 있다. 이 자리를 통해 진우 스님은 서옹 스님의 가르침을 알기 쉽게 풀어 대중들에게 전하고 있다.

앞으로도 스님은 오토캠핑을 접목한 템플스테이를 개최할 예정이며, 힐링 숲길을 조성해 참배객들이 편안하게 산사의 맛을 느낄 수 있도록 한다는 계획이다. 또 사찰음식체험관을 통해 일반인들이 사찰음식의 묘미를 알 수 있게 할 방침이다.

이렇게 짧은 시간에 스님이 백양사를 변화시킬 수 있었던 것은 10년이 넘는 기간 동안 백양사의 소임을 두루 경험했기 때문이다.

"1998년부터 포교국장을 시작으로 사회국장, 기획국장, 총무국장 등을 맡았습니다. 백양사에 대해서 잘 알고 있었기 때문에 현안에 대한 해결책도 나름대로 마련해 두고 있었다고 할 수 있지요. 현재 소임자들과 함께 큰 어려움 없이 일을 하고 있습니다."

스님은 백양사에서의 국장 소임을 마무리할 때쯤부터 담양 용흥사를 맡아 가람을 일신시켰다. 2000년도에 처음 용흥사에 갔을 때만 해도 법당은 비가 샜고 요사채는 다 허물어져 가고 있었다. 그러던 용흥사가 지금은 선원을 비롯해 총 15동의 전각이 들어선 도량이 되었다.

백양사의 다양한 사업 중에서도 진우 스님이 가장 중요하게 생각하는 것은 '참사람 결사'다. "모든 사업이 참사람 결사와 관련되어 있다고 보면 된다."고 할 정도다.

앞서 전한 것처럼 진우 스님이 직접 참사랑 강의를 하고 있고, 향후 참사람 결사를 실천할 백양사의 핵심신도들을 양성하기 위한 '참사람 화주 교육'도 진행하고 있다.

"선 · 교 · 율(禪敎律)의 정통 법맥이 이어진 곳이 바로 고불총림 백양사입니다. 근대 호남불교를 일으켰던 만암 큰스님에게 선 · 교 · 율의 법맥이 이어졌고 이를 다시 받은 분이 서옹 큰스님이십니다. 수산 큰스님은 만암, 서옹 큰스님의 가르침을 몸소 실천하셨고요. 지선 스님께서 그 뒤를 이어 법(法)을 계승하고 있습니다.

서옹 큰스님께서는 잘 알려진 바와 같이 '참사람(無位眞人) 결사'를 주창하셨습니다. 본래 지니고 있는 참사람의 성품을 발견해 생사를 넘어설 때 사바세계의 갈등과 투쟁은 사라지고, 사람을 비롯한 모든 생명이 서로 존중하는 평화로운 세상이 된다고 역설하셨지요. 진정한 행복은 원하고 구하는 것이 아니라 그것을 뛰어넘어야 느낄 수 있습니다. 공(空)의 실체를 바로 보는 마음이 진정한 행복이고 참사람 정신입니다.

큰스님께서 1995년에 발표하신 '참사람 결사문'을 통해서 구체적인 실행방법을 가르쳐 주셨습니다. 큰스님의 가르침을 현대인들이 쉽게 이해하면서 실천할 수 있는 여러 방안을 연구하고 있습니다."

서옹 스님은 1996년부터 백양사를 중심으로 '참사람 수행결사'를 펼치면서 세 가지 서원을 제시했다.

"첫째, 무상무주(無相無住)의 참나를 깨달아 자비생활을 합시다.

둘째, 어디에도 걸림 없이 자유자재하여 세계 인류가 평등하고 평화스럽게 사는 역사를 창조합시다.

셋째, 자기와 인류와 생물과 우주가 영원의 유일 생명체이면서 각각 별개이므로 서로 존중하고 서로 도와서, 집착함이 없이 진실하게 알고 바르게 행하며, 아름다움을 사랑하는 세계를 건설합시다."

백양사는 조만간 세미나와 국제학술대회를 통해 참사람 결사정신을 확인하고 서울과 부산, 제주 등에 참사람 결사운동본부 지부를 개설할 계획이다. 또 참사람 수련회와 법회를 비롯한 각종 프로그램을 통해 참사람 정신을 널리 알릴 계획이다.

'단명설(短命說)'로 시작된 절과의 인연

진우 스님은 사실 서옹 스님의 직계 상좌는 아니다. 굳이 따진다면 서옹 스님은 진우 스님의 '작은할아버지' 격이다. 진우 스님은 어떻게 서옹 스님을 만나게 되었을까?

"속가 할머니가 강원도에서는 잘 알려진 화주보살이셨습니다. 한암 스님을 시봉하기도 했고 월정사, 정암사, 상원사, 법흥사, 봉정암, 삼화사 등에 화주를 하셨지요. 제가 네 살 때 할머니께서 저를 정암사에 데려갔는데 그때 주지스님이 저를 보시더니 '일찍 죽게 생겼다'고 말씀하셨답니다. 그 말씀을 듣고 할머니가 불안해 하면서 마음을 졸이다가 제가 초

지선 스님(左), 광제 스님(右)과 담소를 나누는 서옹 스님.

등학교를 졸업하자마자 절로 보내셨습니다. 그곳이 강릉 보현사였습니다. 절에서 행자생활을 하면서 중학교부터 대학까지 다녔지요. 할머니는 제가 스무 살이 되면 장가를 보내려고 했는데 그때는 제가 안 나겠다고 버텼습니다. 그러다 은사스님(백운 스님)을 만나 사미계(沙彌戒)를 받았습니다. 출가 초기에는 주로 강원도 지역 사찰에서 정진을 했습니다. 나중에 은사스님이 완도 신흥사 주지를 맡으라고 하셔서 그때 전라도로 내려왔지요."

1987년에 신흥사 주지 소임을 맡은 스님은 본사(本寺)인 백양사로 가 어른스님들에게 인사를 올렸다. 일종의 '신임 주지 신고'였다. 서옹 스님은 당시 백양사 조실이었다.

"처음 인사를 드렸더니 '누구 상좌냐?'고 물으세요. 그래서 '백운 스님 시봉입니다'라고 했더니 '내가 백운 스님한테는 신세를 졌지. 좋은 스승을 모셨으니 소임도 잘 살아라. 소임 살다가도 시간이 되면 백양사에 와서 참선도 열심히 해야 한다'고 당부하셨습니다. 나중에 알고 보니 제 은사스님이 서옹 큰스님께서 펴낸 『임제록 연의』 출판을 도와드렸다고 하더군요. 그렇게 서옹 큰스님께 처음 인사를 드렸습니다."

진우 스님이 본격적으로 서옹 스님을 모신 것은 1998년 백양사 포교국장을 맡으면서부터다. 서옹 스님을 시봉하는 스님들이 있었지만 진우 스님은 틈틈이 서옹 스님을 친견하기도 하고 또 같이 포행하기도 했다.

"한 번은 큰스님을 모시고 백양사 일주문까지 포행을 한 적이 있습니다. 그때 큰스님께서는 '감정에 빠지면 안 된다. 일체의 감정에서 벗어나 자유스러워야 한다'고 말씀하셨어요. 또 '항상 방하착(放下着)하라. 생각을 놓는 연습을 해라. 계속 놓다 보면 참사람의 마음이 될 것이다'라고 하셨습니다.

또 한 번은 제가 큰스님께 법제자가 되고 싶다고 말씀을 드리니 '네가 그렇게 생각하면 그렇게 되는 것이다'라고 하셨지요. 형식적인 것에 치우칠 필요가 없다는 말씀이었습니다. 말 그대로 이심전심(以心傳心)하면 법제자가 되는 것 아닌가 하는 생각이 들었죠."

돈오돈수의 진면목을 알게 해 준 스승

서옹 스님은 평소 '수처작주 입처개진(隨處作主 立處皆眞)'을 강조했다. 진우 스님도 서옹 스님이 핵심적으로 강조했던 것이 바로 '수처작주 입처개진'이라고 전했다.

"큰스님 사상의 핵심을 표현하는 말이 바로 '수처작주 입처개진'입니다. 이것은 불교를 구성하는 기본적인 내용이기도 합니다. 사람들은 살아가면서 마주하는 대상 모두에게 반응과 감정을 갖게 됩니다. 대상에 대해 업(業)에서 나오는 본능적인 행위를 계속하다 보면 희로애락과 윤회에서 벗어날 수가 없습니다. 그러면 당연히 사는 게 피곤해집니다. 그래서 필요한 것이 주인공의 삶입니다. 어디에 서 있든 종이 아니라 주인공이 되라는 것이 서옹 큰스님의 말씀입니다. 주인공이 되기 위한 방편으로 큰스님께서는 화두를 챙겨야 한다고 가르치셨어요. 화두 하나에만 몰입하여 모든 잡념과 감정에서 벗어나 있는 것이 깨어 있는 상태라는 거죠. 깨어 있는 상태 즉, 분별심이 없는 상태에서 말하고 움직이는 것이

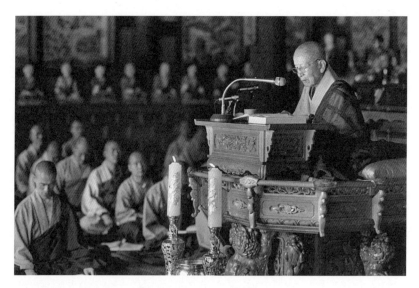

백양사 대웅전에서 법문을 하고 있는 서옹 스님. "어디에 서 있든 종이 아
니라 주인공이 되라는 것이 서옹 큰스님의 말씀입니다. 주인공이 되
기 위한 방편으로 큰스님께서는 화두를 챙겨야 한다고 가르치셨어
요. 화두 하나에만 몰입하여 모든 잡념과 감정에서 벗어나 있는 것
이 깨어 있는 상태라는 거죠. 깨어 있는 상태 즉, 분별심이 없는 상태
에서 말하고 움직이는 것이 참사람의 모습입니다."

참사람의 모습입니다."

서옹 스님은 이와 함께 돈오돈수(頓悟頓修)를 강조했다. 진우 스님 역시 서옹 스님의 돈오돈수야말로 후학들이 계승해야 할 핵심사상이라고 덧붙였다.

"선의 진면목에 대해서는 아직도 갑론을박이 있습니다. 돈수니 점수니 하면서 말입니다. 그런데 저는 큰스님을 통해서 돈오돈수에 대해 알 수 있었습니다. 사바세계는 상대세계입니다. 밝음이 있으면 어둠이 있고 높은 곳이 있으면 낮은 곳이 있어요. 또 지옥이 있으면 극락이 있어요. 좋은 생각도 나쁜 생각에 대비해 나타납니다. 욕심이 있기 때문에 번뇌도 생기는 것입니다. 근심, 걱정, 번뇌, 망상을 끊으려면 욕심을 없애야 합니다. 그런데 이것은 줄이고 줄여도 완전히 없어지지 않습니다. 비운다고 해도 계속 비워졌다고 할 수 없어요. 아무리 작은 티끌 속에도 시방세계가 다 들어 있어요. 상대적인 세계를 벗어날 수가 없어요. 그렇게 되면 절대적인 해탈을 할 수 없습니다. 해탈이라고 하는 것은 완전히 비운 상태를 말합니다. 아무리 점수(漸修)를 해도 돈오(頓悟)를 얻을 수 없습니다. 점수의 끝은 점수일 뿐입니다. 그래서 이것을 몰록 뛰어넘어야 합니다. 그것이 바로 돈오돈수입니다.

서옹 큰스님께서는 완전한 깨달음인 돈오돈수를 제대로 설명해 주셨고 몸소 보여주신 분입니다. 돈오돈수의 정신은 스님뿐만 아니라 모든 대중들이 알아야 합니다. 돈오돈수를 알면 생활과 삶이 달라지고 행복의 정도가 달라집니다."

진우 스님은 "서옹 큰스님은 언행일치(言行一致)를 보여준 스승 중의 스승이다. 상대를 정말 편안하게 해 주셨고 모든 것을 초월한 언행을 하셨다. 서옹 큰스님만큼 모든 것이 편안해 보였던 선지식이 계셨나? 무엇보다 큰스님은 돈오견성(頓悟見性)을 하셨다는 것이 중요하다."고 강조했다.

진우 스님은 상당히 부드러웠다. 유머도 풍부했다. 그렇지만 '공부의 방법과 바른 길'을 말할 때는 누구보다 단호했다. 마지막 질문에 대한 대답에서도 진우 스님은 부드러움과 단호함을 함께 보여 주었다.

"다음 생에도 인연이 돼 서옹 스님을 만난다면 다시 모실 수 있습니까?"

"은사이신 백운 스님이 교학(敎學)에 밝으셨다고 한다면, 서옹 큰스님께서는 선(禪)의 진면목과 불교의 참모습을 가르쳐 주신 분입니다. 제가 중노릇 하는 데 있어 '롤모델'이라고 할 수 있지요. 수행의 궁극이라고 하는 돈오견성의 그림자를 큰스님을 통해서 봤습니다. 큰스님 곁에만 있어도 당신의 수행이 느껴졌어요.

다음 생에도 인연이 된다면 당연히 모셔야죠. 다음에는 좀 더 가까이에서 모시면서 가르침을 받을 것입니다. 여러 어록에 나오는 조사들의 일화처럼, 모시는 것 자체로 공부가 되는 그런 삶을 저도 살아보고 싶습니다."

서옹 스님

성철 스님과 함께 현대 한국불교를 대표하는 선지식으로 존경받고 있는 서옹 스님은 1932년 21세에 만암 스님을 은사로 출가했다. 1935년 중앙불교전문학교를 거쳐 1941년 일본 교토 임제대학을 졸업한 뒤, 같은 해 일본 임제종 총본산 묘심사 선원에 들어가 3년 동안 정진했다.

서옹 스님은 귀국 후에도 제방에서 정진을 계속했고 도봉산 천축사 무문관, 대구 동화사, 문경 봉암사 등에서 조실로서 후학을 제접했다. 1974년 효봉, 청담, 고암 스님에 이어 대한불교조계종 제5대 종정으로 추대됐다. 서옹 스님이 종정으로 있던 시절 '부처님오신날'이 공휴일로 제정되어 불자들의 오랜 숙원을 이루었다.

1979년에는 백양사 운문선원 조실로 추대되어 납자들을 지도했으며 조사선(祖師禪) 가풍을 재정립하고 수행전통을 사회화하기 위해 1995년 '참사람 결사'를 본격적으로 전개하기 시작했다. 1996년 고불총림을 복원한 서옹 스님은 1998년 백양사에서 무차대법회를 열어 현대 문명의 위기를 극복할 수 있는 대안으로 '참사람'을 제시하기도 했다.

평생 동안 선풍 진작과 납자 제접, 인류 구원의 새로운 사상적 대안으로 참사람 결사를 제창한 서옹 스님은 2003년 12월 13일 세수 92세, 법랍 72세를 일기로 좌탈입망(座脫立亡) 했다.

나의 스승 '선지식들'

"저는 스승 복이 참 많은 사람입니다. 선지식들이 계시는 회상이 있으면 보따리 싸들고 찾아다녔지요. 동산, 효봉, 구산, 성철, 향곡, 춘성, 전강 스님 밑에서는 선(禪)을 배웠고 운허, 탄허, 관응 스님께는 교(敎)를 배웠습니다."

단희 스님   성관 스님

저는
스승
복이
참 많은
사람입니다

前 조계종 교육원장
무비 스님

이쯤 되면 날씨의 폭주라고 해야 할 듯싶다. 어떤 말로도 표현하기 힘
든 그 '뜨거움'에 사람들은 점점 지쳐간다. 그늘에서라도 잠시 쉬면 달아
나던 그 더위가 아니다. 24시간 내내 푹푹 찐다는 말이 딱 맞을 정도로
더웠던 최근이다.

우리 시대 최고의 강백(講伯)으로 꼽히는 무비 스님을 만나기 위해 서
울 봉은사로 갔다. 봉은사가 매주 진행하고 있는 '선·교·율 대법회'에
서 무비 스님은 매월 둘째 주 일요일에 '대승경전의 꽃, 법화경'을 주제로
법문을 하고 있기 때문이다.

스님은 법문 하루 전에 주석처인 범어사에서 봉은사로 올라와 대소사
를 챙기고 있었다. 다래헌 문을 열고 들어가니 마침 『서장』을 강설한 『이

것이 간화선이다(민족사 간)』가 출간돼 출판사 관계자들과 책과 관련한 환담을 나누고 있었다. 무비 스님은 『이것이 간화선이다』를 손에 들고 꼼꼼히 살폈다. 수없이 원고를 봤을 테지만 스님은 그래도 다시 책을 보며 전체적인 내용을 확인했다. 자연스럽게 책과 관련된 이야기부터 시작했다.

간화선의 원형(原形) 전하기 위해…

"한국불교에서의 대세는 간화선(看話禪)입니다. 위빠사나 등 여러 수행법들이 한국에 들어와 보급되고 있긴 하지만 우리에게는 '그래도 간화선'입니다. 그런데 이 간화선이 지엽적이고 아전인수 격으로 해석돼 사람들에게 알려져 왔습니다. 또 간화선을 '쉽게 쉽게' 해석해 왔습니다. 그러다보니 간화선이 상당히 왜곡되어 있습니다.

간화선의 원형은 『서장』에 있습니다. 대혜종고 선사가 『서장』에 간화선 수행의 바른 길에 대해 자세하게 풀어 놨습니다. 이 시대 수행자들이 제대로 간화선을 알고 정진할 수 있도록 조금이나마 도움을 주고자 강설집을 내게 됐지요."

『이것이 간화선이다』는 다른 『서장』 강설 책에 비해 다소 두꺼웠다. 무비 스님은 "가능한 한 자세하게 풀어 줘야겠다는 생각으로 쓰다 보니 분량이 좀 많아졌다."며 환히 웃었다.

"보조 스님은 간화선을 가르치면서 『서장』을 항상 옆에 두고 제자들을 지도했습니다. 그때부터 한국 선불교의 교재가 되었던 책이 바로 『서장』

『이것이 간화선이다(서장 강설집)』를 읽고 있는 무비 스님. "천하에 제일
선서(第一禪書)인 이 『서장』을 공부하고 선을 체화해 많은 사람
에게 선의 향기를 전해 세상을 선향(禪香)으로 가득 채웠으면 하
는 바람입니다."

입니다. 『서장』의 가르침은 참선 공부에서 삿된 견해를 배척하고 바른 견해를 드러내는 데(斥邪解 現正見) 있습니다. 참선 공부의 바른 견해는 곧 '깨달음으로써 법칙을 삼는다(以悟爲則)'고 했지요.

그렇다면 깨달음으로 법칙을 삼는 선적인 삶이란 무엇이겠습니까? 그 것은 선의 여덟 가지 정신이 갖춰진 삶으로서 일상에 고고하고, 유현하고, 자연스럽고, 탈속하고, 간결 소박하고, 팔풍(八風)에 부동하며, 변화무쌍하고, 정적(靜寂)한 삶을 말합니다.

그럼 이렇게 깨달아서 무엇을 하자는 것이겠습니까? 위와 같은 삶의 모습으로 자신을 감동하게 하고 타인을 감동하게 하며 살자는 것입니다. 천만 번을 깨닫고 1700 공안들을 마치 염주 알 꿰듯이 꿴다 하더라도 일상생활에서 이러한 정신으로 살지 못하면 선을 하는 사람이라고 할 수 없어요. 천하에 제일선서(第一禪書)인 이 『서장』을 공부하고 선을 체화해 많은 사람에게 선의 향기를 전해 세상을 선향(禪香)으로 가득 채웠으면 하는 바람입니다."

무비 스님은 해인사 강원을 졸업하고 선방에 갈 때 『서장』, 『선요』, 『임제록』 세 권의 책을 바랑에 넣었다.

"강원을 졸업하고 바로 해인사 선방에 방부를 들였습니다. 일주문을 나가지 않고 강원에서 선원으로 옮겼습니다. 강원에서 공부하면서 꽤 많은 책을 가지고 있었는데 다른 책들은 다 도반과 주위 사람들에게 주고 딱 세 권만 챙겨 바랑에 넣었지요. 『서장』은 수행자를 이성적으로 차분하게 설득시키고 납득시키는 간화선의 교과서입니다. 선불교의 고준한 견해를 알 수 있게 해 주고, 간화선의 정신을 일깨워 준 책이라고 할 수 있습니다. 한편『선요』는 저에게 죽비 같은 역할을 해 준 책입니다. 공부를 할 때 저를 사정없이 후려쳤습니다. 정신이 번쩍 드는 그런 책이었습니다.

『임제록』은 제가 참 좋아하는 책인데, 선의 기상이 살아 있는 책입니다. '살불살조(殺佛殺祖)'라는 말이 바로『임제록』에 나옵니다. 그 당시만 해도 감히 누가 살불살조를 얘기하겠습니까? 임제 스님의 '할'이 녹아 있는『임제록』은 2차세계대전 당시 일본의 어떤 선사가 '다른 문화재가 다 없어져도『임제록』만 있으면 일본을 다시 일으킬 수 있다'고 말했을 정도로 보배 중의 보배입니다. 저는 이 책에 나오는 '수처작주 입처개진(隨處作主 立處皆眞)'이라는 말을 참 좋아합니다. 다른 사람이나 환경에 크게 영향 받지 않고 당당하게 주체의식을 가지고 살자는 말이지요."

무비 스님은『서장』을 통한 제대로 된 간화선 공부를 강조했다.

"간화선에 맛을 들이는 것이 쉬운 일은 아닙니다. 그런데 제대로 한 번 맛을 들이면 그 어떤 수행법에서도 체험할 수 없는 차원이 다른 느낌을 가질 수 있습니다. 가장 수준 높게 인생을 즐길 수 있어요. 이것은 확실합니다. 이번 책에서는 제가 간화선에 대해 소화하고 있는 만큼은 다 풀었습니다. 대중들이 수행하는 데 있어 징검다리 역할을 했다고 생각합니다."

스님은 특히 이 책에서 화두를 들 때의 단계를 '정중일여(靜中一如)'와 '동정일여(動靜一如)', '몽중일여(夢中一如)', '오매일여(寤寐一如)', '생사일여(生死一如)'로 나누어 각 단계별 특징에 대해 자세히 풀어 놓았다.

"가장 중요한 것이 생사일여(生死一如)입니다. 내가 죽었는지 살았는지

의식하지 못할 정도로 공부가 되어야 한다는 것입니다. 그렇게 될 때라야 비로소 공부가 완성되는 것이라고 봅니다."

무비 스님은 수좌 출신 스님들의 일탈(?)에 대해서도 따끔한 충고를 잊지 않았다. '밥값'을 하지 못하는 것에 대한 질책이 이어졌다.

"주변에 보면, 평생 참선만 하다가 어느 날 '부귀공명'에 기웃거리는 사람이 있습니다. 제대로 된 선택을 해서 잘 살면 좋지만 그렇지 않은 사람도 많아요. 그런 모습을 보면 평생 공부한 것들은 다 어디에 됐는지 모르겠어요. 자신이 수십 년간 한 것은 무슨 공부인지 되묻고 싶어집니다."

말이 나온 김에 '조계종 제도 정치권'에 대한 생각도 묻지 않을 수 없었다. 스님은 평소에도 한국불교에 대한 쓴소리를 주저하지 않아 왔다.

"우리 현실생활에서 두 사람만 모여도 정치적인 관계가 성립됩니다. 삶 자체가 정치입니다. 하물며 거대종단인 조계종도 정치에서 자유롭지 못하다고 봅니다. 우리 종단은 1700년의 유구한 역사 속에서 생생히 살아 있는 불교정신을 가지고 있었기 때문에 그나마 세상이 대접을 해 줬습니다.

그런데 요즘 종단에서 활동을 하는 젊은 스님들을 보면 조금 걱정이 됩니다. 불교에 대한 가치관을 제대로 세우지 못한 사람들이 적지 않아요. 정확하고 확고한 불교관을 가진 사람이 지도자가 돼야 종단도 안정되고 사회에도 죽비를 칠 수 있습니다. 좋은 지도자가 나오기를 기대하겠습니다."

할 말이 많은 듯 보였지만 스님은 말을 아꼈다. 간화선과 종단 현안들에 대한 얘기를 나누면서 느낀 스님의 엄청난 식견이 놀라웠다. 한편 무비 스님이 과연 어떻게 불문(佛門)에 들어오게 됐는지 궁금해졌다. 시간을 1958년경으로 되돌렸다.

동자승이 읊은 게송에 출가 결심

경북 영덕이 고향인 스님은 어린 시절 고향 마을 인근에 있던 덕흥사에 자주 놀러갔다. 친구 집에 다니듯 드나들던 덕흥사에서 하루는 또래의 동자승이 경전에 나오는 글이라며 한 구절을 들려 줬다.

"그 동자승이 저와 몇몇 친구들 앞에 서더니『초발심자경문』에 나오는 '三日修心千載寶 百年貪物一朝塵(삼일수심천재보 백년탐물일조진)'을 읊었습니다. '사흘간 마음을 닦을지라도 1000년의 보배가 되고 100년간 재물을 탐할지라도 하루아침에 티끌이 된다'는 말입니다. 그때 이 말의 뜻이 확실하게 와 닿지는 않았지만, 뭔가 울림이 왔어요. 그래서 평생 마음을 닦는 사람이 되어야겠다고 생각했지요."

얼마 지나지 않아 스님은 덕흥사를 거쳐 불국사로 갔다. 거기서 은사인 여환 스님을 만났다. 당시 불국사에는 범어사 출신 스님들이 꽤 있었다고 한다. 불국사에 잠시 머물렀던 스님은 "공부를 하려면 범어사로 가라."는 스님들의 얘기를 듣고 범어사로 가서 정식으로 스님이 되었다.

"당시만 해도 우리 사회 전반적으로 경제가 어려울 때라 절에서도 아주 힘겹게 살았습니다. 행자는 물론 학인들도 대중울력을 많이 했습니다. 잠깐 은해사 강원에 있을 때가 있었는데, 당시에는 매일 대중 모두가 각자 나무 두 짐씩을 의무적으로 했어요. 또 논농사ㆍ밭농사는 기본이고 학생들이 수학여행을 오면 밥하느라 시간가는 줄 몰랐습니다. 그래도 저는 힘들다는 생각은 한 번도 안 한 것 같습니다."

무비 스님은 은사 여환 스님에 대해 "평생 참선만 하셨지만 절 살림도 잘 살았던 사판의 모습도 가지고 있었던 분"이라고 회고했다. 스님은 또 "지금 둘러보아도 은사스님 같은 분을 찾기가 어렵다."고 덧붙였다.

스님은 범어사와 은해사 강원을 거쳐 해인사 강원을 졸업했다. 그리고는 바로 해인사 선원을 시작으로 본격적인 운수납자의 길을 걷기 시작했다. "내 한번 청산에 들어가면 다시는 나오지 않으리라(一入靑山更不還)"라는 최치원 선생의 출가 시처럼 수행만 하면서 살겠다고 다짐하고 선방에 갔다.

"정진 초기에는 '만법귀일 일귀하처(萬法歸一 一歸何處)'를 화두로 정진했는데 자꾸 망상이 일어나 그 다음부터는 '무(無)자'와 '염화시중(拈花示衆)'을 화두로 들었습니다."

정진했던 선원 중 기억에 남는 곳이 어디인지를 묻는 질문에 스님은 주저 없이 봉암사를 꼽았다. "마치 요순시대에 살고 있는 느낌이었다."며 무비 스님은 환하게 웃었다.

"1960년대 말부터 1970년대 초까지 봉암사에 있었어요. 그때는 정말 제 인생에 있어 가장 행복했던 순간이었던 것 같습니다. 당시 지유, 고우, 적명, 정광, 법련 스님 등을 비롯해 모두 10여 대중이 함께 살았는데 다들 한참 젊고 신심도 있을 때였습니다. 당시 봉암사의 가장 큰 특징은 '무질서 속의 질서'였어요. 정해진 청규가 아무것도 없었어요. 그래도 흐트러짐 없이 선원이 운영됐습니다. 어떤 사람은 선방에서 나오지 않고 정진하고, 또 어떤 사람은 하루 종일 밭에서 일만 합니다. 또 어떤 사람은 산에서 나무만 하고, 또 어떤 사람은 공양간에만 있어요. 그래도 누구하나 간섭하지 않고 각자를 존중해 줬습니다. 다들 최선을 다했기 때문입니다. 함께 했던 스님들 모두 자유로운 가운데서도 너무 열심히 정진했습니다."

그렇게 여러 선방에서 정진을 이어가던 중 스님은 송광사 선원에서 '좋은 체험'을 했다고 한다. 1970년대 중반 송광사 선원의 대중들은 예불시간이 되면 각자 맡은 전각에서 기도를 하는 '부전' 소임도 함께 맡아 생활했다. 관음전 부전을 맡았던 스님은 어느 날 새벽, 예불을 하기 위해 관음전에 들어섰다. 그리고 여느 때처럼 성냥에 불을 붙였는데, 불이 들어오는 순간 온몸이 같이 '번쩍' 했다고 한다.

"불을 켜는 순간 어둠이 다 사라져 버렸습니다. 그 순간 우리 중생의 번뇌 무명도 본래 없는 것이라는 것을 확실하게 알게 됐습니다."

10여 년간 선원에서 '선(禪)'을 연마한 스님은 '교(敎)'에도 소홀하지 않았다. 본격적으로 '교'를 공부하기 시작한 것은 동국역경원에 입학하면서부터다.

"1967년 동국역경원이 제1기 역경연수생을 모집할 때 동국대에서 시험을 봤습니다. 응시자 300명 중 10명을 뽑았는데 제가 수석 합격했지요. 동국역경원의 역장(譯場)은 처음에는 용주사에 있었다가 나중에 봉은사로 옮겼어요. 운허 스님이 초대 역경원장, 법정 스님은 편찬부장이셨습니다. 그 외에도 탄허 스님 등 당대의 쟁쟁한 강백들이 강사진으로 오셨습니다."

강남 봉은사에서 법문 중인 무비 스님. "불을 켜는 순간 어둠이 다 사라져 버렸습니다. 그 순간 우리 중생의 번뇌 무명도 본래 없는 것이라는 것을 확연하게 알게 됐습니다."

무비 스님은 동국역경원 시절 역시 더없이 알찬 시간이었다고 전했다.

"운허 스님이 최고의 강사진을 모아 학인들을 가르치셨어요. 역경 실습과 논문 쓰기를 주로 시키셨습니다. 우리가 한문 실력이 모자라는 것을 보시고는 몇 개월간 강의를 전부 폐지하고 학인 각자가 한문책을 정해 독송하도록 하셨습니다. 저는 『맹자』의 일부분을 2000독 했습니다. 용맹정진이 따로 없었지요. 같은 방을 쓰던 동기생과 며칠 동안 말 한마디도 안 할 정도로 공부에 매진하던 시간이기도 했습니다. 하하하."

선교(禪敎)를 망라한 스승들과의 만남

선과 교를 가리지 않고 정진하기 시작한 무비 스님은 현대의 여러 선지식들을 모시면서 공부했다.

"저는 스승 복이 참 많은 사람입니다. 선지식들이 계시는 회상이 있으면 보따리 싸들고 찾아다녔지요. 동산, 효봉, 구산, 성철, 향곡, 춘성, 전강 스님 밑에서는 선(禪)을 배웠고 운허, 탄허, 관응 스님께는 교(敎)를 배웠습니다."

많은 스승들 중에서도 특히 기억에 남는 스님이 누구인지 알려달라고 하자 무비 스님은 한참이나 망설였다. 그러면서 조심스럽게 말을 이어갔다.

"정말로 모두 다 훌륭하신 어른들입니다. 어떤 분만 꼽을 수 없을 정도로 큰 가르침을 받았습니다. 굳이 질문에 대한 답을 한다고 하면, 저에게 영향을 주신 분은 탄허 스님과 성철 스님이었던 것 같습니다. 그리고 제

224

가 감동을 받은 분은 춘성 스님과 범룡 스님입니다.

탄허 스님은 아주 자유로운 분입니다. 승속에 얽매이지 않으셨고 또 의식이 자유롭습니다. 이것은 물론 엄청난 정진과 공부에 바탕을 뒀기 때문에 가능했을 것입니다. 탄허 스님을 교(敎)의 측면에서 바라보는 사람들이 많은데, 탄허 스님이야말로 선교(禪敎)를 제대로 겸비한 분입니다. 어떻게 보면 가장 이상적인 선사입니다. 법문을 들어보면 항상 선(禪)에 대한 법문일 정도로 두루 밝으셨습니다. 탄허 스님께서는 또 인재 양성을 강조하셨습니다. 어떻게 하면 불교 인재를 양성해서 세상에 도움을 줄 수 있을지 항상 고민하셨지요."

무비 스님은 탄허 스님의 강맥(講脈)을 이어받기도 했다.

"성철 스님은 너무도 잘 알려져 있듯이 '국민 선사'입니다. '국민'이라는 말이 붙는 것은 그만큼 국민 모두가 좋아한다는, 대중성을 확보하고 있다는 의미입니다. 다비식 때 가야산이 인산인해로 뒤덮였던 광경이 지금도 눈에 선합니다. 이후에도 국민들이 오래오래 스님을 추모하고 스님의 덕화를 이야기하고 있습니다. 여전히 많은 이가 스님의 사상을 연구하고, 스님의 저서를 수행 지침서로 삼고 있다는 사실이 성철 스님이 국민 선사임을 증명하고 있다고 할 수 있습니다. 성철 스님은 제게 '선사(禪師)는 이러이러해야 한다'라는 가르침을 준 표상입니다.

저에게 정말 스님다운 스님을 한 분 말하라면 저는 춘성 스님을 꼽습니다. 정말 '중다운 중'이었습니다. 춘성 스님은 수행자로서 몸을 사리지 않았습니다. 자기를 돌보지 않았고 자기 것이라는 게 없던 분이셨어요. 망월사에서 주지 소임을 살 때도 당신 방이나 이불이 없었어요. 큰방에

무비 스님 "'사람이 부처다'라고 하는 것은 제가 지금까지 불교를 공부한 결론입니다. 모든 사람을 부처님으로 이해하고 받들고 공경하고 찬탄하면 우리 사회와 이 세계에는 저절로 평화가 찾아올 것입니다." 사진=하지권

서 대중들과 함께 생활하면서 좌복 하나 배에 걸치고 주무셨어요. 정말 수행자의 표상을 보여주셨습니다. 또 그릇이 아주 큰 스님이셨지요.

대구 동화사 비로전에 계시던 범룡 스님은 정말 허점을 찾을 수 없는 분이었습니다. 어른스님들과 살다 보면 보려고 하지 않아도 단점이 보이기 시작합니다. 솔직히 밖에서는 대단한 선지식으로 알려졌지만 곁에서 보면 단점이 많은 스님들도 있습니다. 그런데 범룡 스님은 정말 완벽한 스님이셨습니다. 옆에 있기만 해도 감동이 밀려옵니다. 범룡 스님을 모시면서 많은 공부를 했습니다."

스승들에 대한 무비 스님의 얘기는 끝이 없었다. "복이 많다."는 스님의 이야기를 들으며 '정말 부럽다'는 생각이 들 정도였다. 이런 스승들을 모셔서일까? 무비 스님은 평소 '인불사상(人佛思想)'을 강조하고 있다.

"'사람이 부처다'라고 하는 것은 제가 지금까지 불교를 공부한 결론입니다. 모든 사람을 부처님으로 이해하고 받들고 공경하고 찬탄하면 우리 사회와 이 세계에는 저절로 평화가 찾아올 것입니다.

석가모니 부처님께서 평생을 통해 인류에게 들려주고 싶었던 한마디 말씀은 바로 '사람이 부처님'이라는 것입니다. 무수한 불교의 가르침들도 결국 이 한마디 말을 주제로 삼고 온갖 방편의 교설들을 장황하게 펼쳐 놓았던 것이에요. 뿐만 아니라 석가모니 부처님 이후 모든 역대 조사들도 뼈를 깎는 정진과 수행을 통해서 얻어낸 결론 역시 '당신은 부처님'이라는 말이었습니다."

무비 스님은 회원 수만 2만 명에 가까운 인터넷 카페 '염화실'을 비롯한 온오프 라인에서 활발한 법문을 이어가고 있다. 수년 전 병고로 죽음의 문턱에까지 갔다가 고비를 넘긴 스님이라고는 믿기 어려울 정도의 스케줄들을 소화하고 있다. 스님이 이렇게 활동할 수 있는 이유는 바로 '신심(信心)'에 있다. 지금까지 펴낸 40권이 넘는 책 역시 마찬가지다.

무비 스님은 얼마 전부터 『화엄경』 80권에 대한 강설 작업을 시작했다. 앞으로 몇 년이 걸릴지 모르는 대작불사다. 중국 청량 스님 이후 1200년 만에 시도하는 작업이기도 하다. 지금까지 보여준 스님의 모습을 생각한다면 충분하게 '원만성취'를 기대해도 좋을 듯하다.

강의 중인 무비 스님 무비 스님은 신도들뿐만 아니라 스님들을 대상으로
활발한 강의를 이어가고 있다. 사진·월간 불광

나의 스승 묘엄 스님

"봉녕사에 와서 큰스님께 인사를 드렸는데 첫 인상이 진짜 부처님 같았어요. 귀도 크고 체격도 당당하고 굉장히 근엄하신 모습을 보고 석암 스님의 추천이 틀리지 않았다는 생각을 했지요. 너무 근엄해서 어린 마음에 조금은 무섭게 느껴졌어요. 그런데도 이상하게 한편으로는 뭔가 끌리는 마음이 생겼어요."

묘엄 스님

부처님
사상에
충실한
삶을
살아라

수원 봉녕사 주지
자연 스님

10년 넘게 부처님 일을 하고 있지만 아직도 참배하지 못한 도량들이 많다. 또 뵙지 못한 스님들도 적지 않다. 얼마나 많은 시간이 필요할지 모르지만 더디 걸려도 더 많은 사찰을 참배하고 훌륭한 선지식(善知識)들을 친견하리라는 다짐을 하면서 다시 길을 나선다.

추석을 앞두고 수원 봉녕사로 향했다. 봉녕사 역시 꼭 한번 참배하고 싶었던 절이다. 뵙고 싶었던 선지식 묘엄 스님이 안 계셔서 조금 서운하긴 했지만 그래도 발걸음은 가벼웠다.

봉녕사는 광교산 자락에 포근하게 앉아 있었다. 고려 태조 왕건이 산에서 솟아오르는 광채를 보고 '부처님(光)의 가르침(敎)이 널리 펼쳐질 산'

이라고 이름 붙였다고 한다.

일주문에 들어서자 절이 아닌 공원에 온 것 같은 느낌이 든다. 전각들과 각종 수목이 서로 어울려 하나의 하모니를 만들고 있다. 돌 하나, 나무 한 그루, 꽃 한 송이까지도 반듯하게 각자의 자리를 지키고 있는 모습만으로도 비구니 도량이라는 것을 알 수 있다. 여느 사찰과 달리 절 전체를 한눈에 볼 수 있는 점이 이채롭다. 대적광전을 참배한 뒤 다시 마당으로 나왔다.

봉녕사에서 보고 싶었던 것들

봉녕사를 찾으면 꼭 보고 싶었던 것이 몇 가지 있었다.

먼저 오늘날의 봉녕사를 일군 묘엄 스님을 만날 수 있는 '세주묘엄박물관'이다. 박물관은 묘엄 스님이 생전 학인스님들을 대상으로 강의하고 또 참선하던 향하당에 조성됐다. 전시실에서는 묘엄 스님의 '출생'부터 '행로', '수학', '율사', '인재 불사의 대원력', '자리이타', '회향', '열반'까지의 삶을 한눈에 알 수 있는 유품 100여 점을 선보이고 있다. 묘엄 스님이 주로 사용했던 물품과 경전, 각종 편지와 메모는 물론 아버지 청담 스님이 직접 써 준 '명심(銘心)'과 성철 스님이 한국사를 정리해 묘엄 스님에게 가르쳤다는 기록물, 또 성철 스님에게 받은 수계첩 등이 눈에 띄었다.

영상실에서는 각종 사진자료를 디지털화해 만든 영상물과 묘엄 스님의 일대기를 3D로 표현한 만화가 상영되고 있다. 만화는 총 6개의 테마로 나뉘어 구성됐다. 묘엄 스님의 출가 초기 모습을 담은 '꽃으로 오시다', '꽃을 가꾸다'와 수행 과정을 담은 '꽃을 얻다', 봉녕사를 비구니 교육의 요람으로 만들었던 과정을 담은 '꽃을 피우다', 그리고 열반을 담은 '꽃으로 돌아가다' 등이 그것이다. 만화 속 묘엄 스님은 꼭 생전에 불자들을 제접하던 그 모습 그대로여서 사람들을 놀라게 한다. 그리 넓은 공간은 아니었지만 묘엄 스님의 생애와 가르침을 알 수 있는 소중한 공간이다.

박물관은 묘엄 스님 1주기를 맞아 문을 열었다. 봉녕사 주지 자연 스님은 묘엄 스님 열반 직후부터 개관을 준비해 작지만 알뜰한 박물관을 완성했다.

박물관에 이어 두 번째로 찾은 곳은 봉녕사 도서관인 '소요삼장(逍遙三藏)'. 소요삼장은 '경·율·론 삼장(三藏)의 법(法) 바다에서 자유롭게 노닌다'는 의미다. 지하 1층, 지상 3층의 현대식으로 지어진 건물인 소요삼장에는 불교서적 외에도 일반도서, 학위논문, 각종 간행물, 시청각 자료 등을 포함해 모두 2만 5000여 권의 장서가 비치되어 있다. 또 세미나실과 방송실, 열람실, 장서실, 사서실 등을 갖추고 있다. 여느 대학 도서관에 견주어도 뒤지지 않는 규모다. 듣던 대로였다. 이렇게 좋은 환경, 공부를 열심히 하지 않을 수 없을 것 같다는 생각이 스칠 즈음 어느덧 자연 스님과의 약속시간이 되었다. 박물관 옆에 있는 자연 스님의 방문을 두드렸다.

스님은 하루하루 숨 돌릴 틈 없이 바쁜 일정을 보내고 있었다. 인터뷰를 위해 봉녕사를 찾은 이날은 마침 '계율과 수행의 관계'를 주제로 진행된 특강 회향일이었다. 해인사 율주 종진 스님과 대만 남보타불학원 부

봉녕사 도서관 소요삼장에서 공부하는 학인스님들 지하 1층, 지상 3층의 현대식으로 지어진 건물인 소요삼장에는 불교서적 외에도 일반도서 이외논문, 각종 간행물, 시청각 자료 등을 포함해 모두 2만 5000여 권의 장서가 비치되어 있다. 또 세미나실과 명상실, 열람실, 장서실, 자료실 등을 갖추고 있다. 이는 대학 도서관에 견주어도 뒤지지 않는 규모다.

원장 본인 스님, 대만 의덕사 니화상 소안 스님을 법사로 진행된 이번 특강에는 봉녕사 대중은 물론 외부에서도 적지 않은 대중들이 찾아와 함께 했다.

"큰스님께서는 한평생 율(律)을 하셨습니다. 물론 선(禪)과 교(敎)에도 밝으셨지만 항상 강조하셨던 것이 지계(持戒)입니다. 이번 특강은 큰스님의 사상과 가르침을 항상 가슴에 새기고 살자는 뜻에서 진행한 것입니다. 요즘 스님들이 너무 자유스럽게 살다 보니 율은 율사나 특정 스님만 공부하고 실천하는 것처럼 인식이 되어 버렸습니다. 출가 승려라면 모든 것의 기본이 율이어야 합니다. 앞으로도 1년에 한 번은 2박 3일 정도로 해서 특강을 계속하려 합니다."

특강에 참여한 스님들을 막 배웅하고 곧바로 인터뷰에 응해 준 자연 스님은 "봉녕사의 역사를 먼저 알아야 한다."며 간단히 소개했다.

"봉녕사는 1208년 원각 국사에 의해 창건되었습니다. 조선시대에 중수되었다가 근대에 들어 황폐해진 것을 묘엄 큰스님께서 중창하셔서 승가대학과 금강율학승가대학원, 대규모 도서관을 갖춘 비구니 교육의 중심 도량으로 거듭났습니다. 1971년 봉녕사에 오신 큰스님께서 한동안 참선에 열중하시다 배움의 열망을 품고 봉녕사에 찾아오는 학인스님들을 위해 1974년 강원을 설립하셨습니다. 이후 큰스님께서는 인재 양성을 위한 대불사를 추진, 1987년 강원을 승가대학체제로 개편하셨고 1999년 금강율원을 개원함으로써 비구니 교육을 선도하는 교육도량으로 봉녕사를 키워내셨지요."

자연 스님의 설명처럼 봉녕사는 절 자체가 스님들의 교육을 중심으로 운영되고 있었다. 승가대학에 약 50명, 금강율학승가대학원에 12명, 소임자와 외호 대중을 합하면 모두 100여 명의 대중이 올바른 교육과 수행을 위해 마음을 모으고 있다.

"큰스님이 계실 때는 170명이 함께 살았던 적도 있습니다. 요즘 출가자 수가 계속 줄어들고 있어서 승가대학 학인들도 예전에 비하면 많지 않습니다. 그래도 최상의 교육을 위해 다양한 프로그램들을 운영하려 합니다."

봉녕사는 교육도량이기는 하지만 전 대중이 포교와 수행에 큰 힘을 기울이고 있다. 매월 관음재일에 진행하는 법회에는 평균 500명 정도의 불자들이 참석하고 있는 데서도 잘 알 수 있다. 초하루, 보름, 지장재일 법회, 104위 신중기도와 같은 정기법회는 물론 거사림회 법회, 청년회 법회, 수원시 공무원 불자회 법회와 같은 계층법회, 봉녕사가 직접 운영하는 심우불교대학 등도 활발하게 운영되고 있다. 또한 현대인의 마음치유를 위한 템플스테이도 실시하는데 참가자들에게는 팔관재계(八關齋戒)를 꼭 지키도록 한다. 매년 8월에는 여성들을 위한 단기출가체험 프로그램도 운영하고 있다.

2013년 다섯 번째를 맞는 사찰음식축제는 수원을 대표하는 축제로 자리 잡고 있다. '자연의 맛, 나눔의 마음'을 테마로 10월 4일과 5일 이틀간 진행된 축제는 네팔, 중국, 일본, 미얀마, 대만, 스리랑카, 부탄의 사찰

봉녕사 전경 "봉녕사는 1208년 원각 국사에 의해 창건되었습니다.
조선시대에 중수되었다가 근대에 들어 황폐해진 것을 묘엄 큰스님
께서 중창하셔서 승가대학과 금강율학승가대학원, 대규모 도서관
을 갖춘 비구니 교육의 중심도량으로 거듭났습니다."

음식을 선보이는 '세계사찰음식 대향연'으로 꾸며졌다. 특히 사찰음식 대향연의 백미인 탁발순례로 얻어지는 수익금은 전액 네팔 사미니스님들의 교육기금으로 기부했다. 10월부터는 사찰음식교육관을 개원해 일반 대중들에게도 사찰음식의 '비법'을 전해 주고 있다.

봉녕사가 또 야심차게 진행하고 있는 것이 '스마트 봉녕' 사업이다. 이를 위해 처음으로 개발한 것이 '스마트 봉녕' 어플리케이션으로 2012년 7월부터 서비스를 하고 있다. '봉녕사'와 '세주당 묘엄 스님' 두 카테고리로 구성된 '스마트 봉녕'은 봉녕사의 아름다움과 섬세한 기품이 느껴진다. 현재 한국어, 영어, 중국어, 일본어로 서비스를 볼 수 있다. 또 지난 9월 7일에는 새로 단장한 봉녕사 홈페이지를 오픈하여 모바일과의 호환성을 높였다.

"묘엄 큰스님 열반 이후 스님을 그리워하는 후학들과 불자들이 생전 모습을 쉽게 볼 수 있도록 '스마트 봉녕'을 개발했습니다. 나아가 한국 비구니 승가의 활발한 모습을 전 세계 불자들에게 알리고도 싶었지요."

'스마트 봉녕'의 완성은 역시 승가대학과 금강율학승가대학원의 여법한 운영에서 비롯되었다고 한다.

"큰스님께서 중점적으로 강조하신 교육사상은 승가대학 원훈(院訓)에 잘 나타나 있습니다. 바로 '발심(發心)', '구도(求道)', '보은(報恩)'입니다. 발심은 '생사사대(生死事大)하고 무상(無常)이 신속(迅速)하니 도업(道業) 닦기를 여구두연(如救頭燃-머리에 붙은 불을 끄듯이 깨달음을 구함)할 것', 구도는 '사장(師長)을 존경(尊敬)하고, 법려(法侶)를 애호(愛護)하여 기거동정(起居動靜)에 반드시 불조(佛祖)의 훈계(訓戒)에 의준(依準)할 것', 보은은 '지

239

능(智能)을 계발(啓發)하고 덕성(德性)을 함양(涵養)하여 항상(恒常) 나라와 부모(父母)의 은혜(恩惠) 갚기를 기약(期約)할 것'을 말합니다. 이 세 가지를 실천하는 것이 가장 중요합니다."

묘엄 스님의 이러한 가르침 때문일까? 봉녕사는 다른 사찰에 비해 다소 '군기가 센' 사찰이라는 평가가 있다. 예전보다는 많이 자유로워졌지만 기본과 원칙을 중시하는 풍토는 여전하다는 풍문이다.

"큰스님께서는 생전에 대중들에게 '승복을 입은 수행자는 도력(道力)은 당장 없더라도 위의(威儀)가 있어야 한다'고 말씀하셨어요. 우리가 수행을 통해 힘을 얻을 때까지 출가자와 재가자를 구분할 수 있는 것은 위의라고 하셨지요. 승가대학을 졸업하고 제방에서 수행하고 포교하는 스님들은 지금도 '봉녕사가 진짜 중 생활을 했던 절'이라고 말합니다."

묘엄 스님에 이어 봉녕사를 '여법한 교육도량'으로 이끌고 있는 자연 스님은 스승과 어떤 인연으로 만났을까? 화제를 자연 스님의 출가 인연 이야기로 돌렸다.

선지식은 말(言)이 아닌 행(行)으로 알 수 있어…

"어렸을 때부터 가족 모두가 불교와 인연이 깊었습니다. 당시 부산 내원정사에 계시던 석암 스님을 자주 찾아뵈면서 자연스럽게 출가를 생각했어요. 다만 대학을 졸업하고 출가하려 했는데 속가 언니가 졸업하기 전에 시집을 가야 한다고 채근해서 3학년 때 출가를 했습니다. 석암 스님께 출가하겠다고 말씀을 드리니 그 자리에서 바로 묘엄 스님께 편지

240

눈오는 날 묘엄 스님(左)과 자연 스님(右) "큰스님께서는 생신에 대중들에게 '승복을 입은 수행자는 도력(道力)은 당장 없더라도 위의(威儀)가 있어야 한다'고 말씀하셨어요. 우리가 수행을 통해 힘을 얻을 때까지 출가자와 재가자를 구분할 수 있는 것은 위의라고 하셨지요."

를 써 주셨어요. '중노릇 제대로 하려면 묘엄 스님한테 가라. 묘엄 스님이 야말로 (부처님) 사상에 투철한 스님이다.' 이 말씀만 해 주셨어요. 그래서 편지를 들고 봉녕사로 왔습니다."

1974년의 일이다. 산을 무척이나 좋아했던 자연 스님은 봉녕사로 들어오는 비포장도로를 걸어오면서 주변에 논과 밭뿐인 절의 모습에 다소 실망(?)을 해서 다시 돌아갈까 하는 생각을 잠깐 했다고 한다.

"봉녕사에 와서 큰스님께 인사를 드렸는데 첫 인상이 진짜 부처님 같았어요. 귀도 크고 체격도 당당하고 굉장히 근엄하신 모습을 보고 석암 스님의 추천이 틀리지 않았다는 생각을 했지요. 너무 근엄해서 어린 마음에 조금은 무섭게 느껴졌어요. 그런데도 이상하게 한편으로는 뭔가 끌리는 마음이 생겼어요."

묘엄 스님은 좀처럼 제자들에게 감정 표현을 하지 않았다고 한다.

"좋은 것에도, 나쁜 것에도 내색하시는 일이 별로 없었어요. 철없을 때는 큰스님께서 조금만 자상하셨으면 하는 생각이 든 적도 있었지요. 그런데 나중에 지내보니 속가 아버지이기도 한 청담 스님께서 내려 주신 '명심'의 말씀 그대로 사셨던 것을 알 수 있었습니다."

'명심(銘心)'은 청담 스님이 묘엄 스님에게 수행자로서 지켜야 할 것들을 적어준 것으로 모두 9개 당부사항으로 되어 있다.

'파안(破顔)하여 웃음을 남에게 보이지 말 것'을 비롯해 •평등(平等)하고 자비(慈悲)한 마음으로 모든 사람을 고르게 거둘 것 •증애심(憎愛心)을 버려서 파당(派黨)에 참여하지 말고 평화(平和)에 힘쓸 것 •인욕(忍辱)을 수행(修行)하여 자중(自重)하고 경동(輕動)하지 말 것 •난경(難境)을 당

봉녕사 승가대학 봄소풍 차 2011년 봄 전주 위봉사로
묘엄 스님과 떠난 마지막 여행

할 때는 용감(勇敢)하게 나설 것 •인천(人天)의 도사(導師)임을 명심(銘心)하고 모든 일에 솔선(率先)하여 남의 모범(模範)이 될 것 •꼭 해야 할 말이면 분명(分明)하고도 기(氣)운차게 할 것 •자력(自力)으로 살고 남에게 의뢰(依賴)하지 말 것 •정법(正法)에 서원(誓願)을 높고 깊고 너르게 세워서 마침내 물러서지 말 것 등이다. 출가하는 딸을 염려하는 아버지스님의 애틋함과 올곧은 수행자로 살기는 바라는 마음이 그대로 녹아 있다.

묘엄 스님은 생전 '아버지스님'에 대해 말을 아꼈다고 한다. 그렇지만 아버지스님에 대한 존경심은 여느 자식과 다르지 않았던 듯하다.

"큰스님 열반 며칠 뒤 유품을 정리하다 깜짝 놀랐습니다. 큰스님께서 평소 가지고 다니시던 작은 가방을 열었는데 청담 큰스님의 사진과 치아사리가 곱게 포장되어 있었습니다. 항상 청담 큰스님과 함께 하시기 위해 모시고 다닌 것이 아닐까 하는 생각이 들었습니다."

묘엄 스님에게도 청담 스님을 비롯해 많은 스승들이 있었다. 청담 스님과의 각별한 인연으로 어린 묘엄 스님을 지도했던 성철 스님과 근현대 대표적 율사인 자운 스님, 수많은 후학들을 길러냈던 운허 스님 등은 묘엄 스님의 또 다른 스승이다.

"성철 스님의 선(禪)과 자운 스님의 율(律), 운허 스님의 경(經)을 이어받아 척박했던 시대상황과 역사 속에서도 철저한 수행과 후학 양성으로 일관하시며 모든 대중들의 사랑과 존경을 받으셨던 분이 바로 묘엄 큰스님입니다. 늘 '선지식은 말(言)이 아닌 행(行)을 통해 알 수 있다'고 강조하시면서 당신도 철두철미하게 모범적으로 사셨습니다."

묘엄 스님이 강조했던 것은 역시 '부처님 사상'이었다. 부처님 가르침대로 살지 않으면 출가를 했어도 제대로 된 스님이 아니라는 것이다. 또 시은(施恩)의 중요성에 대해서도 역설했다고 한다. 이와 함께 묘엄 스님은 수행자로서의 일관성 있는 삶을 역설했다.

"제가 비구니계를 받기 전에 큰스님께서 부산에서 일을 보시고 난 뒤 저의 속가 집에서 주무셨습니다. 한 방에서 같이 자야 하는데, 저는 긴장해서 눕지를 못했습니다. 그런데 큰스님께서는 처음 누운 그대로 아침에 일어나십니다. 스님 말년에도 이런 모습은 계속됐습니다. 주무실 때는 물론이고 평소 생활하실 때도 한 치의 흐트러짐이 없었지요."

자연 스님은 "스승은 부모와 같은 존재"라고 강조했다. "속가의 부모님은 몸을 만들어 주셨지만 지금의 저는 스승께서 만들어 주셨습니다. 그런 점에서 속가의 부모님과 묘엄 큰스님께 항상 감사한 마음으로 살고 있습니다."

봉녕사 대적광전 앞뜰에는 수령 800년이 넘는 거대한 향나무가 있다. 이 향나무가 온 경내를 부처님의 법향(法香)으로 장엄하듯 100명에 가까운 봉녕사 대중들은 묘엄 스님의 가르침을 가슴에 새기며 정진하고 있다. 자연 스님에게도 마지막 질문을 던졌다.

"다음 생에도 인연이 돼 묘엄 스님을 만난다면 다시 모실 수 있습니까?"

"(기다렸다는 듯) 예. 물론입니다. 이번 생에 제가 제자로서 해 드리지 못한 게 너무 많아요. 다음 생에 만나게 되면 더 잘해 드릴 겁니다. 시행착오를 겪어서 더 잘해 드릴 수 있을 거예요.

강원을 졸업하고 나서 큰스님을 모시고 세 차례에 걸쳐 소임을 살았습니다. 봉녕사 불사가 한창일 때 10여 년을 모시고 불사를 거들어 드릴 때였는데 큰스님께서 한 번 더 소임을 맡으라고 하셨어요. 그때는 도저히 할 수 없을 것 같아서 도망치다시피 봉녕사에서 나와 남해 보리암에 가서 기도를 한 적이 있습니다. 지금 생각하면 너무 죄송한 일이지요. 큰스님께서 계실 때는 열심히 한다고 했는데 돌아가시고 나니 더 잘해 드릴 걸 하는 아쉬움이 있습니다. 다음 생에는 진짜 잘 모실 겁니다."

묘엄 스님

1931년 진주에서 출생한 묘엄 스님은 "내가 아는 것을 너에게 다 가르쳐 주겠다."는 성철 스님의 말씀에 따라 문경 대승사 윤필암에서 출가했다. 1945년 월혜 스님을 은사로, 성철 스님을 계사로 사미니계를 받았다. 1961년에는 통도사에서 자운 스님을 계사로 비구니계를 받았다. 비구니가 구족계를 받은 것은 정화 종단 이후 처음이었다.

출가 후 윤필암, 해인사 국일암, 동래 금화사, 월내 묘관음사 등에서 구도의 길을 걸은 묘엄 스님은 성철 스님의 소개로 동학사 운허 스님을 찾아가 경전 공부를 시작했다. 1959년에는 동학사에서 최초의 비구니 강사로 학인들을 가르치기 시작했다. 운문사 최초의 비구니 강주로서 학인들을 가르치다가 참선을 하려고 운문사를 떠난 스님은 1971년 수원 봉녕사에 정착한 이후 40년 만에 봉녕사를 비구니 승가교육의 요람으로 변모시켰다. 봉녕사 강원 개원 이후 40년간 학장을 맡아 지금까지 1000여 명의 졸업생을 배출했다.

스님은 또 1999년 세계 최초의 비구니 율원인 금강율원을 개원했다. 2007년 10월에는 해인사 대적광전에서 당시 종정인 법전 스님으로부터 종단 사상 처음으로 비구니스님에 대한 최고 지위인 명사 법계를 품수 받았다. 2009년부터 조계종 계단위원회로부터 비구니 전계화상으로 위촉되어 입적하던 그 해까지 계단에서 전계사로 활동했다.

스님은 2011년 12월 "마음공부는 상대적인 부처님을 뵙고 절대적인 나 자신을 찾는 것이다. 자기를 단속하여 인천의 사표가 되고 생사에 자재하여 중생을 제도하라."는 임종유훈을 남기고 열반에 들었다.

나의 스승 광덕 스님

"불교계 단체 중 '붓다로 살자'라는 모임이 있습니다. 우리는 이미 부처이기 때문에 붓다로 살자는 것입니다. 그런데 지금 생각해 보면 '붓다로 살자'는 운동을 처음 주창한 곳이 바로 불광입니다. '우리는 완성자다. 우리는 부처다. 우리의 능력은 무한하다. 무한공덕을 지니고 있다'는 것이 큰스님 마하반야바라밀 사상의 핵심입니다."

경덕 스님

우리는
부처다
부처로
살자

서울 불광사 회주
지홍 스님

　'맏형'은 결코 쉬운 자리가 아니다. 온 집안사람들의 기대를 받고 산다. 그러니 모든 면에서 모범을 보여야 한다. 그런데 그 '모범'은 한 번으로 끝나지 않는다. 쉼 없이 모범을 보이고 동생들이 그것을 따를 수 있도록 지도해야 한다. 때로는 부모님 역할까지 해야 하기에 항상 어려울 수밖에 없는 자리다.

　서울 불광사를 보면 '맏형'의 이미지가 떠오른다. 1982년, '도심포교당' 이라는 개념조차 없을 때 서울이라는 허허벌판에서 태어나 수많은 모범을 보이며 '전설'과 '전통'을 만들어 왔다. '형님'의 모범을 따라 생겨난 많은 '동생' 도심포교당은 오늘도 전국 각지에서 적지 않은 성과를 거두고 있다. 앞으로도 더 많은 동생들이 맏형의 모범을 보면서 자라날 것으로 기대된다.

전법이 곧 수행이자 삶

불광사가 최근 새 법당을 완성했다. 중창불사를 선언한 지 거의 10년 만이다. 여느 대중들과 마찬가지로 새로운 불광사를 손꼽아 기다렸던 터여서 소식을 듣자마자 바로 불광사로 향했다.

불광사 입구에 도착하니 '전법도량 불광사'라는 일곱 글자가 맨 처음 눈에 들어온다. 현판을 보면서 이 일곱 글자에 불광사의 과거와 현재, 미래가 다 담겨 있다는 생각을 해 본다. 오직 '전법(傳法)'만을 생각했던 도심포교의 선구자 광덕 스님의 가르침이 그대로 녹아 있는 듯하다.

지금도 불광사에서는 광덕 스님이 내려준 '전법오서(傳法五誓)'를 법회에 참석한 모든 대중들이 함께 읽으며 부처님 법을 널리 홍포할 것을 다짐한다. '전법으로 바른 믿음을 삼겠습니다'를 비롯해 '전법으로 정정진을 삼겠습니다', '전법으로 무상공덕을 삼겠습니다', '전법으로 최상의 보은을 삼겠습니다', '전법으로 정토를 성취하겠습니다' 등을 통해 전법이 곧 수행이고 삶임을 다시 확인한다.

일주문을 지나 불광사 건물 내부를 찬찬히 둘러봤다. 신축된 불광사는 모두 지상 5층, 지하 5층의 구조로 5층에는 대웅전과 종각, 3·4층에는 만불전과 시민선방이, 2층은 요사채, 1층은 종무소 등이 들어서 있다. 지하 1층에는 식당과 수유실이, 2층에는 유품전시실, 3·4층에는 2000명을 수용할 수 있는 보광당이, 5층에는 지하주차장이 있다. 인근의 불광교육원까지 하면 동시에 5000명 이상의 대중들이 함께 법회를 할 수 있는 규모다. 특히 넓지 않은 공간을 최대한 활용해 법회를 비롯한 다양한 문화행사 등을 진행할 수 있도록 각종 시설을 구비해 놓은 것이 인상적이다.

좀 더 구체적으로 광덕 스님과 불광사에 대한 얘기를 듣기 위해 회주 지홍 스님을 만났다. 지홍 스님은 지난 2004년 회주 소임을 맡은 뒤로 밤낮이 따로 없이 불광사 중창불사를 이끌어 왔다.

"제가 불광사에 다시 온 지 만 10년이 되어갑니다. 다른 곳에서도 불사를 여러 차례 해 보긴 했는데, 이번 중창불사는 다른 사찰의 그것과는 많이 달랐습니다. 단순히 사찰의 건물을 세우는 것이 아니라 불광운동을 확대하고 지역 사회와 호흡할 수 있는 내용을 담아낼 수 있는 불사를 하려다 보니 시간도 오래 걸리고 재정 규모도 많이 커졌습니다.

경제 불황 속에서도 마음을 내 주신 스님들과 불자님들에게 감사를 드립니다. 모두가 부처님의 위신력과 광덕 큰스님의 덕화에 힘입어 원만하게 마무리할 수 있었던 것 같습니다."

평소 무표정하기로 유명한(?) 지홍 스님의 얼굴에 잠시 미소가 스친다. 300억 이상의 비용이 투입된 중창불사를 진행하면서 지홍 스님은 300회 이상의 각종 회의를 주재했다. 건축추진위, 사찰운영위, 연등회의, 종무회의 등의 골간회의는 물론 각 부분별로 조직되어 있는 수많은 회의에 참석해 불광 대중들의 의견을 듣고 또 들었다. 이와 함께 최근 4년 동안에는 '불사 원만 성취를 위한 1080배 기도정진'을 50회 이상 진행하기도 했다.

2013년 신축한 불광사 전경. "단순히 사찰의 건물을 세우는 것이 아니라 불광운동을 확대하고 지역 사회와 호흡할 수 있는 내용을 담아낼 수 있는 불사를 하다보니 시간도 오래 걸리고 예산 규모도 많이 커졌습니다."

'무슨 회의를 그렇게 많이 했을까?'라고 생각할 수 있지만 불광사의 운영체계를 들여다보면 300번의 회의가 결코 허언이 아님을 알 수 있다.

불광사는 모든 사중 구성원들이 참여하는 사찰운영위를 중심으로 종무행정이 이뤄진다. 그렇기 때문에 크고 작은 모든 일들은 사찰운영위에서 논의한다. 사찰운영위를 통과하지 못하면 어떤 일이든 한 발짝도 나아가지 못한다. 유명무실한 사찰운영위원회를 두고 있는 여느 사찰과 다른 모습이다. 그래서인지 지홍 스님은 "불사를 하는 과정에서 솔직히 논의가 잘 진행되지 않을 때는 '사찰운영위를 괜히 만들었나?' 하는 생각까지 들기도 했다."며 웃었다.

지홍 스님은 최대한 많은 사람들이 불사에 동참할 수 있도록 했다. 소수의 사람이 거액을 보시하기보다 소액이더라도 많은 사람이 참여하는 불사가 더 중요하다고 판단했기 때문이다.

"광덕 큰스님께서 본격적으로 '불광호'를 띄울 때에도 절이라는 공간을 먼저 만들어 놓고 사람을 모은 것이 아니고 「불광」이라는 잡지를 창간해서 대중을 만났고 또 그 대중들의 힘과 의지로 불광사를 창건했습니다. 사람이 먼저 모이고 그 사람들의 역량을 모아 사찰을 만든 것이지요.

중창불사도 마찬가지였습니다. 새 건물을 짓는다는 차원을 넘어 전법을 한다는 생각으로 불사를 진행했어요. 소수의 독지가들이 큰돈을 보시해 불사를 하면 나중에는 건물만 남습니다. 건물보다 더 중요한 것이 사람들의 인연을 만들어 내는 것입니다. '개미군단'의 인연들이 나중에는 사찰운영의 큰 힘으로 작용합니다. 광덕 큰스님께서 지향하셨던 그 방법

그대로 진행하려 했습니다."

지홍 스님은 "새로운 법당을 발판으로 '제2의 불광운동'을 전개해 나갈 것"이라며 "앞으로 불광사는 불자들에게는 신행과 수행의 공간으로, 지역사회에는 문화와 여가를 향유할 수 있는 공간으로 거듭날 것"이라고 강조했다.

"'불광'이 한국불교에서 차지하는 위상은 단지 '도심포교당의 효시'로만 기록되지 않을 것입니다. 불광출판사와 월간 「불광」을 통한 출판 포교사업, 불광유치원을 통한 유아 및 어린이 포교운동, 불광교육원을 통한 교양불교의 제창, 송파노인요양센터 운영 등의 복지사업, 연화부 활동을 통한 장례사업 등은 그동안 불광이 꾸준히 일구어 온 것들입니다. 이렇게 불교 현대화와 대중화 운동에 끼친 불광의 노력은 현대 한국불교의 도약에 중요한 디딤돌이 되었다고 자부합니다.

앞으로 불광은 한국사회의 급격한 변화 속에서 종교공동체가 지향해야 할 방향과 담당해야 할 몫을 찾아 나갈 것입니다. 지역복지사업을 본격적으로 추진해 나갈 것이며, 국제교류·남북교류 사업을 진행할 준비를 하고 있어요. 불광교육원은 불교교육기관을 넘어 송파지역 주민들에게 문화와 평생교육을 담당하는 지역교육기관으로 자리매김하게 될 것입니다. 또 불광연구원은 전법과 수행을 주제로 한국불교의 거시적 모델을 만들어 가기 위해 사업 영역을 확대할 예정입니다."

지홍 스님이 이와 같은 구상을 하고 있는 배경에는 역시 스승 광덕 스님이 있다. 20여 년 동안 광덕 스님을 시봉하면서 직접 보고 듣고 배운 것들을 제대로 실천하겠다는 다짐에서 나온 것이다. 화제를 광덕 스님과의 인연으로 돌렸다.

공부를 하고 싶어 나선 길, 출가

"전남 신안이 고향입니다. 저를 포함 형제가 10명입니다. 가정형편이 어려워 초등학교를 졸업하고 중학교에 가지 못했어요. 다른 친구들은 학교에 가는데 저는 계속 집에서 농사일만 돕고 있었지요. 공부하는 친구들이 그렇게 부러울 수 없었습니다. 그렇게 세월을 보내고 있는데 어느 날 어머니가 '스님들은 평생 동안 공부한다'는 말씀을 하셨습니다. '무슨 말씀인가?' 하며 처음에는 이해가 안 됐지요. 그런데 평생 공부하는 사람들이 스님이라고 하니 호기심이 생겼습니다. 마침 친척 중 출가해 스님이 되신 분이 조계사에 계시다고 해서 그분을 만나러 서울로 왔습니다. 그 스님께서 범어사 재무 소임을 보던 스님과 가까웠는데, 인연인지 범어사 재무스님이 조계사에 와서 일을 보시고 범어사로 가신다고 해서 저도 그 스님을 따라서 범어사로 내려 왔습니다. 그게 출가가 되었지요."

스님의 나이 열일곱 살, 1970년의 일이었다. 스님은 다른 여느 스님들과 마찬가지로 '바쁜' 행자생활을 시작했다. 큰절 살림이라 민첩하게 몸을 움직여야 했다. 힘은 들었지만 '공부를 할 수 있다'는 기대로 하루하루를 즐겁게 보냈다.

행자를 마치고 계(戒)를 받을 즈음 광덕 스님을 은사로 모시고 싶었지만 말씀드리기가 쉽지 않았다. 사형인 지환 스님이 광덕 스님을 찾아뵙고 청을 드려보라고 해서 어렵게 방문을 두드렸으나 "상좌 안 받는다."

1975년 북한산 삼천사로 가는 도중 광덕 스님(右)과 함께 한 지홍 스님(左).

는 말씀뿐이었다. 세 번이나 퇴짜를 맞고서야 스님은 광덕 스님으로부터 '지홍'이라는 법명을 받고 사제(師弟)의 인연(因緣)을 맺게 되었다.

지홍 스님은 범어사 강원에 입학해 본격적인 공부를 시작했다. 그런데 1년도 되지 않아 광덕 스님의 시자를 맡게 됐다. 당시 종단에서 총무부장을 비롯한 많은 소임을 맡았던 은사스님의 호출을 받은 것이다. "그렇게 시작된 소임이 20년 간 계속될 줄은 꿈에도 생각하지 못했다."고 한다.

"은사스님의 첫인상은 엄청 차갑고 냉정한 느낌이었어요. 은사스님이 열반하실 때까지 저에게는 그 느낌이 이어졌어요. 저한테는 아주 엄한 스님이셨습니다. 그러고 보니 사람들이 저에게 표정이 없다고 말하는데, 속가 아버님도 굉장히 엄하셨고 은사스님도 엄하셔서 제 표정이 그렇게 굳어 버렸나 봅니다. 그래도 요즘은 많이 밝아졌다고 '칭찬'들을 해 줘서 더 변해 보려 노력 중입니다."

광덕 스님은 평소 철저하게 계율을 지키기로 유명했다. "오차를 허용하지 않았다."는 것이다. "주무실 때도 옷을 벗지 않았어요. 언제든지 문을 열고 나가서 일을 볼 수 있을 정도였죠. 말년이 되어서야 행전을 풀 정도로 여법하게 사셨지요."

지홍 스님은 "가장 기억에 남는 것은 늘 의자에 앉아 책을 읽고 글을 쓰시던 모습"이라고 말하면서 "그런 모습을 따라 배웠어야 하는데, 그러질 못했다."며 아쉬움을 표했다.

"저희 제자들에게 '열심히 공부해라. 늙으면 공부 못 한다. 인생은 순식간이다'라는 말씀을 자주 하셨습니다. 특히 젊었을 때 경전을 많이 읽어야 안목이 트인다고 하셨지요. 남양주 보현사에 계실 때는 저를 포함한 4명의 제자들에게 당신께서 직접 매일 아침마다 『금강경』을 강의해 주셨습니다. 『금강경』을 설하시면서는 현재 불광사상의 핵심으로 자리잡은 '마하반야바라밀(摩訶般若波羅蜜)'을 매우 강조하셨습니다."

포교의 현장이 수행처

말이 나온 김에 불광사의 역사와 아울러 불자들에게도 널리 알려진 '마하반야바라밀'의 뜻에 대한 자세한 설명을 요청했다.

"불교계 단체 중 '붓다로 살자'라는 모임이 있습니다. 우리는 이미 부처이기 때문에 붓다로 살자는 것입니다. 그런데 지금 생각해 보면 '붓다로 살자'는 운동을 처음 주창한 곳이 바로 불광입니다. '우리는 완성자다. 우리는 부처다. 우리의 능력은 무한하다. 무한공덕을 지니고 있다'는 것이 큰스님 마하반야바라밀 사상의 핵심입니다.

이러한 불광 정신은 어느 날 갑자기 만들어진 것이 아닙니다. 대승불교사상에 다 드러나 있는 것들입니다. 이것은 대승불교의 핵심이고, 우리 한국불교의 지향점이기도 합니다."

지홍 스님은 불교의 존재 이유까지 함께 설명했다.

"인류 역사 속에서 수많은 종교가 명멸을 거듭했습니다. 사라진 종교와 남아 있는 종교의 가장 큰 차이는 사람들에게 실질적인 도움을 주었느냐의 여부일 것입니다. 사람들에게 도움을 주지 못하는 종교는 존재할 필요가 없습니다. 불교 역시 마찬가지입니다. 시선을 한국불교로 돌려본다면, 우리가 지금 사람들에게 도움을 주고 있는지, 혹여 사람들에게 폐를 끼치고 있는 것은 아닌지 처절하게 반성해야 합니다. 좀 더 시야를 좁혀 불광사만 놓고 본다면, 서울시민과 송파구민들에게 어떤 도움을 주어야 하는지 명확해집니다. 지역 사회에서 시민들과 눈을 맞추지 못한다면 불광사가 굳이 이렇게 큰 집을 지어놓고 있을 필요가 없습니다. 송파 지역주민과 서울시민들 스스로가 부처임을 알고 부처로 사는 길을 찾을 수 있도록 불광사가 많은 역할을 할 것입니다."

광덕 스님은 생전에 법문을 요청하는 곳이 있으면 어디든 달려갔다고 한다. 거리의 원근(遠近)이나 대중의 많고 적음을 결코 따지지 않았다.

"은사스님께서는 총무원에서 일을 보시고 파김치가 돼 숙소로 돌아오셔도 다음날 새벽이면 어김없이 법문을 다니셨습니다. 대학생불교연합회, 청년회, 군부대, 공공기관, 산중사찰 등 가리지 않고 다니셨지요. 큰스님을 모시고 산꼭대기에 있는 절에도 여러 번 올라갔습니다. 법당에 몇 사람 없어도 큰스님께서는 열변을 토하셨지요.

요즘 들어 체력적으로 힘들어 게으름을 피우고 싶다가도 예전에 은사스님께서 보여주셨던 열정적인 모습들이 생각나 스스로를 경책하게 됩니다. 은사스님의 열정적인 모습을 저의 원력으로 받아들여서 앞으로도 열심히 살아야겠다는 다짐을 하고 있답니다."

광덕 스님은 전법을 위해 다양한 방편들을 사용한 것으로도 유명하다. 잡지를 창간한 것도 출판사를 만든 것도 그 일환 중의 하나다. 이와 함께 창작 국악교성곡인 '보현행원송'을 만든 것도 그렇다.

"은사스님께서는 수행은 물론 종무행정, 법 등에 상당히 탁월한 견해

지홍 스님 "작아 사회에서 시민들과 눈을 맞추지 못한다면 불광사가 굳이 이렇게 큰 집을 지어놓고 있을 필요가 없습니다. 승려 지역주민과 사용자모든 스스로가 부처임을 알고 부처로 서로 같음 찾을 수 있도록 불광사가 많은 역할을 한 것입니다."

를 가지고 있었습니다. 사람들에게 칭찬을 잘하지 않는 것으로 알려진 성철 큰스님께서도 사제인 저희 은사스님에게는 '그래 네 말이 맞다'며 항상 칭찬을 해 주시면서 아끼셨다고 합니다.

은사스님은 문학, 미술, 음악, 조각 등 여러 방면에도 조예가 깊으셨습니다. 여러 곳에 은사스님의 족적이 생생하게 살아 남아 있습니다. '보현행원송' 또한 은사스님의 예술적 안목이 그대로 담겨 있는 작품이라고 할 수 있지요."

지홍 스님은 "광덕 스님의 다방면에 걸친 능력은 전법의 과정 속에서 더욱 단련됐다."고 덧붙였다.

"포교를 자기 수행으로 삼고 대중을 만나다 보면 공부가 많이 됩니다. 사람을 만나면 세상이 보입니다. 또 희로애락(喜怒哀樂)을 알게 됩니다. 그러면서 스스로 수행이 됩니다. 저 역시 선방에 가지 못 하고 강원에 못 갔지만 제가 서 있는 이곳이 강원, 선원, 율원이라고 생각하며 공부하고 있습니다."

'현장'을 중요시했던 광덕 스님의 제자다운 말씀이다. 지홍 스님과의 인터뷰는 3시간 가까이 이어졌다. 스승인 광덕 스님에 대한 찬탄은 멈추지 않았다. 결국 마지막 질문으로 인터뷰를 마무리했다.

"다음 생에도 인연이 돼 광덕 스님을 만난다면 다시 모실 수 있습니까?"

"무슨 복이 있었는지 저는 이번 생에 은사스님과 사제의 인연을 맺었습니다. 열반에 드신 지 벌써 십 수 년이 지났지만 지금도 제 옆에는 항상 은사스님이 계신 것만 같습니다. 저는 지금도 은사스님의 법력에 의해서 일을 하는 사람일 뿐입니다. 다음 생에 혹여 은사스님을 만나지 못하더라도 제 가슴속에는 은사스님이 자리하고 있을 것 같습니다. 물론 다시 인연을 맺으면 그보다 더 좋은 일이 없을 것입니다. 은사스님께서 보여주신 전법의 길을 제대로 이어보겠습니다."

광덕 스님

경기도 화성에서 출생한 광덕 스님은 불교의 현대화·생활화·대중화를 기치로 한국불교의 새로운 역사를 썼다. 민족의 격동기였던 1950년 가을 24세 때 부산 범어사에서 당대의 대선지식인 동산(東山) 스님을 만나 참선을 시작, 위법망구의 구도정신으로 수행 정진했다. 이후 1974년 9월 불광회를 창립하고 11월에는 월간 「불광」을 창간했다. 1982년 서울 잠실에 도심포교의 효시라고 할 수 있는 불광사를 창건했다.

불교 의식문의 한글화, 경전 번역, 찬불가 작시, 불광사 대중법회 등을 통해 부처님의 가르침을 만인의 품으로 돌려주며 대중을 일깨웠다. 또 조계종 총무원 총무부장 등을 역임하며 종단 행정 체계의 기틀을 다지기도 했다.

'내 생명 부처님 무량공덕생명'이라는 절대긍정의 세계를 열어 보인 광덕 스님은 1999년 2월 27일 오후 2시경 불광사 법주실에서 세수 73세, 법랍 48세로 사바 세연을 조용히 거두고 열반에 들었다.

스님은 『생의 의문에서 그 해결까지』, 『반야심경 강의』, 『보현행원품 강의』, 『우리말 축원문』, 『부모은중경 관음경』, 『법회요전』, 『연화의식문』, 『지장기도집』, 『선관책진』, 『광덕 스님 명상 언어집』, 『마음이 바뀌면 세상이 바뀐다』, 『예불대참회문』, 『육조단경』, 『무문관』 등 수많은 역저서를 남겼다.

나의 스승 혜암 스님

"큰스님께서는 참선의 필요성과 중요성을 말씀하셨습니다. '공부하다 죽어라, 이 공부를 해야 수지가 맞는다'고 하셨죠. 이와 함께 인과(因果)를 강조하셨습니다. 모든 일에는 원인과 결과가 있다고 하시며 스스로 올바르게 살고 철저하게 공부하라고 하셨습니다."

해안 스님

공부하다
죽어라

해인총림 해인사 유나
원각 스님

만산홍엽(滿山紅葉). 늦가을의 가야산을 보면 이보다 더 잘 어울리는 말이 있을까 하는 생각이 절로 든다.

오랜만에 가야산 해인사를 찾았다. 수많은 선지식(善知識)들이 주석했던 도량이어서 참배할 산내암자들이 한두 곳이 아니다. 그런데 이번에는 산내암자들이 후순위다. 가야산 마애불이 일반대중에게 모습을 드러냈기 때문이다. 제일 먼저 마애불을 참배했다. 해인사에서 한 시간 정도 오르니 '조각 같은' 마애불이 맞아 준다. 부처님 앞에 서기만 했는데도 신심(信心)이 샘솟는다.

마애불을 친견하고 해인사 맞은편에 아담하게 앉아 있는 원당암(願堂庵)을 찾았다. 원당암은 '해인사 1번지' 같은 상징적인 암자다. 해인사와 형제처럼 역사를 같이 하고 있기 때문이다.

신라 애장왕은 부처님 가피로 공주의 난치병이 낫게 되자 순응, 이정 두 대사의 발원에 따라 국력으로 해인사를 창건한다. 당시 국왕은 서라벌을 떠나 가야산에 직접 들어와 불사를 독려하면서 국정을 보았다고 한다. 그래서 원당암을 수도 서라벌의 북쪽에 위치한 궁궐이라는 뜻에서 북궁(北宮)이라고 부르기도 했다. 이후 진성여왕 시대부터 본격적으로 신라 왕실의 원당(願堂)이 되어 왔기 때문에 원당암이라 불렀다고 전해진다.

올 때마다 느끼는 것이지만 암자가 참 정갈하다. 원당암 맨 위쪽에 자리한 미소굴(微笑屈)로 먼저 갔다. 오늘날의 원당암을 일군 혜암 스님의 흔적을 더듬어보기 위해서다. 혜암 스님의 생전 주석처였던 미소굴은 현재 유품 전시공간으로 탈바꿈해 있다. 미소굴 옆에는 혜암 스님의 추상 같은 가르침 '공부하다 죽어라'가 우뚝 서 있다.

"공부하다 죽어라. 공부하다 죽는 것이 사는 길이다. 옳은 마음으로 옳은 일 하다가 죽으면 안 죽는다."

혜암 스님이 생전에 후학들에게 자주 설했던 말씀이라고 한다. '공부하다 죽어라'라는 이 말 한마디가 원당암 전체를 규정하고 있다는 느낌이 든다.

다시 발걸음을 달마선원(達磨禪院)으로 돌렸다. 미소굴 바로 옆에 있는 달마선원에서 재가불자들은 "공부하다 죽을 각오로" 정진하고 있다. 달마선원 주련에 걸려 있는 혜암 스님의 오도송(悟道頌)과 열반송(涅槃頌)이 먼저 눈에 들어온다. 다음은 혜암 스님의 오도송이다.

迷則生滅心(미즉생멸심) 悟來眞如性(오래진여성)
迷悟俱打了(미오구타료) 日出乾坤明(일출건곤명)
미혹할 땐 나고 죽더니 깨달으니 진여성이네.
미혹과 깨달음 모두 쳐부수니 해가 돋아 하늘과 땅 모두 밝도다.

열반송은 다음과 같다.

我身本非有(아신본비유) 心亦無所住(심역무소주)
鐵牛含月走(철우함월주) 石獅大哮吼(석사대효후)
나의 몸은 본래 없는 것이요, 마음 또한 머물 바 없도다.
무쇠소는 달을 물고 달아나고 돌사자는 소리 높여 부르짖도다.

정진 중이던 불자들이 잠시 방선(放禪)을 하는 사이 문을 열고 선방 안으로 들어갔다. 부처님 좌우에 '이뭣고(是甚麼)'와 '만법귀일(萬法歸一)' 화두가 걸려 있다. 108평의 넓은 방에는 정진하는 대중들이 앉는 좌복이 가지런하게 놓여 있다.

원당암은 1996년 지금의 달마선원을 열었다. 기존에 운영하던 선방이

혜암 스님의 '공부하다 죽어라' 비

비좁아 폐쇄하고 더 넓은 곳으로 옮겼다. 원당암 내 심검당이나 무설전 등 다른 전각 역시 재가불자들이 정진을 할 수 있는 '부대시설'로 만들어진 것이 많다.

원당암에서 불자들은 1년 열두 달 중 무려 열 달 동안 정진한다. 동안거와 하안거 외에 봄과 가을에 산철결제를 각각 2개월씩 진행한다. 기간은 음력 2월 1일부터 3월 31일까지, 8월 1일부터 9월 30일까지다. 쉴 틈이 없는 일정이다. 또 동안거와 하안거 중에도 7일간 잠을 자지 않고 수행하는 '용맹정진'도 함께 한다. 해인사 선원에서 스님들이 소화하는 일정과 다르지 않다. 이뿐 아니다. 매월 첫째 주와 셋째 주 주말에는 철야 참선법회를 열고 있다. 안거 때는 80명이 넘는 사람들이 방부를 들이고 토요일 참선법회에는 200~300여 명이 전국에서 몰려든다.

이번 산철결제에는 모두 50여 명의 재가자가 방부를 들였다. 대중들 중에는 부부도 많다. 그러나 속세에서는 부부지만 선원에서는 도반이다. 방도 따로 쓴다. 쉬는 시간 틈틈이 만나 안부를 묻지만 그것도 도반 이상의 감정으로 대하지는 않는다고 한다.

불자들은 하루 8시간 정진하고 있다. 오전 3시~5시, 8시~10시, 오후 2시~4시, 저녁 7시~9시에 참선을 하고 나머지 시간은 자율정진으로 진행된다.

미소굴과 달마선원을 둘러보고 염화실(拈花室)로 향했다. 혜암 스님의 제자이자 감원으로서 지금의 원당암을 이끌고 있는 원각 스님을 만나기 위해서다.

원각 스님에게 원당암의 역사와 스님의 은사인 혜암 스님의 가풍에 대

해인사 원당암 전경 "은사스님께서는 제방에서 정진하시다 1985년에 처음 원당암에 오셨습니다. 당시 원당암은 보광전 법당과 영당, 원주실 등 전각이 3채에 불과했어요. 규모는 작았지만 은사스님께서는 재가자들과 함께 정진하시면서 원당암 불사를 진행하셨습니다. 은사스님의 가르침을 따르는 불자들이 늘고 또 원력(願力)이 모아지면서 지금과 같은 가람이 되었습니다."

한 이야기를 더 들었다.

"은사스님께서는 제방에서 정진하시다 1985년에 처음 원당암에 오셨습니다. 당시 원당암은 보광전 법당과 영당, 원주실 등 전각이 3채에 불과했어요. 규모는 작았지만 은사스님께서는 재가자들과 함께 정진하시면서 원당암 불사를 진행하셨습니다. 은사스님의 가르침을 따르는 불자들이 늘고 또 원력(願力)이 모아지면서 지금과 같은 가람이 되었습니다. 보셨듯이 달마선원은 우리나라에서 제일 큰 재가선방입니다. 규모에 맞게 불자들이 한눈팔지 않고 열심히 정진하고 있습니다. 원당암 살림의 초점 역시 달마선원 운영에 맞춰져 있습니다. 재가자들이 오직 공부에만 집중할 수 있도록 모든 역량을 모아 지원하고 있습니다."

혜암 스님은 원당암에 오기 전부터 기회가 되면 재가자들과 함께 정진했다. 신도들이 찾아오면 법문만 하는 것이 아니라 함께 좌복에 앉아 화두를 들었다. 혜암 스님의 이런 모습들이 소문나면서 오늘날의 원당암이 된 것이다.

"원당암은 '용맹정진' 가풍입니다. 정진을 하더라도 제대로 하자는 것입니다. 은사스님께서 '공부하다 죽어라'라고 하신 말씀의 뜻도 바로 여기에 있습니다. 은사스님께서는 또 정진 외에 도량을 가꾸는 것에도 관심을 가지라고 당부하셨습니다. '일일부작(一日不作) 일일불식(一日不食)'의 백장 청규를 이어가기 위해 모든 대중이 함께 노력하고 있습니다. 원

달마선원에서 정진 중인 불자들을 격려하는 혜암 스님 "위덕암은 '용맹정진' 가풍입니다. 정진을 하더라도 제대로 하자는 것입니다. 은사스님께서 '공부하다 죽어라'라고 하신 말씀의 뜻도 바로 여기에 있습니다."

당암은 다른 절에 비해 정리가 잘 되어 있다는 평을 받고 있는데 정진과 가람수호를 함께 하기 때문에 그렇다고 봅니다."

해인총림의 유나(維那)를 맡고 있는 원각 스님은 혜암 스님에 이어 2002년부터 원당암에서 후학과 불자들을 제접하고 있다. 해인사와 원당암을 오가며 출·재가 정진대중을 이끌고 있는 것이다. 그러고 보니 혜암 스님은 1967년 해인총림이 만들어지면서 초대 유나를 맡았었다. 그 스승에 그 제자다. 원각 스님에게 '공부'에 대한 얘기도 들었다.

"원당암이 공부하는 사람들에게 잘 알려져서인지 전국에서 재가자들이 수시로 찾아옵니다. 공부는 물론 여러 가지 대소사에 대해서도 많은 얘기를 나눕니다. 그래도 원당암은 공부하는 곳이기 때문에 화두(話頭)에 대한 얘기를 많이 해요. 화두는 공부하고자 하는 사람과 대화를 나눠 본 다음에 줍니다. 화두가 본인에게 와 닿아야 하고 화두에 대한 믿음이 있어야 하기 때문입니다.

화두 공부는 우리의 근본 자성자리를 깨우쳐서 그것을 바탕으로 활발하고 자유롭게 살기 위해 하는 것입니다. 그래야만 지혜롭게 살 수 있어요. 근본 바탕자리를 깨우쳐 그 바탕에서 생활하지 못하고 바깥일에 끄달려 생활하게 되면 항상 경계에 휘둘려 주인공의 삶을 살지 못합니다. 또 다른 사람과 소통도 못합니다. 그러면 당연히 갈등이 생깁니다. 근본 바탕자리를 깨닫게 되면 무엇과도 소통을 할 수 있습니다. 너와 내가 둘이 아니라는 불이(不二)의 이치를 알게 되는 것이지요. 그래서 우리는 공부를 해야 합니다."

그렇다면 화두 공부는 어떻게 해야 할까? 원각 스님은 '의심'이 중요하다고 강조했다.

"공부를 하려면 먼저 부처님 핵심 사상인 중도연기(中道緣起)에 대해 바른 이해를 해야 합니다. 그리고 나서 실참(實參)을 해야 합니다. 또 공부는 실제생활에 적용이 될 수 있어야지 공부와 생활이 따로 가면 안 됩니다.

실제로 정진을 할 때는 화두를 분별심(分別心)으로 따져서 하는 것은 맞지 않아요. 분별심을 가지고 해서는 안 된다는 말입니다. 공부에 대해 조금 안다고 자만하게 되면 그걸로 공부는 끝입니다. 중요한 것은 화두에 대한 대의심입니다. 의심이 살아 있어야 화두도 살아 움직이게 됩니다."

그러나 이즈음 가장 수승한 공부법이라고 알려진 간화선에 대한 비판이 계속되고 있다. 이에 대해 원각 스님은 "공부 자체가 문제가 아니라 공부를 하는 사람과 그 방법이 문제"라고 지적했다. "간화선은 사실 쉽다면 쉽고 어렵다면 어려운 공부법입니다. 그런데 역대 조사스님들의 경우를 보면 화두 공부가 그렇게 어려운 방법은 아니라는 것을 알 수 있습니다. 간화선에 대해 비판적으로 얘기하는 사람들을 보면 공부를 제대로 하지 않고 그런 말을 하는 사람이 많습니다. 신심(信心)이 부족하고 간절한 마음으로 꾸준하게 정진하지 않으면서 쉽게 포기하려 합니다. 정말 이 공부가 아니면 안 된다는 그런 마음으로 정진하시기를 바랍니다."

원각 스님은 꾸준한 공부가 되어야 한다고 여러 차례 강조했다. 그러면서 원당암이 공부하는 사람들의 고향과 같은 곳이 되기를 바란다고 덧붙였다.

"큰스님 제자가 50여 명 됩니다. 큰스님의 가르침을 실현하는 도량으로서 원당암이 있습니다. 생전에 큰스님께서 당부하셨듯이 재가자 선방을 잘 운영해서 참다운 공부인이 나올 수 있도록 하겠습니다. 미력이나마 원당암이 한국불교 발전에 힘을 보탤 수 있었으면 좋겠습니다."

원각 스님은 "혜암 큰스님 문도들이 주축이 돼 구성된 '혜암선사문화진흥회'를 중심으로 선 수행과 포교, 교육, 승가복지, 사회복지, 장학, 문화, 효사상 실천, 다문화 지원 사업 등을 지속적으로 진행해 큰스님의 숭고한 사상과 정신을 선양하겠다."고 전했다.

원당암과 공부에 대한 이야기를 나누고서야 원각 스님과 혜암 스님의 인연 이야기를 듣기 시작했다.

선악(善惡) 내려놓으라는 말에 발심 출가

"고등학교를 마치고 해인사 약수암에서 공부를 했습니다. 당시 약수암에는 공부하러 온 학생들이 적지 않았어요. 그때 해인사 중봉암에 계시던 도림 스님(훗날 봉철 스님)이 자주 약수암에 다녀가셨습니다. 도림 스님은 젊은 학생들과 이런저런 얘기를 많이 나누고 또 고민상담도 해 주셨어요. 어렸을 때부터 저는 '착하게 사는 것'에 대한 강박관념이 있었습니다. '어떻게 하면 착하게 살 수 있을까?' 이런 고민이 계속됐습니다. 그러던 어느 날 스님을 따라 중봉암에 갔습니다. 밤새도록 스님 말씀을 들었어요. 그런데 도림 스님이 '착한 것도 내려놓고 악한 것도 내려놓아라'라고 하시는 겁니다. 그 말을 듣는 순간 발심(發心)이 됐어요. 다음날 중봉암에서 내려오는데 도림 스님이 저에게 『육조단경』을 비롯해서 몇 권의 책을 주셨습니다. 저는 그날부터 불교 관련 책들만 열심히 읽기 시작했지요."

책을 읽고 있는 스님에게 도림 스님이 출가를 권해 은근히 기분이 좋았단다. 그래서 다시 중봉암으로 가 삭발을 하고 승복을 입었다. 사실상의 행자생활이 시작됐다. 1966년의 일이다. 1966년 동안거가 끝날 무렵 혜암 스님이 중봉암에 왔다. 나중에 알고 보니 혜암 스님이 도림 스님에게 중봉암 살림을 맡겨 놓고 통도사 극락암에서 정진하다 다시 온 것이었다.

원각 스님은 처음 만난 혜암 스님에게 출가하고자 하는 이유를 분명하게 말했다. "선과 악, 양변을 내려놓으니 마음이 시원해졌고 그래서 출가하고 싶습니다." 혜암 스님은 더이상 듣지 않고 그 자리에서 출가를 허락했다.

스승 혜암 스님은 엄격하면서도 자상하게 제자를 가르쳤다. 또 직접 행동으로 보여주며 제자가 정진하기를 바랐다. 중봉암에서 원각 스님은 혜암 스님과 한 방에서 같이 자며 생활했다. 저녁 아홉 시쯤 자서 새벽 두 시면 어김없이 일어나 공양 준비하고 예불 올리고 스승의 법문을 들었다.

"큰스님께서는 참선의 필요성과 중요성을 말씀하셨습니다. '공부하다 죽어라, 이 공부를 해야 수지가 맞는다'고 하셨죠. 이와 함께 인과(因果)를 강조하셨습니다. 모든 일에는 원인과 결과가 있다고 하시며 스스로 올바르게 살고 철저하게 공부하라고 하셨습니다."

혜암 스님(左)과 함께 한 원각 스님(右) "돌이켜보면 은사스님 가르
침대로 여법하게 살지 못했습니다. 이번 생에는 밥값을 제대로
못했어요. 다음 생에는 아마 지금과는 다른 모습으로 태어나서
역시 다른 모습을 한 은사스님을 모시지 않을까 싶습니다. 물
론 근본바탕은 똑같을 것입니다. 모습은 변하더라도 더 잘 모
실 것입니다."

원각 스님은 1967년 계를 받은 뒤 본격적인 납자의 길을 시작했다. "운이 좋았던 것인지" 그해에 해인사에 해인총림이 개설되었다. 방장 성철 스님, 수좌 석암 스님, 주지 지월 스님, 유나 혜암 스님, 율주 일타 스님, 강주 지관 스님 등 기라성 같은 선지식들이 주요 소임을 맡았다. 해인사 선원에 방부를 들인 원각 스님은 한국불교 최고의 법문으로 꼽히는 성철 스님의 '백일법문'을 현장에서 들었다.

"백일법문은 오후에 1시에 시작해서 매일 2시간씩 진행됐습니다. 정말 그 열기가 대단했어요. 성철 스님께서 불교의 모든 것을 망라해서 법문을 하셨기 때문에 엄청난 대중이 몰려들었지요. 법문 외에도 가끔 선방에 한 번씩 나오셔서 대중들이 제대로 정진 안 하면 '밥 도둑놈들이 잠만 잔다'고 호되게 경책을 하셨습니다. 지금 해인사 선원에는 40명 정도가 사는데, 그때는 70명 이상이 선방에서 정진했어요. 숫자가 많아 좀 고생했지만 그래도 모든 대중이 신심을 내서 치열하게 공부했습니다. 율주를 하셨던 일타 스님도 선방 대중들과 많은 말씀을 나누시며 격려를 해 주셨고 주지였던 지월 스님은 항상 하심(下心)으로 대중들을 외호하셨습니다."

원각 스님은 이후에도 지리산 상무주암, 봉화 각화사 동암, 남해 용문사, 하동 칠불암, 남원 실상사 백장암 등에서 혜암 스님을 시봉하며 가르침을 받았다. 스님은 또 양산 통도사 극락암, 순천 송광사, 문경 봉암사, 부산 범어사, 평창 오대산 상원사, 강진 백련사 등의 선원에서 정진했다. 경남 거창 고견사 주지를 거쳐 현재 해인사 원당암 감원 겸 달마선원 선원장, 해인총림 유나를 맡고 있는 것이다.

"해인사 일주문에는 '歷千劫而不古(역천겁이불고) 亘萬歲而長今(긍만세이장금)'이라는 주련이 있습니다. '천겁의 세월이 지나도 옛날이 아니요, 만세를 뻗쳐도 항상 지금이다'라는 뜻으로 본래의 본성은 다 통한다는 말입니다. 또 팔만대장경이 있는 장경각에는 '圓覺道場何處(원각도량하처) 現今生死卽是(현금생사즉시)'라는 말이 걸려 있습니다. '깨달음의 도량이 어디메뇨, 지금 나고 죽는 이 세상이 바로 거기로다'라는 뜻이지요. 마음을 깨달으면 지금 우리가 사는 세상이 바로 극락이라는 것입니다. 항상 용맹 정진하는 자세로 살면서 마음을 살필 수 있었으면 좋겠습니다."

원각 스님은 평소 생활을 이어가면서도 정진을 게을리 하지 말 것을 주문했다. 원각 스님에게도 마지막 질문을 드렸다.

"다음 생에도 인연이 돼 혜암 스님을 만난다면 다시 모실 수 있습니까?"

"하하. 재미있는 질문입니다. 돌이켜보면 은사스님 가르침대로 여법하게 살지 못했습니다. 이번 생에는 밥값을 제대로 못했어요. 다음 생에는 아마 지금과는 다른 모습으로 태어나서 역시 다른 모습을 한 은사스님을 모시지 않을까 싶습니다. 물론 근본바탕은 똑같을 것입니다. 모습은 변하더라도 더 잘 모실 것입니다. 다음 생에도 수행자가 돼 부처님처럼 확철대오(廓徹大悟)하도록 하겠습니다."

혜암 스님

1920년 3월 전남 장성에서 태어난 혜암 스님은 보통학교를 졸업하고 한학(漢學)을 비롯한 불교경전 탐독에 남다른 열정을 보였다. 일본에서 10년간 동서양 종교와 동양철학을 공부하던 스님은 1945년 『선관책진(禪關策進)』을 읽다가 발심해 이듬해 해인사로 출가했다. 은사는 인곡 스님.

출가 당시 은사인 인곡 스님과의 문답이 유명하다. "어디서 왔느냐?"는 인곡 스님의 물음에 혜암 스님은 곧바로 할을 했다. "아악…" 미소를 짓던 인곡 스님이 다시 물었다. "이름이 무엇이냐?" 이번에는 아무 말 없이 허공에 큰 원을 그렸다. 인곡 스님은 혜암 스님의 출가를 허락했고, 혜암 스님은 "출가하고 일주일 만에 도를 깨치겠다."며 철야정진에 들어가기도 했다. 이후 제방선원에서 일일일식(一日一食) 등의 정진으로 수행자의 귀감이 되었다.

1967년에 해인총림 유나(維那) 소임을 맡은 스님은 그 뒤로 해인사 주지, 해인총림 수좌(首座), 해인총림 방장을 역임하며 후학을 지도하고 경책했다. 1987년 조계종 원로의원으로 추대된 후 원로회의 부의장과 의장을 지냈으며 1999년에는 조계종 제 10대 종정에 추대됐다. 스님은 평소 제자들에게 다섯 가지 가르침을 강조했다고 한다. '공부하다 죽어라', '밥을 많이 먹지 말라', '남을 도와라', '감투를 맡지 말라', '일의일발(一衣一鉢)로 살아라' 등이 그것이다. 스님은 2001년 12월 31일 오전 해인사 원당암 미소굴에서 법랍 55세, 세수 82세로 열반에 들었다.

나의 스승 일타 스님

"Of course! 물론입니다. 생전에 저뿐만 아니라 우리 제자들을 너무도 아껴 주셨던 큰스님 은혜를 어찌 잊을 수 있겠습니까? 큰스님께서는 우리 시대의 '명의(名醫)'였습니다. 중생들의 마음을 항상 살펴 주시는 그런 분이었습니다. 다음 생에는 더 잘 모셔야죠. 큰스님께서 당부하셨던 대로 수행과 포교도 더 열심히 하고요. 하하하."

월탄 스님

참선을
좀
했으면
좋겠는데…

동국대 정각원장
법타 스님

　동국대 서울캠퍼스 한 가운데에 정각원(正覺院)이 있다. 정각원 법당
건물은 원래 조선 광해군 12년(1620년)에 완공된 경희궁의 가장 오래된
전각 숭정전(崇政殿)이다. 1829년 큰 화재로 다른 전각들은 소실되었으
나 숭정전만 피해를 면했고 1926년 일제가 현재 신라호텔 쪽에 있던 일
본 사찰로 이전했다. 1976년 9월 현재의 자리로 다시 옮겨져 법당으로
장엄된 뒤, 1977년 2월 정각원으로 개원했다.

　궁궐에 있던 건물이 법당이 되었다고는 하지만 정각원은 명실상부하
게 '조계종립(曹溪宗立)'을 상징하는 곳이다. 그러나 유감스럽게도 몇 년
전까지 정각원은 동국대에 있는 여러 건물 중 하나였을 뿐이다. 학생들
역시 그저 스님들에게 교양필수 수업을 듣는 곳으로만 생각했다.

그런데 최근 들어 정각원이 살아 움직이기 시작했다. 교수, 직원, 학생들의 귀의처가 됨은 물론 일반 불자들의 정진도량으로 거듭나고 있다. 각종 법회가 열리고 교양프로그램들이 운영되고 있다. 과거에는 생각하지 못했던 일들이다. "도심포교의 새로운 전형을 만들고 있다."고 말할 수 있을 정도다. 이런 변화의 중심에는 정각원장 법타 스님이 있다.

법타 스님을 만나기 위해 얼마 전 토요일 동국대 정각원을 찾았다. 주말이어서인지 캠퍼스는 한가로웠다. 오전 10시, 여느 사찰에서와 마찬가지로 예불이 시작됐다. 시간이 지나면서 불자들이 정각원 법당을 가득 메웠다.

정각원이 살아 있다!

11시가 되자 토요법회가 시작됐다. 그런데 법회의 형식이 기존의 그것과는 다르다. 정각원은 지난 9월 7일부터 2014년 2월 22일까지 토요법회를 '불교대강좌'로 진행했다. 법회의 가장 큰 특징은 일방적인 설법이 아닌 법회에 참여한 대중과 함께 소통하는 형식으로 진행된다는 것. 내용도 경전 강의는 물론 담마토크, 건강 특강, 세대 간의 소통 등을 주제로 다양화됐다.

이날의 법사는 행불선원장 월호 스님이다. 스님은 『신심명』을 2주간 강의한다.

"至道無難(지도무난)이요, 唯嫌揀擇(유혐간택)이니 但莫憎愛(단막증애)하

불자들로 가득한 정각원 토요법회 모습 "2009년 정각원장 소임을
맡은 이후 부처님의 가르침을 신도님들이 보다 쉽게 받아들일
수 있도록 하는 방법이 무엇인지를 계속 고민해 왔습니다. 그러
다 일방적인 법문이 아니라 법사(法師)와 대중이 소통하는 미래
지향적인 '토크콘서트' 형식으로 불교대강좌를 진행하고 있습니
다. 내용과 형식이 다양하다 보니 법회에 참석하는 불자들의 반
응도 상당히 좋습니다."

면 洞然明白(통연명백)이라. '지극한 도는 어렵지 않음이요, 오직 간택함을 꺼릴 뿐이니 미워하고 사랑하지만 않으면, 통연히 명백하리라'……."

월호 스님의 명쾌하고 유쾌한 법문은 1시간 넘게 이어졌다. 강의를 듣는 불자들 역시 거리낌 없이 평소 궁금했던 것들을 물었고 스님은 막힘없이 답했다. 법회가 끝나고 정각원의 '공식' 공양간인 동국대 학생식당에서 '색다른' 점심공양을 함께 한 후 법타 스님과 다시 자리를 같이 했다.

"2009년 정각원장 소임을 맡은 이후 부처님의 가르침을 신도님들이 보다 쉽게 받아들일 수 있도록 하는 방법이 무엇인지를 계속 고민해 왔습니다. 그러다 일방적인 법문이 아니라 법사(法師)와 대중이 소통하는 미래지향적인 '토크콘서트' 형식으로 불교대강좌를 진행하고 있습니다. 내용과 형식이 다양하다 보니 법회에 참석하는 불자들의 반응도 상당히 좋습니다."

법타 스님은 "정각원이 진작부터 생명체처럼 꿈틀거리는 법회를 했으면 좋았을 텐데 그러지 못했던 것 같다."며 "향후에도 새로운 콘텐츠들을 계속 발굴할 것"이라고 강조했다.

법타 스님이 정각원장을 맡은 이후 그 변화의 내용들은 눈부시다. 1000명에 가까운 동국대 구성원들이 신도로 등록을 했고 또 동국대 밖의 일반 불자들의 신도등록 숫자도 1000여 명에 이른다. 토요법회를 비롯한 각종 법회에는 200여 명이 넘는 불자들이 참여하고 있다. 재학생 법회, 중국인 학생과 기타 영어권 유학생을 위한 법회, 청년회 법회, 중구청 직원법회 등 각종 법회가 끊임없이 이어지고 있고 조계종 포교원으로부터 공식 인가된 정각원 불교대학도 운영되고 있다.

"동국대에는 1200명 가까운 중국인 유학생들이 있습니다. 그들을 따뜻하게 품어서 훗날 자국으로 돌아가 훌륭한 포교사가 되도록 중국어 법회를 개설했는데 반응이 꽤 좋습니다. 매 법회마다 100명이 넘는 학생들이 동참하고 있습니다."

정각원은 이와 같은 법회뿐만 아니라 동국대가 자리하고 있는 서울 중구 지역과의 나눔에도 열성이다. '단우물 어린이집', '보리수데이케어센터', '신당 5동 어린이집', '중림종합사회복지관' 등 4개의 사회복지시설을 수탁 운영하여 나눔과 봉사를 실천하고 있다. 이렇듯 다양한 법회가 진행되고 불자들의 참여가 늘어나면서 정각원 자체적으로 매년 5000만 원 이상의 장학금을 학생들에게 지급하고 있는 것도 예사로운 일은 아니다.

법당 한 채가 전부인 정각원에서 이뤄지고 있는 일들이라고는 믿기 어려운 것들이다. 그러고 보니 법타 스님은 무(無)에서 유(有)를 만드는 데 일가견이 있어 보인다. 영천 은해사 주지 시절 불교계 최초의 수림장(樹林葬) 시설을 설치했고, 또 불교계 최초로 남북교류사업과 평화통일운동을 줄기차게 펼쳐오고 있다.

숨만 쉬고 있는 남북관계 너무 안타까워

"지금의 남북관계는 숨만 쉬고 있는 식물인간 상태와 다르지 않습니다. 너무나 안타깝습니다. 남북이 자꾸 오고가고 머리를 맞대야 평화가 오고 통일의 기운을 만들 수 있는데 최근 몇 년을 보면 자꾸 뒷걸음질만 치고 있습니다."

법타 스님은 '통일 얘기'가 나오자 한숨부터 내쉬었다. 이명박 정부 이후 악화일로를 걷고 있는 남북관계가 답답했기 때문이다.

법타 스님이 '북한'과 '민족'에 관심을 갖게 된 인연은 우연치 않게 찾아 왔다.

"1985년에 미국 LA 남가주대학으로 유학을 갔습니다. 세계 수행자와 성직자들의 교육 현황을 연구하고 싶어 떠난 유학이었습니다. 그런데 제 지도교수님은 너무 범위가 방대하고 어려운 일이라며 북한불교와 남북관계를 연구해 보는 것이 어떻겠느냐고 권유를 해 줬어요. 당시 학교 도서관에서 「노동신문」을 비롯한 여러 북한 자료를 보면서 놀랍기도 했고 또 누군가는 꼭 해야 할 연구이기에 '한 번 해보자'는 생각이 들었습니다."

그렇게 시작된 인연은 방북으로까지 이어졌다. 1989년 평양에서 열린 세계청년학생축전에 참가하기 위해 미국에서 북한으로 들어갔다. '현장'을 본 법타 스님은 "금생의 업(業)이자 사명이 바로 통일운동"이라는 생각을 굳히고 본격적인 연구와 활동을 시작했다.

"미국 유학 중 주로 기독교인 중심의 통일운동에 동참하면서 여러 생각이 들었어요. 국가보안법 등 법률적으로도 많은 제약이 있었고 여러 가지로 준비가 안 된 상황에서 경제적 여건과 부족한 인프라도 무시할 수 없었습니다. 그러던 중 1992년 2월 12일 월주 큰스님을 모시고 조국평화통일불교협회(이하 평불협)를 창립했습니다. 1989년 처음 평양을 방문했을 때의 초심을 생각하며 부족하고 어려울 때일수록 북한불교와의 교류가 필요하다는 역설적 논리에 근거한 평화통일운동을 시작했지요."

1999년 황해도 사리원 금강국수공장을 방문한 법타 스님 황해도 사리
원과 평양에 국수공장을 설립하여 북한 주민을 도운 법타 스님
은 "북한에 큰 일이 있을 때마다 전국 불자님들의 정성을 모아
각종 물품을 보냈습니다. 그랬던 평불협이 이제는 제 역할을 하
지 못하고 있습니다. 남북관계 경색의 책임이 어느 한 쪽에 있다
고 할 수는 없습니다만, 그래도 조금이라도 잘 사는 우리가 저들
을 도와야 하지 않겠습니까?"라고 하였다.

평불협은 당시 창립선언문을 통해 "민족의 평화적 공존 및 통일을 위한 남북한의 종교 및 전통 불교문화의 지속적 교류와 협력 방안 등을 모색하고 실천함으로써 남북의 불교 교류의 효율화와 활성화를 도모하고 민족의 염원인 평화적 통일을 위한 기반을 조성하며 아시아와 세계평화를 위해 우리 종교인과 불교인들이 힘을 합쳐 나가고자 한다."고 설립 취지를 밝히기도 했다. 지금 보아도 여전히 유효한 내용이 아닐 수 없다.

평불협은 창립 이후 북한 지역의 가뭄과 홍수, 대형사고 등이 있을 때마다 인도적 지원을 아끼지 않았다. 또 정부, 민간단체, 후원회원 등의 지원을 받아 옷, 식용유, 자전거 등 갖가지 생필품을 전달했다. 통일부에 집계된 평불협의 북한지원물품 총액만 해도 50억 원이 넘는다. 특히 스님은 '밥이 통일이요, 평화'라는 생각으로 1997년 황해도 사리원과 2005년 평양에 금강국수공장을 설립하기도 했다. 국수공장에서 만들어진 국수는 매일 북한 주민 7700명의 끼니를 책임졌다. 그러나 지금은 평양과 사리원 공장 모두가 가동이 어려운 상황이다.

"북한에 큰 일이 있을 때마다 전국 불자님들의 정성을 모아 각종 물품을 보냈습니다. 그랬던 평불협이 이제는 제 역할을 하지 못하고 있습니다. 남북관계 경색의 책임이 어느 한 쪽에 있다고 할 수는 없습니다만, 그래도 조금이라도 잘 사는 우리가 저들을 도와야 하지 않겠습니까?"

스님은 "애인(愛人), 애족(愛族), 애국(愛國)이 신심(信心)"이라고 강조했다.

"불교인에게 가장 중요한 것은 신심(信心)입니다. 정각원 법당에 걸려 있는 주련도 바로 신심에 관한 것입니다. 『화엄경』 '현수품(賢首品)'에 있는 내용인데, "신심은 도의 근본 공덕의 어머니, 일체 선한 법을 길러내며, 의심의 그물을 끊고 애정 벗어나, 열반의 위없는 도 열어 보이네(信爲道元功德母 長養一切諸善法 斷除疑網出愛流 開示涅槃無上道)"라고 합니다.

신심은 부처님 사랑입니다. 우리들의 경우를 보면 애인(愛人), 애족(愛族), 애국(愛國)이 신심입니다. 사람을 사랑하고 나라를 사랑하고 민족을 사랑하는 불자가 많아졌으면 좋겠습니다."

정각원과 불교통일운동에 대한 이야기에 이어 스님의 스승 이야기를 듣지 않을 수 없었다. 스님은 출가 스승〔恩師〕과 전법 스승〔法師〕두 분을 모시고 있다고 한다.

감옥에서 스승의 편지를 받고 펑펑 운 사연

"저에게는 두 분의 스승이 계십니다. 저에게 출가 인연을 만들어 주신 스승으로 법주사 주지를 역임하신 추담(秋潭) 큰스님이 계시고, 또 저에게 건당(建幢)을 허락해 준 일타(日陀) 큰스님이 계십니다."

법타 스님은 출가 인연과 두 스승을 만난 이야기를 풀기 시작했다.

"제 생일이 사월초파일입니다. 부처님과 생일이 똑같아요. 하하하. 충청도 청주의 유교 집안에서 자랐지만 어렸을 때부터 워낙 몸이 약해서 집안 어른들이 저에게 '너는 부처님한테 정성을 들여야겠다'는 말씀을 많이 하셨어요. 부처님오신날이 되면 어머니가 절에 제 이름으로 된 등을 달아주셨어요. 그러다 보니 자연스럽게 불교에 관심을 갖게 됐습니다. 옆집에 살던 분이 도서관에 근무를 했는데 그분을 따라 도서관에 몇 번 다니다 홍묘법장이 해설한 『반야심경 강의』를 보게 됐습니다. 보통의 책과는 너무 달랐고 읽는 순간 전율을 느꼈습니다. 책을 보고 나서는 절이 어떤 곳인지 궁금해졌어요. 당시 청주 신용화사에 갔는데 학생법회가 한창이었습니다. 법회에 참석한 학생들이 너무 부럽게 느껴졌어요. 거기 있는 또래 학생에게 '어떻게 하면 법회에 참석할 수 있느냐?'고 물으니 '아무나 올 수 있다. 네가 오면 대환영이다'라고 하더군요. 그때부터 학생법회에 미친 듯이 다녔습니다. 당시 청주에도 통행금지가 있던 시절이었습니다. 새벽 4시가 되면 통행금지 해제 사이렌이 울립니다. 매일 새벽 3시 30분이면 어김없이 일어나 준비를 했다가 4시가 되면 절에 가서 새벽예불을 하고 학교에 갈 정도였습니다.

그러다 중3 때 법주사 수련회에 갔는데 당시 생각한 것이 '정신적 대통령이 되자. 수도 잘해서 스님이 되는 것이 그 길이다'라는 생각을 했습니다. 그때 법주사에서 추담 큰스님을 뵈었습니다. 큰스님께서 "중이 되려면 무식하면 안 된다. 고등학교 졸업장 가지고 오면 삭발해 주겠다."고 하셔서 다시 집으로 돌아와 고등학교를 다녔습니다."

출가를 결심한 스님에게 고등학교 3년은 너무 지루한 시간이었다. "그래도 열심히 절에 다니며 불교 공부를 하고 수행을 했다."고 한다. 스님은 고등학교 졸업식을 마치고 바로 다음날 새벽에 법주사로 가서 출가했다. 1965년 2월의 일이다.

"추담 큰스님께서는 평소 공부 안 하고 무위도식(無爲徒食)하는 제자는 두지 않는다고 하셨습니다. 수행 안 하면 밥도 먹을 자격이 없다고 강조하셨어요. 그런 스승 밑에 있다 보니 공부를 열심히 하지 않을 수 없었습

일타 스님 "그때 감옥에 105일 간 있었는데 일타 큰스님께서 200자 원고지 6장에 쓰신 편지를 보내오셨습니다. '네가 그렇게 민족을 위해 헌신하다 구속됐지만 나는 너를 믿는다. 큰일을 하려면 그에 따르는 마장(魔障)이 있는 법. 마침 나라에서 너에게 이제 그만 좀 쉬라고 명령했으니 나라에서 마련해 준 국립선방(國立禪房)인 줄 알고 열심히 참선 정진하라'고 하셨습니다. 그 편지를 읽고 또 읽으며 얼마나 울었는지 모릅니다."

니다. 하하하."

일타 스님과의 인연은 출가 전 학생법회 때 초청법사로 온 스님의 법문을 처음 듣고 "홀딱 반하면서" 시작됐다. 출가 후에도 인연이 찾아 왔다.

"1967년 봄 동국대 1학년 때였습니다. 강원도 화지리 도피안사 포교당에서 군종병을 하고 있던 혜인 스님이 개최한 보살계 수계법회에 성진 스님과 함께 큰스님을 모시고 갔습니다. 거기서 큰스님의 온화한 모습과 청산유수 법문에 당시 법회에 참석한 대중들 모두가 환희심을 느꼈습니다. 함께 간 성진 스님이 제게 건당을 권하기도 했습니다. 그때 '일타 큰스님의 법을 따르라는 뜻으로 추담 큰스님께서 제 법명을 법타(法陀)라고 지어준 것 아닌가'라고 제 마음대로 해석하고는 저를 법제자로 받아달라고 간곡히 청을 드렸습니다. 하하하."

일타 스님은 1974년 통도사에서 열린 고경 스님 재일법회 때 법타 스님에게 건당을 허락했다.

"그때 큰스님께서는 직접 포은(包隱)이라는 법호를 내려 주셨습니다. 그런데 나중에 사형(師兄)이 된 성진 스님의 법호 포운(包雲)과 발음이 비슷해 구별이 어려웠어요. 시간이 흘러 큰스님께 다시 다른 법호를 내려달라고 청을 드렸더니 저에게 새 법호를 주셨습니다. '법타는 남한과 북한을 다니며 통일운동을 열심히 하고 있고, 그 일로 옥고도 치렀으니 부처님의 중도(中道) 사상으로 민족의 고통을 해결하고 남북평화통일과 민족화합을 성취시키라는 뜻으로 중화(中和)라고 하자'고 하시며 환하게 웃으시던 모습이 아직도 눈에 선합니다."

법타 스님은 앞서 밝혔듯이 1980년대 말부터 본격적으로 통일운동에 뛰어들었다. 그러다 1994년 공안정국 당시 당국이 국가보안법 위반 혐의를 뒤집어 씌워 서울구치소에 수감됐다.

"그때 감옥에 105일 간 있었는데 일타 큰스님께서 200자 원고지 6장에 쓰신 편지를 보내오셨습니다. '네가 그렇게 민족을 위해 헌신하다 구속됐지만 나는 너를 믿는다. 큰일을 하려면 그에 따르는 마장(魔障)이 있는 법, 마침 나라에서 너에게 이제 그만 좀 쉬라고 명령했으니 나라에서 마련해 준 국립선방(國立禪房)인 줄 알고 열심히 참선 정진하라'고 하셨습니다. 그 편지를 읽고 또 읽으며 얼마나 울었는지 모릅니다. 큰스님의 편지로 김영삼 정권에 대한 분노의 마음을 삭히고 그 안에서 이런저런 책을 읽으면서 용맹 정진했지요."

일타 스님은 평소에도 법타 스님에게 "참선만 좀 하면 나무랄 데 없는데…"라고 하시면서 선방에서의 정진을 당부했다고 한다. 법타 스님은 1998년 종단 사태로 은해사 주지를 그만두게 되자 일타 스님의 뜻을 받드는 좋은 기회로 삼아 은해사 운부암 선원에서 8안거 동안 정진했다.

법타 스님은 일타 스님에 대해 "계·정·혜 삼학(三學)에 두루 밝은 삼장법사"라고 강조했다. "수행도 잘하셨고 문장에도 뛰어난 분이 바로 일타 큰스님이셨습니다. 또 성격이 부드럽고 언제나 자비가 넘치셨어요. 누가 찾아와도 가리지 않고 반갑게 맞이해 주셨지요."

법타 스님은 인터뷰 도중에도 전화가 오면 이면지에 메모를 했다. 낯선(?) 모습을 조금 신기해하자 스님이 한 마디 던진다. "제가 이렇게 사는 것은 다 큰스님의 일상을 보고 배운 것입니다. 생전에 큰스님께서는 꼼꼼하셨고, 종이 여백을 나눠 메모지로 쓸 정도로 검소하셨습니다."

법타 스님 "수행도 잘하셨고 문장에도 뛰어난 분이 바로 인다 큰스님이셨습니다. 또 성격이 부드럽고 언제나 자비가 넘치셨어요. 누가 찾아와도 꺼리지 않고 반갑게 맞이해 주셨지요."

스님은 조계종 총무부장과 교구본사주지를 비롯한 다양한 소임을 역임하면서 한국불교 전반에 대한 고민을 많이 해 온 만큼 한국불교의 미래에 대해 간곡하게 조언해 주었다.

"고착돼 있는 남북관계를 술술 풀 수 있는 곳이 불교입니다. 불교계가 적극적인 역할을 해야 합니다. 또한 보다 근본적인 쇄신을 통해 한국불교가 국민들에게 이익과 희망을 줄 수 있어야 합니다. 자기 발밑을 잘 살펴보라는 조고각하(照顧脚下)의 마음이 필요한 때이지요."

법타 스님에게도 마지막 질문을 던졌다.

"다음 생에도 인연이 돼 일타 스님을 만난다면 다시 모실 수 있습니까?"

"Of course! 물론입니다. 생전에 저뿐만 아니라 우리 제자들을 너무도 아껴주셨던 큰스님 은혜를 어찌 잊을 수 있겠습니까? 큰스님께서는 우리 시대의 '명의(名醫)'였습니다. 중생들의 마음을 항상 살펴 주시는 그런 분이었습니다. 다음 생에는 더 잘 모셔야죠. 큰스님께서 당부하셨던 대로 수행과 포교도 더 열심히 하고요. 하하하."

일타 스님

근현대 한국불교를 대표하는 율사(律師)이자 선사(禪師)로 사부대중의 존경을 받은 일타 스님은 1929년 충남 공주에서 태어나 14세에 양산 통도사 고경 스님을 은사로 출가해 정진을 시작했다. 스님의 가족 41명이 함께 출가한 것은 불교사에서도 보기 드문 사례다.

1955년 오대산 적멸보궁에서 7일 간 삼천 배 기도를 올린 후 스님은 자신의 오른손 열두 마디를 태우는 연지공양을 단행했다. 연지공양으로 정진에 힘을 얻은 스님은 1955년 태백산 도솔암에서 동구불출(洞口不出), 장좌불와(長坐不臥), 오후불식(午後不食)하며 6년간 용맹 정진했다. 스님은 이때 "頓忘一夜過(돈망일야과) 時空何所有(시공하소유) 開門花笑來(개문화소래) 光明滿天地(광명만천지), 몰록 하룻밤을 잊고 지냈으니, 시간과 공간은 어디로 있는가? 문을 여니 꽃이 웃으며 다가오고, 광명이 천지에 가득 넘치는구나."라는 오도송을 읊었다.

스님은 이후 해인총림 율주와 해인사 주지, 조계종 전계대화상, 원로의원, 은해사 조실 등을 맡으며 후학들을 제접했다. 또 재가불자들을 대상으로 한 법문에도 적극 나섰으며『생활 속의 기도법』,『기도』,『사미율의』,『불교와 계율』등 수많은 저서를 남기기도 했다.

일타 스님은 1999년 11월 29일 미국 하와이 와불산 금강굴에서 "一天白日露眞心(일천백일로진심) 萬里淸風彈古琴(만리청풍탄고금) 生死涅槃曾是夢(생사열반증시몽) 山高海闊不相侵(산고해활불상침), 하늘에 밝은 해가 진심을 드러내니 만 리의 맑은 바람 거문고를 타는구나. 생사와 열반이 일찍이 꿈이려니, 산은 높고 바다 넓어 방해롭지 않구나."라는 열반송을 남기고 세수 71세, 법랍 58세로 열반에 들었다.

나의 스승 해안 스님

"제가 60이 넘어서도 이렇게 수행자로 사는 데에는 큰스님의 가르침이 큰 지침이 되었습니다. 큰스님을 시봉한 것만으로도 저에게는 큰 복(福)이었습니다. 모든 가르침이 다 소중하지만 특히 '산을 보고 부동(不動)을 배우고, 물을 보고 흐르는 것을 배우라'는 말씀이 아직도 기억에 생생합니다."

혜안 스님

7일이면 깨칠 수 있다

서울 전등사 전등선림 선원장
동명 스님

서울 '성북동'을 떠올리면 연상되는 말들이 여럿 있다. (벌써 오래 전 얘기가 되어 버렸지만 어쨌든) '부자 동네', '외국 대사관이 많이 있는 곳', '법정 스님의 길상사가 있는 곳' 등이 그것이다. 서울에서도 '고급스러운' 집과 건물들이 유독 많은 곳이어서 '성북동=부촌' 이미지가 강했다. 주로 길상사에 다니면서 느낀 것이지만 성북동에만 가면 '뭔가 있어 보이는' 것들이 많았다.

그런데 최근 성북동을 상징할 만한 것을 하나 더 찾았다. 바로 '전등사'라는 절이다. 몇 년 전부터 "수행 열심히 하는 대중들이 있는 사찰"이라는 소문은 들었지만 막상 찾아갈 생각은 못했다. 그러다 당대의 선지식(善知識)으로 존경받았던 해안 스님의 가르침이 살아 있는 도량이라는

302

소식을 접하고 기회다 싶어 전등사로 향했다. 커다란 집들을 헤치고 작은 골목 안으로 들어가니 전등사다. 지붕 위 커다란 탑을 보고 골목 입구에서부터 전등사라는 것을 알았다.

전등사는 산사(山寺)와 같은 넓은 경내를 가지고 있지는 않았다. 주차장도 조그맣다. 1층과 2층에는 공양간과 요사채가 있고 3층에는 큼직한 대웅전이 있고 절 뒤에 시민선원 전등선림(傳燈禪林)이 있는 아담한 사찰이다. 취재를 하면서 규모는 작지만 여느 큰 사찰 못지않게 내실을 갖추고 있는 곳이 바로 전등사라는 것을 알 수 있었다.

사람을 길러내는 도량

전등사는 '동(東) 경봉, 서(西) 해안'으로 불릴 정도로 많은 대중의 존경을 받았던 해안 스님의 가르침을 잇고 있는 절이다. 해안 스님은 호남에서 구산, 묵담 스님과 함께 후학을 이끌던 근현대 대표적 선사(禪師)이기도 하다.

전등사는 부안 내소사에 주석하던 해안 스님이 불자들의 요청으로 1972년 서울 수유리에 문을 연 것이 그 시초가 되었고, 1977년 해안 스님의 맏상좌 혜산 스님이 현 전등사 위치로 이전 개원했다. 그러다 현재 사중을 이끌고 있는 동명 스님이 1996년 지금의 전등사 건립 불사를 마무리하면서 그 가풍이 이어져오고 있다.

막 시작된 동안거가 열기를 더해 가던 날, 동명 스님의 방문을 두드렸다. 60대 중반이라고는 믿기지 않을 정도로 동명 스님의 얼굴은 맑고 밝

해안 스님의 사상시를 가리키고 있는 동명 스님. "큰스님께서 지은 사상시(四常詩)입니다. 네 가지 참다움에 대해 말씀하신 것입니다. 부설 거사의 사부시(四浮詩) 내용과는 반대라고 보면 될 것 같습니다."

았다. 동명 스님의 방에는 스승 해안 스님의 진영 사진과 가르침이 담긴 글귀가 있었다.

"큰스님께서 지은 사상시(四常詩)입니다. 네 가지 참다움에 대해 말씀하신 것입니다. 부설 거사의 사부시(四浮詩) 내용과는 반대라고 보면 될 것 같습니다."

상당히 긴 한문으로 된 시다. 우리말로 풀면 다음과 같다.

1

고요히 빛나는 한 물건 온 누리에 가득 차
항하사 모래 수와 같은 공덕을 갖추었네.
죽이고 살리는 권한이 내게 있으니
천상천하에 하나의 진면목일세.

2

산하도 대지도 역시 변하고
일월과 성신도 오래가지 못하건만
억겁을 지내도 한결같이 동하지 않으니
천상천하에 하나의 진면목일세.

3

탕탕하여 걸림 없는 빈 배와 같이
바람에 맡겨 동서로 또한 남북으로

나도 없고 남도 없어 무서울 바 없으니
천상천하에 하나의 진면목일세.

4
선을 하고 악을 함이 다 허망한 것이요,
천당이니 지옥이니 또한 거짓이어라.
경계와 경계, 마음과 마음을 모두 놓아버리니
천상천하에 하나의 진면목일세.

선(禪)은 물론 교(敎)와 문장에도 능했던 해안 스님의 면목이 그대로
드러나 있는 내용이다.

한참 동안 사상시(四常詩)의 뜻을 음미하다 화제를 전등사 운영으로
돌렸다.

"전등사 전등선림은 시민선원을 중심으로 운영됩니다. 선원 이름이 선
림(禪林)인 것은 '나무가 한데 어울려 숲을 이루듯이 수행자도 도반들과
함께 정진해야 선지식이 될 수 있다'는 해안 큰스님의 가르침에 따른 것
입니다. 많은 숫자는 아니지만 1년 365일 재가불자들이 정진할 수 있도
록 항상 선원의 문을 열어 놓고 있습니다."

서울 시내에 있다 보니 선원 정진은 '출퇴근식'으로 한다. 오전 9시에
시작해 오후 5시에 마치는 일정이다. 물론 더 일찍 나와서 해도 되고, 또
늦게까지 남아서 정진할 수도 있다. 이번 동안거에는 10여 명의 대중이
함께 정진하고 있다.

"1950~60년대 스님들만 참선하던 시대에 이미 해안 큰스님께서는 재가자 공부의 중요성을 역설하시면서 제대로만 하면 재가자도 일주일 안에 깨칠 수 있다고 하셨습니다.

선방 운영은 큰스님의 유지를 받들어 바른 법(法)에 의해서 신앙생활을 하도록 지도하고 있습니다. 구체적으로 말씀드리자면, 우선 근기에 맞게 지도를 합니다. 원한다고 처음부터 선방에 방부를 들이도록 하지 않습니다. 대화를 나눠본 뒤 선방에서 참선(參禪)을 할 수 있는 사람은 참선을 시키고, 기도를 해야 할 사람은 기도를 시키고, 참회가 필요한 사람은 절을 시킵니다. 절은 108배부터 3000배까지 다양합니다. 저 역시 평생 참선을 해 왔지만 참선만이 공부는 아닙니다. 근기와 능력에 따라 원력을 세우고 발원을 하는 것이 필요합니다.

그리고 이런 공부를 하려면 무엇보다 신심(信心)이 중요합니다. 신심이 강인해야 합니다. 그래야 궁극적으로 깨달음을 얻을 수 있어요. 공부하는 사람답게 목숨을 걸고 정진한다면 기필코 '보배'를 얻을 수 있다고 말씀하셨지요."

동명 스님은 "제가 긴 말을 하는 것보다 큰스님의 말씀을 한 번 보는 것이 좋을 것 같다."며 해안 스님의 법문을 전해 줬다. 해안 스님이 1970년 11월 서래선림에서 열린 전등회 제8회 정진법회에서 한 법문의 일부분이다.

"일반적으로 정진을 오래 해야만 깨치는 것으로 착각하고 있습니다. 그러나 견성(見性)은 단시일을 두고 결정내지 않으면 안 된다는 것을 단언합니다. 부처님이나 역대 조사들이 이미 분명히 말했지만, 아무리 미련하고 못난 사람이라도 7일이면 도를 성취한다고 했습니다. 나 역시 그것을 긍정하고 확언합니다. 만일 7일 만에 깨치지 못한다면, 공부하는 사람의 정신 자세가 철저하지 못했기 때문이지, 기간이 짧기 때문은 절대로 아니라는 것을 알아야 합니다.

그보다는 오히려 기간을 길게 잡고 하는 사람은 아직도 시간이 많이 남았다는 한가한 심정으로 화두를 마치 무슨 물건인 양 들었다 놓았다 하면서, 다른 볼 일 다 보아가며 잡담 해 가며 체면 차리고 인사 닦아가며 합니다. 10년, 20년 그러는 동안 귀로 듣고 눈으로 조사어록이나 뜯어보고서 눈치로 짐작해 가지고 겉으로 아는 것만 많아집니다. 마치 일 마친 사람인 양 신참 납자 앞에 아는 소리나 지껄이게 되는데, 그렇게 되면 자칫 일생을 그르치는 경우가 허다하다는 것을 명심해야 합니다."

동명 스님과 짧지 않은 대화를 나눈 뒤 다시 전등선림 선방으로 갔다. 마침 방선(放禪) 시간이어서 선방을 둘러봤다. 해안 스님 진영이 선방 중앙에 걸려 있고 열 개 넘는 좌복이 가지런히 놓여 있었다. 선방 한 편에는 마음을 다잡는 글이 걸려 있다. 1968년 3월 전등회 제1회 정진대중들의 발원문이다. 그 중 일부다.

"제 마음을 제 마음대로 붙잡아 놓지 못하는 어리석은 무리들로서 어찌 감히 삼계윤회(三界輪廻)를 면한다 하오리까. 그리고 또 이 몸을 이생에서 제도(濟度)하지 못하고 다시 어느 생을 기다려 제도하오리까. 이제 저희들은 크게 용맹심(勇猛心)을 발하여 불퇴전(不退轉)의 신심으로써 이 몸이 죽기 한(限)하고 삼칠일 특별정진회를 열었소이다. '한번 찬 것이 뼈에 사무치는 때가 아니면 어찌 봄 매화의 코를 찌르는 향기를 얻으랴.' 한 고인의 시구를 머리에 새기면서 처음부터 마치기까지 각자가 참구하는 화두일념(話頭一念) 속에서 행주좌와(行住坐臥) 어묵동정(語默動靜)이 오로지 화두삼매에 들 것을 기(期) 하옵니다."

동명 스님은 선방을 같이 돌아보며 "사람들이 자신을 존중할 줄 모르니 상대를 가볍게 여기고 그러니 다른 것 역시 소중히 여길 줄 모른다. 이 세상은 더불어 사는 곳이다. 그렇기 때문에 차별 없이 모든 일을 소중하게 다루는 정신을 가져야 한다."며 수행 종풍 진작의 필요성을 강조하기도 했다. 스님은 또 "원력(願力) 없이 승복을 입고 다니는 것은 큰 죄를 짓는 것"이라며 "수행자들은 도를 깨달아야겠다는 원력, 중생과 세상을 건져야겠다는 원력, 세상의 모범이 되어야겠다는 원력이 있어야 한다."고 덧붙이기도 했다.

스님은 "이러한 것들은 모두 스승 해안 큰스님께 배운 것"이라며 자연스럽게 스승에 대한 이야기를 시작했다.

수행자여서 행복한 시간들

"어렸을 때 집이 무척 어려웠어요. 어머님은 몸이 편찮으셔서 살림을 꾸릴 수가 없었습니다. 어느 날 어머님이 저를 부르시더니 마을 위에 있던 일출암으로 데리고 가셨어요. 거기서 스님에게 '제 자식을 좀 맡아 달라'고 하셨습니다. 가끔 마을을 지나던 스님을 본 적이 있었고 또 집안 형편이 어렵다는 것도 알고 있었기에 저는 스스럼없이 절에 있게 되었지요. 절에 있어보니 정말 좋았습니다. 물론 온갖 일을 해야 해서 힘은 들었지요. 2년여를 그렇게 보내던 어느 날 어떤 노보살님이 저를 보시고는 '여기 있으면 일만 하니 좋은 스승을 찾아가라.'며 저를 해안 큰스님께 소개해 주셨어요. 전주로 가서 큰스님을 만나기로 했는데 제가 하루 늦게 가서 만나 뵙지를 못했습니다. 다시 알아보니 큰스님께서는 예산 보덕사에 가 계셨습니다. 그래서 물어물어 보덕사에 가게 됐습니다."

사실 그때 일출암은 대처승의 절이었다. 또 공부를 할 수 있는 상황도 아니었다. 다행히 평소 동명 스님을 눈여겨 봐왔던 노보살의 소개로 해안 스님과 인연이 된 것이다.

보덕사에 도착한 동명 스님은 스승의 말씀에 따라 하루 1만 배씩 열흘 동안 10만 배를 한 것은 물론 청소와 울력, 염불과 경전 공부 등을 충실히 이행했다. 해안 스님의 원래 주석처였던 부안 내소사 지장암으로 가서도 공부는 멈추지 않았다.

"하루는 우물에서 빨래를 하고 있는데 큰스님께서 오셔서 주장자로 우물을 세 번 두드리며 '이게 무엇이냐?'고 물으셨습니다. 그래서 제가 '무엇'이라고 대답을 했더니 큰스님께서는 '은산철벽(銀山鐵壁)을 뚫으라'는 화두를 내려 주셨습니다.

제가 부모님의 사랑은 많이 받지 못한 편인데 큰스님의 사랑은 정말

해안 스님(中)과 함께한 동명 스님(左), 사형 혜산 스님(右) "큰스님께서
는 수십 명이나 되는 제자들을 새벽에 한 명씩 부르셨습니다. 그
러면서 공부를 점검해 주셨어요. 제자들 모두에게 각자 공부 수
준에 맞게 질문을 하십니다. 답을 들어보고 제대로 공부하지 않
고 있으면 불호령을 내리셨습니다. 지금 생각해 보면 정말 제대
로 지도를 해 주신 것입니다."

많이 받았습니다. 경전을 보다가도 궁금한 것이 있으면 언제라도 여쭈었고 늘 자상하게 알려주셨지요. 글을 짓는 것에서부터 언행(言行)을 어떻게 해야 하는지에 대해서도 세세하게 가르쳐 주셨습니다. 제가 스승에게 많은 것을 배웠기 때문에 출가는 조금이라도 어릴 때 하는 것이 좋다고 봅니다."

동명 스님은 내소사에서 행자 생활을 마치고 계(戒)를 받은 뒤 해인강원을 졸업하고 해인사, 송광사, 통도사, 대흥사 등 제방선원에서 '은산철벽(銀山鐵壁)'을 화두로 참구했다. 이후에는 동국대 불교대학원을 졸업하고 부안 내소사 주지와 조계종 중앙종회의원, 서울 개운사 주지 등을 역임했다.

"강원을 마치고는 여주 근처 토굴에서 3년간 생식과 묵언으로 결사(結社)와 같은 수행을 한 적도 있습니다. 그때의 공부가 저에게는 큰 도움이 됐습니다."

해안 스님은 제자들을 혹독하게 가르쳤다. 내소사에서는 '일대일' 면담으로 제자들을 긴장시켰다고 한다.

"큰스님께서는 수십 명이나 되는 제자들을 새벽에 한 명씩 부르셨습니다. 그러면서 공부를 점검해 주셨어요. 제자들 모두에게 각자 공부 수준에 맞게 질문을 하십니다. 답을 들어보고 제대로 공부하지 않고 있으면 불호령을 내리셨습니다. 지금 생각해 보면 정말 제대로 지도를 해 주신 것입니다."

해안 스님은 수행에도 철저했지만 공부하는 사람들이 요청하는 법문은 거리를 마다하지 않고 수락했다. 이럴 때면 동명 스님을 비롯한 제자들은 큰 녹음기를 짊어지고 스승을 시봉했다.

"큰스님의 법문을 기록하기 위해서 녹음기를 부처님처럼 모시고 다녔습니다. 하하하. 한 번은 버스를 타고 가는데 갑자기 불이 났습니다. 다들 황급히 몸을 피하는데, 저는 혜산 스님과 녹음기를 '사수'하느라 정신 없었지요."

이런 제자들의 노력 덕분에 지금도 해안 스님의 법문은 생생하게 대중들에게 전달되고 있다. 동명 스님은 녹음된 법문을 바탕으로 3권짜리 『해안집』을 발간하기도 했다.

스승의 진면목을 알 수 있는 일화를 청하자 동명 스님은 생활 자체가 도인의 삶이었다고 밝혔다.

"큰스님께서는 평생을 부처님 법에 의지해 사셨습니다. 또 참선을 하고 법문을 하고 신도들을 만날 때에도 한결같이 차분하셨습니다. 질서정연하고 편안하며 안정된 생활을 유지하셨지요. 그야말로 물 흐르듯 자연스러운 삶을 사셨습니다.

큰스님께서는 또 그렇게 검소하실 수가 없었습니다. 제가 세숫물을 떠다 드리면 그걸로 세수하고 발 닦고 걸레 빨고 난초에 물을 주고 마당에 뿌리셨습니다. 그리 많은 양도 아니었는데, 언제나 그렇게 사셨어요."

해안 스님에 대한 동명 스님의 존경심은 대단했다. 사찰 운영부터 수행, 그리고 재가자 지도까지 철저하게 스승의 사상과 방법에 입각해 진행하고 있었다. 동명 스님에게 마지막 질문은 어쩌면 너무나 당연한 우문(愚問)이었을지 모른다.

"다음 생에도 인연이 돼 해안 스님을 만난다면 다시 모실 수 있습니까?"

"그럼요. 그거야 말할 것도 없습니다. 제가 큰스님의 은혜를 입지 않았습니까? 차 한 잔을 얻어 마시는 것도 은혜지만, 저에게 더 중요한 것은 큰스님께서 저를 비롯한 제자들이 법(法)을 알고 공부할 수 있게 해 주셨다는 것입니다. 부처님 법의 '본래면목'을 만나게 해 주셨습니다.

제가 60이 넘어서도 이렇게 수행자로 사는 데에는 큰스님의 가르침이 큰 지침이 되었습니다. 큰스님을 시봉한 것만으로도 저에게는 큰 복(福)이었습니다. 모든 가르침이 다 소중하지만 특히 '산을 보고 부동(不動)을 배우고, 물을 보고 흐르는 것을 배우라'는 말씀은 아직도 기억에 남습니다."

1901년 전북 부안에서 태어난 스님은 어린 시절 서당에서 한학을 배웠다. 그러다 1914년 부안 내소사에서 만허 스님을 은사로 출가했다.

1917년 장성 백양사에서 만암 스님을 계사로 사미계를 수지했고 1918년 부처님 성도절을 맞아 용맹 정진하던 중 깨달음을 얻었다. 1920년 백양사 지방학림 중등과와 사교과에서 당대 선지식인 학명 스님과 석전 스님의 가르침을 받기도 했다. 그 후 불교중앙학림(지금의 동국대)에 진학해 외전을 겸비했다.

해안 스님은 중국 북경대학에서 2년간 불교학을 공부하고 1925년 귀국했다. 1927년에는 부안 내소사 주지로 취임했으며, 1931년에는 월명선원에서 안거에 들었다. 1932년 부안 산내면 석포리에 계명학원(啓明學院)을 설립해 문맹퇴치 운동과 인재양성에 힘썼으며, 1935년에는 백양사 본말사 순회포교사 소임을 맡아 전법활동에 나서기도 했다.

1945년 김제 금산사 주지로 취임했으며, 이듬해 금산사 서래선림(西來禪林) 조실로 추대됐다. 1950년에는 내소사에 서래선림을 열고 조실로 주석했다. 1969년에는 불교전등회(佛敎傳燈會) 대종사로 추대됐다.

수많은 법문과 글을 남긴 해안 스님은 1974년 3월 9일(음) 오전 6시 30분 내소사 서래선림에서 "生死不到處(생사부도처) 別有一世界(별유일세계) 垢衣方落盡(구의방락진) 正是月明時(정시월명시), 생사가 이르지 못한 곳에 하나의 세계가 따로 있다네. 때 묻은 옷을 벗어버리자 비로소 밝은 달 환할 때로다."라는 임종게를 남기고 원적에 들었다. 세수 74세, 법랍 57세. 해안 스님 부도는 내소사에 모셔져 있다. 스님의 제자로는 전 내소사 선원장 혜산 스님과 현 내소사 선원장 철산 스님, 전등사 전등선림 선원장 동명 스님 등이 있다.

나의 스승 대행 스님

"그럼요. 당연하지요. 모실 수 있는 인연이 주어진다면 얼마나 감사하겠습니까. 얼마든지 모시지요. 큰스님은 말이 비구니지 모습 그대로가 부처님이었습니다. 제 스승이어서 하는 말이 아닙니다. 수십 년을 모시면서 제가 놀랄 때가 정말 많았습니다. 그때마다 스님은 사람이 아니라 부처님이라는 생각을 했습니다. 스님께서는 사람들이 모르는 보이지 않는 세계의 일까지 저희들을 위해 공부로 일러 주셨습니다. 스님께 여쭈어 보면 모든 것에 대해 답을 주셨어요. 우리 제자들은 그저 믿고 따르기만 하면 됐습니다."

대행 스님

보배로운
나의
근본이
바로
주인공

혜원 스님

　조계종뿐만 아니라 모든 한국불교 종단에서 비구니스님들은 거의 '을(乙)'의 처지다. 비구스님과 '의무'는 같지만 '권리'는 상당히 제한적이다. 조계종 중앙종회에서 심심치 않게 나오는 비구스님의 비구니스님에 대한 폄하 발언이나 공직 제한 주장은 현재 비구니스님들의 상황을 상징적으로 보여준다고 할 수 있다. 크고 작은 종단 행사에 1순위로 '동원'되는 곳이 비구니스님들의 사찰이라는 것은 공공연하게 알려진 사실이다.

　연이어 불거진 비구스님들의 '도박'이나 '술판'을 보며 불자들 못지않게 당황해 하는 사람들이 바로 비구니스님들이다. 비록 범계(犯戒)의 당사자는 아니지만 세상의 비난은 비구스님과 같이 받아야 하기 때문이다.

　그래도 비구니스님들은 묵묵히 수행(修行)과 전법(傳法)의 길을 가고 있다. 보이지 않는 곳에서 대중들을 만나 열심히 부처님 법을 전하는 비구니스님들이 적지 않다. 불자의 한 사람으로서 정말 감사한 일이 아닐 수 없다. 그 중에서도 한마음선원은 대중포교를 적극적으로 펼쳐온 대표적이고 모범적인 비구니사찰이다.

한마음선원 하면 떠오르는 단어가 여러 가지다. 가장 먼저 생각나는 것은 '연등회 연등축제'다. 연등회에 한 번이라도 참가한 적이 있는 거의 모든 불자들은 "한마음선원을 빼고 연등축제를 논할 수 없다."고 입을 모은다. 연등행렬을 준비하는 모든 사찰들이 정말 많은 정성을 쏟지만, 한마음선원이 가지고 나오는 다양한 등(燈)과 퍼포먼스는 보는 사람들의 감탄을 자아내기에 충분하다.

두 번째로 생각나는 것은 어린이 청소년 포교다. 10여 년 전 처음 안양 한마음선원에 갔을 때 아이들이 정말 많아서 놀랐었다. 때로는 적막하기까지 한 '일반' 사찰들에 익숙했던 터라 아이들로 북적이던 한마음선원의 모습은 그 자체로 '감동'이었다. 어린이·청소년 외에도 한마음선원은 수많은 대중포교의 성과를 만들어 가고 있다.

무엇보다 한마음선원의 가장 대표적인 상징은 대행 스님을 꼽을 수 있다. 한마음선원을 창건해 한국불교에서 생활 속 마음공부를 실천하고, 전 세계에 지원을 창건하는 등 한마음선원을 세계적인 도량으로 키워낸 분이 대행 스님이다. 비록 얼마 전 세연(世緣)을 다하긴 했지만 한마음선원 불자들의 마음속에는 영원한 스승으로 가슴에 남아 있다.

동안거(冬安居)가 한창 열기를 더해 가고 있던 날, 오랜만에 한마음선 원을 찾았다. 안양 본원의 주지이자 대행 스님의 맏상좌인 혜원 스님에 게 스승과의 인연 이야기를 듣기 위해서다. 역시나 선원은 붐볐다. 각층 법당마다 법회에 참석한 사람들로 발 디딜 틈이 없다. 법회가 끝나고 한 마음선원 재단이사장 혜수 스님에게 전체 현황에 대한 이야기를 먼저 들 었다.

"선원의 역사는 어른스님[대행 스님]께서 1972년 안양에 대한불교회관 을 설립하면서 시작되었고 현재는 본원과 국내 15개 지원, 국외 10개 지 원이 있습니다. 특히 해외의 경우 본원에서 지원을 열었다기보다 미국, 아르헨티나, 캐나다, 독일, 태국 등지에서 공부하고자 하는 교민과 현지 인들이 자발적으로 마음을 모아 선원을 이룰 수 있는 기초를 다졌어요. 그런 점이 지금까지도 불법(佛法)을 펴나갈 수 있는 자양분이 되는 것 같 습니다."

현재 한마음선원 안양 본원의 신도는 1만 5000세대 정도. 인원으로 환 산하면 5만여 명 쯤 된다. 여기에 국내외 지원까지 합하면 신도 수는 상 상 이상이다. 신도회는 법형제회, 지역신행회, 청년회, 학생회, 어린이회 로 구분된다. 각 계층법회는 자타가 공인하는 전국 최고 수준이다.

먼저 한마음선원의 자랑인 거사들의 신행모임 '법형제회' 법회가 본원 의 경우 24개 신행회로 세분화돼 담당 법사스님을 모시고 월 1회 정기적 으로 진행된다. 여성 불자들을 위한 지역신행회는 수도권 내 지역별로

한마음선원 법회 모습 "선원의 역사는 어른스님[대행 스님]께서 1972년 안양에 대한불교회관을 설립하면서 시작되었고 현재는 본원과 국내 15개 지원, 국외 10개 지원이 있습니다. 특히 해외의 경우 본원에서 지원을 열었다기보다 미국, 아르헨티나, 캐나다, 독일, 태국 등지에서 공부하고자 하는 교민과 현지인들이 자발적으로 마음을 모아 선원을 이룰 수 있는 기초를 다졌어요. 그런 힘이 지금까지도 불법(佛法)을 펴나갈 수 있는 자양분이 되는 것 같습니다."

담당 법사스님을 모시고 39개의 지역 법회에서 이루어지고 있다. 이는 각 지원에서도 그 지역의 형편과 규모에 맞게 같은 방식으로 운영되고 있다.

앞서 밝혔듯이 학생회와 어린이회, 청년회 활동 역시 활발하다. 한국 불교의 가장 큰 과제 중 하나인 청소년 포교는 일선 현장에서도 풀기 힘든 난제다. 그러나 한마음선원 안양 본원의 학생회는 200여 회원들이 매주 일요일 법회를 중심으로 다양한 활동을 펼치고 있다. 역시 200여 명에 이르는 본원 어린이회는 연꽃법당 법회(7세~초교 2년)와 지혜법당 법회(초교 3년~초교 6년)로 이루어져 여러 프로그램들을 통해 쉽고 재미있는 부처님 가르침을 어릴 때부터 접하고 있다. 특히 어린이회를 위해 2012년 11월 창간된 잡지 〈마음꽃〉은 만화와 그림으로 생활 속의 마음공부를 통해 가정과 학교에서 다 담아내지 못하는 인성교육까지 담당하고 있어 학부모들과 어린 불자들의 열렬한 지지를 받고 있다. 이와 같은 계층법회 외에도 직장인과 교사를 위한 법회는 물론 교도소, 군법당 법회도 꾸준히 이어지고 있다.

이들 신행단체들을 총괄적으로 이끌고 있는 신도회는 봉축행사나 수계법회 등 연중행사를 기획·실행하고 봄·가을 바자회를 열어 장학금을 전달하는 등 다양한 활동을 하고 있다. 신도회 임원들이 거의 사찰에 상주할 정도로 열의가 대단하다. 취재를 위해 찾은 이날도 신도회 사무실은 임원과 비임원을 가리지 않고 많은 신도들이 다녀가는 사랑방과 같았다.

한마음선원은 이외에도 한마음과학원, 한마음국제문화원, 한마음출판부, 한마음 미디어실, 한마음저널 편집실 등을 운영하면서 인재 육성은 물론 다양한 포교 콘텐츠 개발에도 박차를 가하고 있다.

혜수 스님은 "이와 같은 포교활동은 모두 어른스님께서 직접 진행하셨던 일들이다. 그런데 큰스님의 업적 중 무엇보다 주목할 것은 불교 경전의 꽃이라 할 수 있는 『반야심경』, 『천수경』, 『금강경』 등을 단순한 글자 번역이 아닌 뜻으로 풀이해 1980년대 초에 이미 한글 경전으로 보급하셨다는 것이다. 부처님의 명호만을 부르는 기복적인 칭명(稱名) 염불이 아니라 사람들에게 염불 본래의 의미를 알게 하는 것이 무엇보다 중요했기 때문에 1987년 발행한 법요의식집 『신행요전』에는 예불문, 칠정례, 상단 축원 등을 한글로 번역해 실었다. 그동안 어렵게만 여겨지던 불교를 조금 더 쉽게 이해하면서 사람들이 생활 속에서 진리의 맛을 볼 수 있도록 하는 것이 어른스님의 큰 뜻이셨다."고 덧붙였다.

한마음선원 주지 혜원 스님은 "한마음선원 불자들은 다른 어느 사찰보다 가족 전체가 신행에 동참하는 비율이 높아서 어린이부터 청소년, 대학생, 청년, 거사, 보살 등의 다양한 구성원이 신행생활에 동참하며 각 계층에 맞는 신행 프로그램을 진행하는 것이 특색입니다."라고 전했다.

한마음선원의 현황을 알아본 뒤 본격적으로 혜원 스님에게 스승에 대한 이야기를 들었다.

첫 만남에서부터 쏟아졌던 눈물

"은사스님께서 산에서 내려오셔서 잠깐 서울 청량리에 계신 적이 있었습니다. 그때 '도인'이 계시다는 말을 듣고 지인들과 함께 스님을 찾아뵈었는데, 인사를 드리고 스님 얼굴을 뵙자마자 눈물이 쏟아지기 시작했습니다. 얼마나 울었는지 몰라요. 스님께서는 저를 보시며 '울기도 잘 운다'고 하셨지요. 무슨 감정 때문이었는지는 모르지만 아무튼 많이 울었습니다. 그러면서도 제 평생의 스승을 만났다는 생각이 들었지요. 스님을 만나기 전에는 절이 뭐하는 곳인지, 스님이 어떤 사람인지도 몰랐습니다. 그 후에 몇 번 더 인사를 드렸는데 스님께서 '중이 돼라'고 하시는 겁니다. 처음에는 '배운 것이 없어서 스님이 될 수 없다'고 말씀드렸습니다. 그 말을 들으시고 웃으시며 '마음공부 하는데 글자가 무슨 상관이냐?'고 하시면서 출가하라고 권하셨습니다."

잠시 고민했지만 인생의 스승을 만났다는 확신이 들었던 혜원 스님은 "출가하러 가는 길이 마치 지남철에 끌려가는 느낌이었다."고 회고했다. 그렇게 인연이 돼 1981년 대행 스님의 만상좌로 출가한 혜원 스님은 1982년 10월부터 1999년 3월까지 한마음선원 본원 총무소임을 맡았고 1999년 10월 6일부터는 주지로서 대중들을 이끌고 있다.

스님은 출가 초기부터 "앞만 보고 달려왔다."고 한다.

"출가를 한 이상 열심히 살아야 한다고 생각했습니다. 제가 좀 늦은 나이에 절에 들어 왔거든요. 행자시절부터 하루 종일 절일을 하느라 몸은 피곤했지만 이상하게 밤에는 잠이 잘 안 왔어요. 공부 욕심이 큰 만큼 많이 긴장을 하고 있었나 봅니다. 하하하.

새벽에 일어나면 다른 사람들이 오기 전에 제가 제일 먼저 가서 촛불 켜고 향을 피웠습니다. 그사이 다른 스님이 도량석을 하면 108배를 하

1996년 10월 한마음선원 독일지원 개원법회 후 포행 중인 혜원 스님
(左)과 대행 스님(右). 대행 스님을 뵙고 마치 자석같에 끌려가듯 출가했다는 혜원 스님은 대행 스님의 유지를 받들어 한마음선원을 수행 근본 도량으로 일구어 가고 있다.

고, 조금 후에 대중들과 같이 예불을 올렸어요. 그리고는 아침 일찍부터 절 안팎으로 열심히 뛰어 다녔습니다."

혜원 스님이 출가하고 대행 스님의 가르침이 널리 알려지면서 한마음 선원에는 출가하고자 하는 사람들이 구름처럼 몰려왔다.

"정말 행자들이 밀려 들어왔습니다. 그러다보니 절에는 적으면 10명, 많으면 수십 명 이상의 행자들이 있었어요. 이렇게 소문이 나면서 어떤 스님들은 '한마음선원이 세(勢)를 키우려고 행자들을 많이 받는다'고 오해를 하기도 했습니다. 그래서인지 한 번에 많은 행자들이 계(戒)를 받으러 가면 몇 명은 받지 못하고 오는 경우도 있었어요. 저를 비롯해 여러 스님들이 속상해 했지만 은사스님께서는 아무 말씀도 안 하시고 그저 '다잘 될 것'이라고만 하셨어요."

이렇게 대행 스님을 은사로 출가한 한마음선원 대중이 200명을 넘어섰다. 지금도 안양 본원에서만 60여 명의 스님들이 함께 정진하고 있다. 1986년부터는 "불법(佛法)에 남녀가 있지 않으므로 비구·비구니로 차별하는 관념 또한 넘어서야 한다."는 대행 스님의 뜻과 가르침을 배우고자하는 비구스님들을 법제자로 받아들였다.

"스님께서는 특별히 비구와 비구니를 나누어서 생각하시거나 언급하지 않으셨습니다. 도움을 필요로 하는 누구에게라도 흔쾌히 마음을 내주셨습니다. 다만 비구니스님들의 위상을 올바로 세우고 보다 발전적인 발판을 마련하고자 전국비구니회관 건립에 크게 동참하여 비구니계의 발전을 도모하셨지요. 2004년에는 한마음선원 주최로 '동아시아의 불교 전통에서 본 한국 비구니의 삶과 수행'이라는 주제로 국제학술대회를 개최하여 한국불교에 있어서 비구니의 역할과 위상을 재조명하는 데 큰 역할을 하셨습니다. 2011년에는 비구니 승가에서는 최초로 포교대상을 수상하셨는데 이 또한 앞으로 비구니스님들의 포교, 수행, 정진에 지표가 되어주는 것이라 생각합니다."

한마음선원 안양 본원과 국내외 지원의 살림까지 살펴야 하는 것은 당연히 혜원 스님의 몫이다. 대중들을 이끄는 것이 쉬운 일이 아닐 것 같았지만 혜원 스님은 오히려 담담했다.

"한마음선원에는 '승단운영위원회'가 있습니다. 주지인 저와 본원의 4직 스님, 그리고 각 지원장 스님들로 이루어져 있습니다. 이 위원회는 의사 결정보다는 신도님들과 각 지원의 의견을 수렴하는 기능을 더 많이 수행하고 있어요. 선원 대부분의 일은 철저할 정도로 각 소임자에게 맡겨지며, 사찰 운영에 있어서 신도의 개성과 자율성이 신행회 법회 등을 통해 전해집니다. 일반적으로 개성과 자율성을 중시하면 조직의 단결력이 떨어진다고 생각할 수 있지만 한마음선원에서는 오히려 화합과 단결로 이어지고 있어요. 그것이 바로 마음공부의 힘일 것입니다. 이러한 힘은 대외적으로는 연등축제와 같은 불교 행사에서 독보적인 추진력과 기획력과 참여율로 나타나지요."

모든 것은 '나'로부터 시작한다

혜원 스님은 대행 스님의 유지를 받들어 한마음선원을 수행이 근본인 도량으로 가꾸어 가려 한다. 스님은 "수행 없는 불교는 불교가 아니다."

라고 잘라 말했다.

"한마음선원은 우리가 본래부터 지니고 있는 불성인 '참나'를 스스로 발현하여 부처님의 가르침을 우리들 현실 삶 속에서 실천해갈 수 있도록 하는 생활 참선 수행에 중점을 두고 있습니다.

불법(佛法)의 대의를 어려운 한자가 아닌 진실한 뜻과 알아듣기 쉬운 평범한 말씀으로 전하신 대행 큰스님의 가르침은 자기의 근본인 참나를 믿고 본래 가지고 있는 불성의 지혜와 활용으로 자기와 상대, 개인과 전체를 모두 이익 되게 하는 공생(共生), 공심(共心), 공용(共用), 공체(共體), 공식(共食)의 주인공 관법(觀法)입니다. 주인공 관법을 통해 스스로의 내면을 지켜보고 그 마음을 돌려씀으로써 생활이 곧 불법(佛法)이며 그 주체가 바로 우주의 중심인 나 자신임을 참답게 알게 하는 것이 마음공부의 핵심이라 할 수 있지요."

한마음선원에서는 대행 스님의 가르침에 따라 영원한 자기 생명의 근본인 '주인공을 믿고 맡겨 놓아라'는 관법을 근본 수행 지침으로 삼아 정진한다. 혜원 스님은 이와 관련한 대행 스님의 법문 한 구절을 소개했다.

"자신의 인생에서 가장 중요한 문제는 자신이 누구인가를 진정으로 아는 것입니다. 바깥에서 일어나는 일의 좋고 나쁨에 따라 우리의 마음도 매 순간 달라집니다. 그렇게 변화하는 마음들 중에 어떤 마음이 나의 진짜 마음입니까? 금강과 같이 굳고 바다처럼 깊어서 어떤 것에도 물들지 않고 변하지 않는 나의 근본 마음이 있습니다. 이것이 나를 이끌어 온 진짜 나입니다. 불교에서는 이 참나를 불성, 자부처, 한마음, 혹은 주인공이라

혜원 스님 "주인공 관법을 통해 스스로의 내면을 지켜보고 그 마음을 돌려씀으로써 생활이 곧 불법(佛法)이며 그 주체가 바로 우주의 중심인 나 자신임을 참답게 알게 하는 것이 대행 스님께서 가르쳐 주신 마음공부의 핵심이라 할 수 있지요."

이르니 그 근본 자리에다 다 내려놓고 지켜보는 것이 관(觀)입니다."

혜원 스님은 말을 이어 나갔다.

"자기 근본인 주인공 자리에서 일체 만법이 들고 납니다. 생로병사(生老病死) 등 우주 삼라만상의 모든 것이 단 하나의 예외 없이 그 자리에서 들고 납니다. 때문에 나온 곳에 다시 맡겨 놓는 것입니다. 모든 것이 주인공에서 비롯되었고, 문제가 나온 곳에서만이 문제를 풀 수 있기 때문입니다. 그래서 '믿고 맡겨 놓아라'고 하는 것입니다.

이렇게 수행하는 이유는 정신계와 물질계가 둘이 아닌 한마음의 도리를 알아 여여하게 대자유인으로 살기 위해서입니다. 은사스님은 모습으로서의 선원을 웅대하게 키우고자 하는 생각도, 많은 제자들을 양성하려고 하지도 않으셨습니다. 다만 마음도리를 공부하는 사람들은 세상이 다 뒤집어지고 하늘과 땅이 뒤바뀐다 하여도 허허 웃을 수 있는 대장부의 삶을 살 수 있다고 말씀하셨지요.

은사스님은 '이 관법은 누가 만들어 놓은 것이 아니고, 자기 스스로에게 주어지고 갖고 있는 것이기 때문에 스스로 해야 하는 것'이라고 하셨습니다. 즉, 이 관법 수행은 우주의 실상 그대로 정진해 나가는 길입니다."

혜원 스님은 "지금처럼 바쁜 세상에서는 뛰면서 생각하고 생각하면서 뛰어야 한다."며 "직장, 가정, 학교 모든 곳이 수행처가 된다."고 강조했다. 일상생활 속에서 수행이 되어야 한다는 말이다.

혜원 스님은 스승 대행 스님에 대해 그렇게 많은 말을 하지는 않았다.

330

한마음선원 전경 모습 "한마음선원 불자들은 다른 어느 사찰보다 가족 전체가 신행에 동참하는 비율이 높아서 어린이부터 청소년, 대학생, 청년, 거사, 보살 등의 다양한 구성원이 신행생활에 동참하며 각 계층에 맞는 신행 프로그램을 진행하는 것이 특색입니다."

물론 꼭 전해야 할 말들은 빠뜨리지 않으려 했다. 책임감이 강한 맏이와 같이 말보다는 행동으로 스승에게 예우를 다하려는 모습이었다. 혜원 스님에게도 마지막 질문을 던졌다.

"다음 생에도 인연이 돼 대행 스님을 만난다면 다시 모실 수 있습니까?"

"그럼요. 당연하지요. 모실 수 있는 인연이 주어진다면 얼마나 감사하겠습니까. 얼마든지 모시지요. 큰스님은 말이 비구니지 모습 그대로가 부처님이었습니다. 제 스승이어서 하는 말이 아닙니다. 수십 년을 모시면서 제가 놀랄 때가 너무 많았습니다. 그때마다 스님은 사람이 아니라 부처님이라는 생각을 했습니다. 스님께서는 사람들이 모르는 보이지 않는 세계의 일까지 저희들을 위해 공부로 일러 주셨습니다. 스님께 여쭈어 보면 모든 것에 대해 답을 주셨어요. 우리 제자들은 그저 믿고 따르기만 하면 됐습니다.

'스승'에는 여러 가지 조건이 있습니다. 그 중에서도 우리 불교에서의 스승은 깨달은 분이라야 할 것입니다. 그래야 수많은 후학들을 가르칠 수 있습니다. 저는 이번 생에서 스님께 많은 가르침을 받았습니다. 다음 생에도 기회가 된다면 더 잘 모시고 공부할 수 있기를 서원합니다."

대행 스님

1927년 서울 이태원에서 태어난 대행 스님은 1950년 강원도 상원사에서 한암 스님을 만나 출가의 뜻을 세우고 '청각'이라는 법명을 받았다. 이후 강원도와 경기도 일대 산야에서 10여 년간 산중 고행을 했다. 1961년 탄허 스님을 계사로 월정사에서 비구니계와 보살계를 받았으며 1963년 치악산 상원사를 중창 불사했다.

대행 스님은 1972년 안양에 지금의 한마음선원인 대한불교회관을 건립한 뒤 1982년 이를 '대한불교조계종 한마음선원'으로 개칭하고 선원장에 취임했다.

스님은 국내 최초의 영탑공원 조성, 한글 뜻풀이 경전의 보급, 법문의 영상 매체화, 한국불교 사상 최초의 인터넷 포교, '선법가'를 통한 음성 포교, 현대불교신문 창간, 한마음과학원 설립 등 실천적이고 현대적인 다양한 포교 방편들을 제시했다. 또 해외에 10개의 지원을 개원하고 4개 국어로 번역된 법문집 출간 등을 통해 전법의 발걸음을 세계로까지 넓혔다.

대행 스님은 소년소녀가장돕기 법회, 중앙승가대학 발전기원 대법회, 팔만대장경 전산화를 위한 대법회 등 국내외에서 개최된 수많은 법회를 통해 사회의 다양한 필요에 부응하며 불법(佛法)을 널리 알려 왔다.

현대인들에게 마음의 변화를 통해 스스로 본성을 발현하게 하는 가르침을 담은 『한마음요전』, 『허공을 걷는 길』, 『삶은 고가 아니다』, 『생활 속의 불법수행』 등 여러 권의 책을 남겼으며, 2012년 5월 22일 세납 86세, 법랍 63세로 열반에 들었다.

나의 스승 청담 스님

"'어서 일어나 예불 올리자. 부처님 밥 먹고 부처님 제자가 되려면 조석예불
빠지면 안 된다.' 큰스님께서는 제가 일어나지 못하면 꼭 직접 깨워서 법당
에 앉히셨어요. 지금 생각해도 죄송한 일이지요. 어린 제자를 정말 큰 자비(
慈悲)로 이끌어 주신 것입니다."

청남 스님

베풀고
나누면서
수행하라

108산사순례기도회 회주
혜자 스님

　동지 하루 전, 서울 조계사가 붐빈다. 제법 쌀쌀한 날씨지만 활력이 넘친다. 사람들의 표정에도 여유가 있다. 마치 정(情)이 넘치는 시골장터 같은 분위기다.

　일주문을 지나 경내에 들어서니 초코파이 상자가 수북이 쌓여 있다. 어떤 사람들이 왔는지 금방 짐작이 된다. 발걸음을 경내 쪽으로 다시 돌렸다. 초코파이 옆에는 조계사 순례를 '인증'해 줄 낙관을 받기 위해 사람들이 길게 늘어서 있다. 사람들 사이를 헤치고 마당 쪽으로 가보니 살구색 조끼를 입은 사람들로 가득하다. 바로 108산사순례기도회(회주 혜자 스님, 이하 기도회) 2기 회원들이다. 2000여 명의 기도회 회원들과 일반 불자들, 외국인 관광객까지 섞여 조계사 마당은 북새통이었다.

오후 2시가 되자 본격적인 순례 행사가 시작됐다. 『천수경』을 봉독하고 108참회를 올리면서 법회가 진행됐다. 기도회를 이끌고 있는 혜자 스님은 조계사 부처님께 '평화의 불'을 올렸다. 그러면서 혜자 스님과 기도회 회원들은 한 목소리로 외쳤다.

"내 마음이 평화로우면 내 가정이 평화롭고, 내 가정이 평화로우면 내 이웃이 평화롭고, 내 이웃이 평화로우면 우리 사회가 평화롭고, 우리 사회가 평화로우면 우리나라도 평화롭고, 우리나라가 평화로우면 남북이 평화롭고, 남북이 평화로우면 한반도도 평화롭고, 한반도가 평화로우면 그 평화가 세계로 이어진다."

혜자 스님은 "요즘처럼 '평화'를 희망한 적도 없는 것 같다. 기도회원들은 물론 모든 불자들이 개인의 평화부터 세계의 평화까지를 함께 만들기 바란다."고 말했다.

스님은 회원들에게 당부의 말도 잊지 않았다. "오늘 순례에 올 때 집안의 모든 번뇌를 바랑에 담아 오셨죠? 여러분들의 번뇌는 여기 조계사 부처님께 다 드리고 기쁨과 즐거움, 평화와 희망만 바랑에 다시 담아서 집으로 돌아가세요." 스님의 유쾌한 법문에 회원들은 박수로 화답한다. 조계사 주지 도문 스님의 환영 인사 등이 이어진 순례법회는 혜자 스님이 회원들에게 직접 염주알을 나눠 주는 것으로 마무리됐다.

평화를 노래하는 108산사순례기도회

법회가 끝나고 혜자 스님을 다시 찾았다. 스님을 만나기 위해 향한 곳은 서울 도안사. 상계동 아파트촌을 지나 수락산 쪽으로 차를 돌리니 꽤 많은 절들이 눈에 들어온다. 도안사는 그 중에서도 제일 높은 곳에 있었다. 길이 좁아 차를 세워놓고 걷기 시작했다. 넓지 않은 길은 잘 정돈이 되어 있었지만 산에는 눈이 그대로 수북이 쌓여 있었다. 조금 올라가니 청담 스님의 법어(法語)가 적힌 게시판이 연이어 눈에 들어온다. 금세 청담 스님의 문도 사찰이라는 것을 알 수 있다. 생전에 청담 스님이 가장 자주 설한 것으로 알려진 '마음'과 관련한 글귀를 살펴본다.

> "마음이란 이 우주를 지배하는 무한한 힘이요, 자연의 길이다. 이것처럼 참되고 묘한 것도 없다. (중략) 참으로 미묘하고도 엄숙한 이 움직임. 사람의 이 '마음'을 찬탄한다. 그런 까닭에 사람은 가장 고귀하고도 소중하다."

약속 시간이 채 되지 않는데도 혜자 스님이 대웅전 마당에 미리 나와 있었다. 대중들에게 항상 보여주던 포근한 미소로 객을 맞아 준다. 마당에 모셔진 포대 화상을 가리키며 스님은 "도선사 포대 화상보다 형님"이라며 웃는다.

"불교의 산타클로스라고 불리는 포대 화상은 항상 커다란 자루를 둘러메고 부자들에게서 얻은 재물과 음식을 가난하고 배고픈 이들에게 나눠줬습니다. 하늘을 지붕 삼고 구름을 이불 삼아 세상을 주유했던 포대 화상처럼 번뇌 망상과 고통은 자루에 담고, 중생들에게 웃음과 희망을 나눠줄 수 있는 대장정을 계속할 것입니다."

도안사 포대화상 앞에 선 혜자 스님 "하늘을 지붕 삼고 구름을 이불 삼아 세상을 주유했던 포대 화상처럼 번뇌 망상과 고통은 자루에 담고, 중생들에게 웃음과 희망을 나눠줄 수 있는 대장정을 계속할 것입니다."

사실 스님은 도선사 주지를 하기 전 도안사를 중창한 인연을 가지고 있었다. 청담 스님이 열반에 든 뒤 혜자 스님은 통도사 강원과 송광사 선원 등을 거쳐 도안사에서 포교에 나섰다. 대웅전과 요사채, 산신각, 천불전, 범종각 등의 불사를 스님이 직접 했다.

"보시다시피 도안사는 그리 큰 절은 아닙니다. 그래도 좀 특별한 의미가 있다면 일년 내내 일출(日出)과 월출(月出)을 볼 수 있는 곳입니다. 말 그대로 '일심광명(一心光明)'의 성지라고 할 수 있지요."

마당에서 앞쪽을 바라보니 수락산과 불암산이 시원하게 뻗어 있다. 혜자 스님은 도안사를 '108평화도량'으로 조성할 것이라고 밝혔다. 스님과 기도회에 대한 이야기를 더 나눴다.

"처음 시작할 때 9년이라는 대장정을 여법하게 회향할 수 있을까 하는 걱정이 많았습니다. 그런데 기도회원들의 적극적인 동참과 일심(一心)기도 덕분에 잘 진행하고 있습니다. 그동안 비가 오나, 눈이 오나, 추우나, 더우나 오직 부처님을 뵈러간다는 신심으로 함께 해 준 회원들에게 감사하다는 인사를 전하고 싶습니다.

기도회는 저의 수행생활에 있어 새로운 신행 순례문화의 이정표를 만들었다고 생각합니다. 이러한 마음 덕분인지 아니면 은사이신 청담 큰스님의 보살핌 덕분인지 순례 길에서 나타난 일심광명의 상서로운 무지개는 저는 물론 회원들에게 용기와 희망을 주었습니다. 지금까지 50여 회에 걸쳐 수놓아진 상서로운 빛은 일심기도에 대한 불보살님의 가피요, 앞으로의 순례 길에도 항상 함께 하겠다는 약속이 아닌가 생각합니다."

잘 알려져 있듯이 기도회는 혜자 스님이 불자 108명과 중국 시안(西安)

도안사 전경 "도안사는 그리 큰 절은 아닙니다. 그래도 좀 특별한 의미가 있다면 한 ○ 내대 인촌(印村)과 환초(幻草)를 볼 수 있는 곳입니다. 말 그대로 '일심청병 ○○(○○)'의 성지라고 할 수 있지요."

법문사 순례를 다녀오는 길에 생각한 아이디어다. 스님은 당시 『선묵혜자 스님과 함께 마음으로 찾아가는 108산사』의 출간을 앞둔 시점이었다. 전국의 주요 사찰을 시를 곁들여 소개한 이 책을 안내서로 삼아 불자들과 순례기도회를 갖겠다고 생각한 것이 대규모 순례단으로 발전하였다.

2006년 9월부터 시작된 순례기도는 숱한 화제를 뿌렸다. 6000명이 넘는 규모부터 농산물 직거래 장터, 군장병 초코파이 보시, 장학금 지급, 다문화가정 인연 맺기 등등. 말 그대로 불교계 최고의 히트 상품이 된 것이다. 7년간 진행한 순례에서 동원된 버스만 9700여 대, 군장병 초코파이 350만 개(12억 원 상당), 기와불사 120만 5000여 장, 공양미 1만 3280여 가마, 직거래장터 260여 일, 농수산물 판매 수익금 24억 원 등의 전무후무한 기록을 세웠다. 특히 순례가 끝나고 사찰 인근에 개설한 장터에서 기도회원들이 농산물을 '싹쓸이'하는 모습은 지역 농민들에게 큰 힘이 되어주었다.

혜자 스님은 기도회가 단순한 순례가 아니라 가족 간, 이웃 간에 소통할 수 있는 열린 공간이라고 설명했다.

"고정적으로 순례에 동참하는 회원들이 5000여 명 됩니다. 기도회원들 중에는 부부, 형제, 자매, 동창생은 물론 시부모의 효도관광을 겸해 참가하는 이들도 많습니다. 가족 간, 친지 간, 동창생 간 '소통의 장'인 셈이지요."

혜자 스님은 기도회 첫 번째 순례지였던 통도사와 네팔에서 부처님 진신사리를 모셔온 후 찾았던 백담사, 그리고 임진각에 평화의 불을 조성한 뒤 갔던 영월 보덕사에서 무지개가 떴을 때가 그동안의 순례에서 특히 기억에 남는다고 한다.

스님은 이와 같은 기도회의 활동이 스승 청담 스님의 가르침과도 연결돼 있다고 전했다.

"불교는 수행과 나눔을 가장 중요시하는 종교입니다. 은사이신 청담 큰스님께서는 '마음을 잘 다스려라. 끊임없이 수행하라. 그리고 나누고 베풀라'고 틈나는 대로 제자들이나 불자들에게 강조하셨어요. 불교는 실천의 종교이기도 합니다. 실천하지 않는 불교는 구두선에 불과합니다. 이런 의미에서 볼 때 기도회가 펼치는 대사회적 실천 프로그램은 21세기 신행문화의 새 장을 열어가고 있으며 부처님의 가르침을 바로 실천하는 것입니다."

스승의 가르침이 지금의 기도회를 만들게 된 바탕이 되었다는 것이다. 혜자 스님은 "특히 청담 큰스님께서는 '미래의 불교는 산중에서 거리로, 도시에서 농촌으로, 한국에서 세계로 나아가야 한다'고 강조하셨다."며 "108산사 순례를 진행하고 네팔에 108선혜학교를 만든 것도 큰스님의 말씀이 있었기 때문에 가능했다."고 말했다.

자연스럽게 혜자 스님과 청담 스님의 인연으로 화제를 돌렸다.

보지도 못한 떡을 맛있게 먹었던 청담 스님

"친척 중 한 분이 도선사에 스님으로 계셨는데 '절에 가면 큰 공부를 할 수 있다'고 하시더군요. 그 말에 이끌려 도선사로 왔습니다."

1965년, 그렇게 큰 공부를 하고자 열네 살 때 절에 들어왔다. 고향이 충주였던 스님은 초등학교 때 탄금대로 소풍을 가서 인근에 있던 절을 처음 봤다고 한다. "절이 울긋불긋해서 무서웠는데 제가 절에 들어올 줄은 몰랐다."며 웃었다.

"출가하겠다고 도선사에 왔는데 청담 큰스님은 이미 환갑을 넘기셨어요. 저에게 큰스님은 할아버지 같았어요. 큰스님께서는 모든 제자들을 엄하게 가르치셨기 때문에 저 역시 한 눈을 팔 수가 없었습니다."

한참 뛰어 놀 나이의 사춘기 시절 절 생활에 적응하는 것은 쉬운 일이 아니었다. 그중에서도 아침 일찍 일어나 예불을 올리는 일은 만만치가 않았다. 스승보다 먼저 일어나 예불 준비를 해야 했지만 반대로 스승이 먼저 일어나 어린 제자를 깨우는 일도 적지 않았다.

"어서 일어나 예불 올리자. 부처님 밥 먹고 부처님 제자가 되려면 조석예불 빠지면 안 된다.' 큰스님께서는 제가 일어나지 못하면 꼭 직접 깨워서 법당에 앉히셨어요. 지금 생각해도 죄송한 일이지요. 어린 제자를 정말 큰 자비(慈悲)로 이끌어 주신 것입니다."

혜자 스님이 시봉할 때 청담 스님은 생식을 하고 있었다. 청담 스님의 공양상을 준비하는 것도 당연히 혜자 스님의 몫. 매 공양 때마다 혜자 스님은 잘 갈아 놓은 쌀과 깨끗하게 씻은 야채를 정성껏 담아 공양상을 준비했다. 또 그 당시에는 귀한 과일이던 귤을 까서 같이 상에 올렸다. 청담 스님은 상을 깨끗이 비우는 날도 있었지만 가끔 귤을 일부러 남겨두기도 했다. 어린 제자가 먹을 수 있도록 한 배려였다.

"특히 큰스님의 검소함은 두고두고 잊혀지지 않는 가르침으로 남아 있습니다. 당시 도선사도 다른 사찰들과 마찬가지로 절 살림이 어려웠습니다. 그래서 아침마다 죽을 쒀 먹었어요. 그런데 죽이 너무 되게 쑤어진 날이면 큰스님께서는 '옛 분들은 하늘의 별이 보일 정도로 묽게 쒀서 공양을 했다. 시주물 아껴라'라고 하시면서 야단을 치셨습니다. 또 후원을 돌아보시다 수채에 버려진 콩나물 대가리를 주워서는 '오늘 저녁상에 이것을 요리해서 올려라'라고 하셨지요. 그러다 보니 큰스님 밑에서는 물건을 허투루 쓰는 것은 있을 수 없는 일이었습니다. 큰스님의 말씀과 행동을 귀감으로 삼아 배우던 시절이었습니다."

시간이 지나면서 점점 더 '공부'에 대한 욕심이 생겼다. "절에 온 이상 도인이 되겠다."고 생각한 것이다. 그래서 청담 스님의 방문을 두드렸다.

"어린 나이였지만 선방에서 좌선을 하고 싶었어요. 큰스님께 '참선을 하고 싶다'고 말씀드리면서 화두(話頭)를 내려달라고 했습니다. 제 말씀을 듣고는 '참선하고 싶은 이놈이 무엇인고? 그걸 찾아라'고 하셨습니다. 큰스님께서 주신 화두를 들고 선방은 물론 나무 아래에 앉아서도 좌선을 했습니다. 지금 생각해 보면 별 일 아니었지만 그때는 정말 신심(信心)이 나서 공부를 했습니다. 하하하."

혜자 스님은 청담 스님을 모시면서 가장 기억에 남는 일로 '노보살님 떡 사건'을 꼽았다. 청담 스님이 총무원장을 하고 있던 시절, 하루는 노보살님이 청담 스님에게 떡 공양을 올리기 위해 총무원에 찾아 왔다. 마침 청담 스님이 출타 중이어서 노보살님은 혜자 스님에게 떡을 맡겨놓고 돌아갔다. 그런데 하필 그날 봉은사에서 정진 중이던 법정 스님을 비롯한 몇몇 스님이 청담 스님을 만나러 와 기다리다가 떡을 다 먹고 말았다.

며칠 후 붓글씨를 쓰던 청담 스님 옆에서 혜자 스님이 먹을 갈고 있
는데 그 노보살님이 다시 찾아 왔다. "스님, 떡 잘 드셨습니까?" 혜자 스
님의 등에서는 식은땀이 흘러내리기 시작했다. 잠깐 멈칫한 청담 스님
은 "아 그거요? 잘 먹었습니다. 너무 맛있었습니다. 감사합니다. 보살님."
청담 스님의 인사를 받은 노보살님은 밝은 표정으로 돌아갔다.

"큰스님께서는 떡을 구경도 못하셨는데도 잘 먹었다고 하셨습니다. 만
약에 큰스님께서 '무슨 떡이요?'라고 했으면 그 노보살님이 엄청 실망하
셨을 겁니다. 노보살님과 저를 배려해 주신 겁니다. 큰스님께서는 그렇
게 따뜻한 말씀으로 모두를 살려 주셨지요. 하하하. 그때 보여주신 큰스
님의 가르침이 아직도 저에게는 생생하게 살아 있습니다."

청담 스님은 '인욕보살'로도 널리 알려져 있다. 혜자 스님도 "큰스님은
당신 자체가 인욕보살이었다."고 말하면서 인욕에 대해 해 주신 청담 스
님의 말씀을 회상했다.

"큰스님께서는 '인욕(忍辱)을 하게 되면 적이 없다. 나를 죽이는 사람도
적이 아니고 살리는 사람도 은인이 아니다. 그런데 나를 해롭게 하고 괴
로움을 주는 사람한테 원한을 품지 않는 것은 오히려 쉽다. 나를 숭배하
고 나를 따르고 온갖 것 다 갖다 대접하고 그렇게 생명을 바쳐서 나를
위하려고 하고, 나를 따르는 이를 고맙게 생각하지 않는 것이 맞아 죽어
가면서 원망하지 않는 것보다 어렵다'고 하시면서 늘 인욕을 강조하셨
습니다. 다른 것도 그렇지만 인욕에는 많은 고통이 따릅니다만, 큰스님
께서는 항상 먼저 솔선수범하시며 인욕을 실천하셨지요."

그렇게 스승을 시봉했던 혜자 스님은 2001년 11월부터 12년간 도선사

주지 소임을 수행하며 청담 스님의 가르침을 널리 알리는 데 진력했다. 스님은 도선사 주지를 맡은 것 역시 스승 청담 스님의 가피 때문이었다고 밝혔다.

"당시에 도선사 주지를 맡는다는 생각은 전혀 못했지요. 도안사에 있을 때 한 신도님이 자신의 꿈에 어떤 노스님이 제 손을 잡고 절에 들어가는 꿈을 꿨다는 말씀을 해 주셨는데, 그때는 그냥 웃어 넘겼습니다. 그런데 훗날 제가 주지로 오고 나서 그 신도님이 도선사에 온 적이 있습니다. 신도님이 큰스님의 진영을 보더니 저를 절로 데려간 스님이 바로 큰스님이라고 하더군요. 그래서 큰스님께서 저를 도선사로 인도하셨구나 하고 생각했지요."

주지소임을 맡자마자 스님은 청담 스님 탄신 100주년 행사를 진행했다. 2002년이 탄신 100주년이었기 때문이다.

"소임을 맡고 나서 절을 둘러보니 큰스님 유품들이 정리되지 않은 채 여기 저기 널려 있었습니다. 그동안 너무 무심하게 살아왔던 것이지요. 그래서 큰스님 유품부터 제대로 정리하자고 생각해 '청담기념관'을 개관했습니다. 그때 재정적인 어려움으로 탄신 100주년을 의미해 3만 6500등 불사를 했는데 많은 분들이 동참해 주셨습니다.

그 후로 여러 불사를 진행했습니다. 기억에 남는 일은 '평화의 진신보탑'을 세운 것과 도량을 정비해 참배객들이 쉴 수 있는 공간들을 많이 만든 것, 호국참회원과 석불전을 재정비한 것, 가장 최근에는 도선사 길을 사람들의 탐방로와 차도로 다시 정리한 것 등입니다. 또 도선불교실달학원을 개설한 것도 기억에 남습니다. 지금까지 모두 24기, 3000여 명의 졸업생을 배출했는데 그분들이 지금은 도선사에서 기수별로 돌아가면서 봉사도 하고 여러 활동을 하고 있습니다."

혜자 스님은 무엇보다도 108산사순례기도회의 출발을 도선사에서 했던 것이 가장 중요한 일이라고 강조하기도 했다.

"앞으로도 현재와 같이 일심으로 기도하며 대사회적 운동과 수행 풍토 조성에 역점을 두고 실행에 옮길 것입니다. 농촌과 함께하는 프로그램, 수행 환경을 보호하는 일, 군 장병에 간식거리 제공, 남북의 평화통일과 국태민안 발원 등의 대사회적인 보살행을 꾸준히 실천해 나갈 것입니다.

또한 다문화가정 108인연 맺기, 108 장학금 지급, 108가지 선행봉사활동, 108약사여래 보시금 지급 등 기존의 성지순례와는 사뭇 다른 신행활동으로 많은 신행단체들의 좋은 본보기가 되도록 하겠습니다. 지금은 상황이 어렵지만 빠른 시일 내에 기도회원들과 함께 평양과 금강산 신계사에 가서 평화의 불을 분등(分燈)할 수 있는 날이 오기를 기대합니다."

혜자 스님은 출가 후 한 번도 속가에 가고 싶은 마음이 없었다고 한다. "부처님 제자가 안 됐으면 아마 평범한 농사꾼이 됐겠지요. 초등학교 졸업할 때 이미 지게로 소금 한 가마를 짊어졌으니까요. '인신난득 불법난봉(人身難得 佛法難逢)'이라고 합니다. 태어나서 사람 몸을 받았고 부처님의 제자가 됐으니 저는 더 바랄 게 없습니다."

출가 후 평생 수행자의 길을 걸으며 기도회를 통해 진정한 '상구보리 하화중생(上求菩提下化衆生)'의 길을 실천하고 있는 혜자 스님이 또 어떤 모습으로 대중들에게 다가설지 앞으로의 행보가 더욱 기대된다. 혜자 스님에게도 마지막 질문을 던졌다.

평화의 불을 들고 108산사 순례 중인 혜자 스님 "기존의 성지순례와는 사뭇 다른 진행 활동으로 많은 진행단체들의 좋은 본보기가 되도록 하겠습니다. 지금은 상황이 어렵지만 빠른 시일 내에 진도 회원 들과 함께 평양과 금강산 신계사에 가서 평화의 불을 봉송(奉送)할 수 있는 날이 오기를 기대합니다."

"다음 생에도 인연이 돼 청담 스님을 만난다면 다시 모실 수 있습니까?"

"그럼요. 저는 큰스님께서 열반하실 때까지 시봉했습니다. 열반하신 뒤의 큰스님 떠난 빈자리가 엄청나게 크게 느껴져 잠시 방황하기도 했습니다. 저는 다시 태어나도 부처님 제자가 되어 큰스님을 은사로 모시고 못다 한 공부를 할 것입니다. 대신 이번 생처럼 어리광은 부리지 않고 진정한 수행자로서 공부도 열심히 하면서 제대로 큰스님을 모시겠습니다."

청담 스님

1902년 경남 진주에서 태어났다. 본명은 찬호(讚浩), 법명은 순호(淳浩), 법호는 청담(青潭). 진주 지역의 3·1 독립만세운동을 주도하다 옥고를 치렀다. 1926년 경남 고성 옥천사(玉泉寺)로 출가하여 당대의 대강백 박한영 스님에게 경·율·론 삼장을 사사받았다. 1933년 덕숭산 수덕사 정혜선원 만공(滿空) 스님 회상에서 용맹 정진했다. 1947년에는 성철 스님과 함께 봉암사 결사를 주도하여 교단정화와 조계종 성립의 토대를 마련했다.

1950년대 들어서는 불교정화운동을 주도했다. 사부대중 347명과 정화불사 성취를 위한 단식 묵언기도를 하고 이후 대한불교조계종 성립에 중요한 역할을 했다. 1956년 조계종 종회 의장을 맡았고 1960년 「대한불교(불교신문)」를 창간하고 편집인 겸 발행인, 초대 사장에 취임했다. 1967년 역경사업, 도제육성, 포교, 군승제, 신도조직화, 부처님오신날 공휴일 제정과 불교회관 건립 및 승가대학 설립을 주도했으며 오늘날의 도선사를 대찰로 만든 중흥조이기도 하다. 1966년 조계종 통합종단 2대 종정, 1970년 조계종 총무원장을 역임했다. 1971년 11월 15일 세수 70세, 법랍 46세로 열반에 들었다.

나의 스승 성철 스님

"니도 이제 중 됐다. 그런데 머리만 깎았다고 중 된 것이 아니다. 거기에 맞게 살아야 한다. 중은 평생 정진하다가 논두렁 베고 죽을 각오를 해야 된다 아이가. 중노릇이 쉬운 거는 아니다."

성철 스님

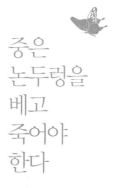

중은
논두렁을
베고
죽어야
한다

백련불교문화재단 이사장
원택 스님

　사람들이 원택 스님(백련불교문화재단 이사장)을 칭하는 '별명'이 몇 가지
있다. 그 중 사람들에게 가장 많이 알려진 것을 꼽자면 '시봉(侍奉)의 아
이콘'이다. 여기에는 '부처님과 아난'과 같은 '성철과 원택'의 이미지가 있
다. 출가 이후 평생 동안 스승을 지극정성으로 모셨다는 공통점이 있는
조합이다.

　2011년부터 3년 일정으로 진행했던 성철 스님 탄신 100주년 기념사업
과 열반 20주기 추모사업이 마무리 된 즈음에 원택 스님을 만났다. 해인
사 백련암과 부산 고심정사, 서울 백련불교문화재단 사무실을 오가는
일정 속에서 어렵게 자리를 마련했다.

　스님은 지난 12월 4일 서울에서 열린 명사 초청 강연회를 끝으로 추모

사업을 마무리한 뒤 잠시 숨을 고르고 있었다. 그러나 이것은 긴 휴식을 위한 쉼이 아니라 새로운 시작을 위한 숨고르기였다.

'감사함'과 '아쉬움' 사이

먼저 지난 3년 동안의 사업 진행에 대한 소감이 궁금했다.

"3년간의 크고 작은 행사에 참여해 주신 많은 국민들과 불자님들께 감사한 마음뿐입니다. 부족한 행사에 오셔서 때로는 관객이 되어 주시고 또 때로는 직접 참여해 주셔서 각종 행사와 사업들이 더 빛날 수 있었던 것 같습니다. 또 성원과 지원을 아끼지 않은 문도스님들께도 고맙습니다.

이렇게 감사한 마음이 들면서도 제 개인적으로는 아쉬움도 큽니다. 준비를 한다고 했지만 진행 과정 속에서 여러 가지로 많이 부족하다는 것을 느꼈습니다. 그리고 가장 중요하게는 성철 큰스님 선양사업을 마무리한다 생각하고 지난 3년을 달려왔지만 막상 일을 하면서는 앞으로 해야할 일이 더 많다는 생각을 하게 되었지요."

'회향(回向)'을 염두에 둔 질문이었지만 원택 스님은 오히려 "이제 시작"이라고 밝혔다. 질문 의도와 다른 대답에 잠시 당황할 틈도 없이 원택 스님은 말을 이어 나갔다.

"제가 처음 큰스님 탄신 100주년 행사를 생각한 것은 청담 큰스님 탄신 100주년 행사를 본 것이 계기가 되었습니다. 그러니까 2002년경이라고 할 수 있지요. 당시 서울 도선사와 수원 봉녕사가 주축이 돼 청담 큰스님 탄신 100주년 행사를 진행했습니다. 성철 큰스님과 '물도 새지 않는 사이'였다고 하는 청담 큰스님 탄신 행사여서 더 그랬는지는 모르지만 종단의 종정을 지낸 어른들을 잘 모시는 것도 우리 후학들이 챙겨야 할 일이라고 생각했어요."

원택 스님은 그때부터 차근차근 준비를 시작했다. 그러나 스님 주변에서는 시큰둥한 반응이 대부분이었다. 그 동안 불교계에서 없었던 일을 한다는 것에 대한 부작용(?)을 걱정하는 사람들까지 있었다고 한다. 그도 그럴 것이 근현대 한국불교 역사 속에서 선지식(善知識)들에 대한 선양사업은 고작해야 문도가 중심이 돼 추모다례를 지내는 일이 사실상 전부였기 때문이다. 종단 차원에서 '공식적'으로 추모 사업을 한 전례가 없었다.

"성철 큰스님도 그렇지만 역대 종정스님들이나 선지식들에 대한 종단 차원의 예우가 매우 부족합니다. 한국불교계에 훌륭한 어른들이 많이 계셨다는 것을 널리 알리는 일은 오히려 종단에서 해야 합니다. 또 내부적으로 볼 때도 역대 큰스님들을 조계종도들이 먼저 존경해야지 그러지 않으면 어느 누가 존경하겠습니까? 올해 탄허 큰스님 탄신 100주년 행사도 다양하게 펼쳐져서 불자와 국민들의 마음을 훈훈하게 하였다고 생각합니다. 그러나 문도 중심으로 끝난 것 같아 아쉽습니다."

스님은 문도스님들과 마음을 모아 일을 추진했다. 본격적으로 기획을 하면서 스님이 가장 신경을 썼던 부분은 성철 스님의 사상을 재정립하는 것. 하지만 이것도 쉽지 않았다.

"큰스님께서 세상에 남기셨던 법어집이나 〈선림고경총서〉를 다시 정리

성철 스님(右)을 시봉하는 원택 스님(左) 사람들이 원택 스님(백련불교
문화재단 이사장)을 칭하는 '별명'이 몇 가지 있다. 그 중 사람들에게
가장 많이 알려진 것은 붙자면 '시봉(侍奉)의 아이콘'이다. 여기에
는 '부처님과 아난'과 같은 '성철과 원택'의 이미지가 있다. 출가
이후 평생 동안 스승을 지극정성으로 모셨다는 공통점이 있는 조
합이다.

하고 싶은 마음이 제일 컸습니다. 그렇게 하기 위해서는 여러 자료들을 검토하고 학자들과 머리를 맞대 연구도 했어야 하는데 그게 쉽지 않았어요. 재정도 열악했고요. 사업을 하기 위해 주위를 둘러보니 큰스님의 사상을 연구하는 학자들이 많지 않았습니다.

성철 큰스님께서 '돈오돈수(頓悟頓修)'를 말씀하신 게 1940년 깨달음을 얻고 난 뒤부터였어요. 60여 년 전 파계사 성전암에서 10년 동안 동구불출(洞口不出)하실 때에도 찾아오는 납자(衲子)들에게 계속 돈오돈수를 강조하셨습니다. 또 1967년 해인사에서의 '백일법문'과 1981년 『선문정로』가 발간되면서 학계에서 공식적인 학문적 토의의 대상으로 주목하기 시작했습니다."

돈오돈수는 말 그대로 '단박에 깨치고[頓悟] 단박에 닦는다[頓修]'는 말이다. 따라서 구경각을 얻으면 더 이상 닦을 필요가 없다는 것이 돈오돈수의 요지다.

성철 스님은 '백일법문'을 비롯한 여러 법문에서 다음과 같이 돈오돈수를 강조했다.

"'깨친다[悟]'고 하는 것은 한 번 깨칠 때 근본 무명을 완전히 끊고 구경각을 성취하는 것을 말한다. 구경각을 성취해 버렸는데 그 뒤에 어떤 점차가 있을 수 있겠는가? 그러므로 선종에서 말하는 돈오문(頓悟門)에서는 한 번 깨침에 있어 구경각을 성취하여 제8아뢰야 근본 무명까지 완전히 끊어 버려서 그 뒤에 더 닦을 것이 없는 것을 견성이라고 하는 것이다. 육조혜능 대사께서도 견성한 것을 돈오(頓悟)라고 말씀하신 만큼 견성(見

수좌들의 정진을 독려하고 있는 성철 스님 "'깨친다[始覺]'고 하는 것은 한 번 깨칠 때 근본 무명을 완전히 끊고 구경각을 성취하는 것을 말한다. 구경각을 성취해 버렸는데 그 뒤에 어떤 절차가 있을 수 있겠는가? 그러므로 선종에서 말하는 돈오문(頓悟門)에서는 한 번 깨침에 있어 구경각을 성취하여 제8아뢰야 근본 무명까지 완전히 끊어 버려서 그 뒤에 더 닦을 것이 없는 것을 견성이라고 하는 것이다."

性)해 점수(漸修)하여 성불(成佛)한다는 말은 절대로 성립되지 않는다."

원택 스님은 "큰스님께서 돈오돈수를 말씀하시면서 시작된 돈점논쟁에서 중요한 것이 하나 있다. 보조 사상을 연구하는 학자들이 6~70여 명에 이른다. 그러나 〈보조전서〉에 대한 일자색인집이 아직도 없는 상태다. 백련불교문화재단 주최 학술회의에 초청한 울산대 박태원 교수님이 보조 국사의 점수론에 대한 훌륭한 논문을 발표해 주셨는데 그 논문으로 '대정학술상'을 수상했다. 그리고 보면 보조 사상 연구의 수준이 높아지면 높아질수록 성철 큰스님의 돈오돈수도 더욱 가치를 발휘하는 상생의 논리가 있다고 생각한다. 한국의 선학 발전과 선 수행의 진일보한 내일이 있기를 기대한다."고 역설했다.

학자가 많지 않다는 현실적 제약 속에서도 원택 스님은 2011년부터 3년간 총 10여 차례의 학술포럼을 진행했다. 스님은 "열반 20주기가 되는 2013년에는 존경받는 대학자들을 모시고 성철 선사상에 대한 결론을 내리고 싶었는데 그러지 못했다. 특히 돈점(頓漸) 문제가 역사의 숙제로 남겨지게 된 것이 가장 아쉽다."고 심경을 밝혔다.

학술포럼 외에 본격적으로 사업들이 진행되면서 원택 스님은 성철 스님 추모전시회, 추모다례, 삼천배 정진과 같은 행사는 물론 불교텔레비전과 불교신문 등을 통한 법문 방송과 수행도량 취재를 이어 나갔다. 또 불교인재원과 함께 한 달에 한 번씩 전국에 있는 성철 스님 수행도량을 순례하기도 했다. 그 결과『성철 스님이 들려준 이야기 1, 2』,『성철 스님 행장』,『이 길의 끝에서 자유에 이르기를』,『참선 잘 하그래이』,『나홀로 가노라 만고의 진리를 향해』등의 책이 나왔고『성철 스님 시봉 이야기』 등은 개정판이 출간되기도 했다.

"그래도 가장 인상 깊었던 일은 불교텔레비전에서 2011년 4월부터 11 개월 간 큰스님의 '백일법문'과 '대학생 수련법회 법문'을 풀어서 방송한 것입니다. 큰스님 생전 화면이 많지 않아 다양한 사진자료를 넣어 영상 을 구성하고 또 말씀이 워낙 빨라 법문을 정리한 뒤 자막으로 처리해 전 체적인 내용을 만들었는데, 많은 불자님들이 감명 깊게 봤다고 말씀해 주셔서 저도 정말 기뻤습니다. 특히 50여 년 전에 '백일법문'을 통해 성철 큰스님께서 너무도 현대적인 법문을 하셨다는 것을 알았다며 고맙다고 하시는 분들을 만나서는 제가 몸 둘 바를 몰랐습니다. 하하하.

또 지난 2013년 10월 19일과 20일 양일간 해인사 사리탑전에서 1200 명이 넘는 불자들이 '모든 중생의 행복을 기원하는 삼천배 정진'을 함께 한 뒤 '한 생명 살리기 기금' 3000만원을 조성해 동국대 병원에 전달한 것도 기억에 남습니다. 그리고 큰스님 탄신 100주년 다례를 조계사 대웅 전 마당에서 많은 분들이 참석한 가운데 여법하게 봉행한 것도 적지 않 은 성과였습니다.

가장 최근에는 고은 시인께서 '선시(禪詩)에서의 성철 게송(偈頌)'을 주 제로 특별강연을 해 주셨고 박세일, 공종원 선생님께서도 각각 좋은 말 씀을 해 주셨습니다. 너무나 정성스럽게 강의해 주셨던 선생님들께도 다 시 한 번 감사를 드립니다."

성철 스님 사리탑에서 정진 중인 불자들 "지난 2013년 10월 19일
과 20일 양일간 해인사 사리탑전에서 1200명이 넘는 불자들이
'모든 중생의 행복을 기원하는 삼천배 정진'을 함께 한 뒤 '한
생명 살리기 기금' 3000만원을 조성해 동국대 병원에 전달한
것도 기억에 남습니다."

앞서 밝혔듯이 원택 스님은 오래 전부터 성철 스님을 시봉해 왔다. 세간에서 말하듯이 성철 스님 생전 20년, 열반 후 20년 등 40년간 스승을 모셔온 셈이다.

"제가 백련암에서 했던 시봉은 사실 그리 대단한 일이 아니었습니다. 제 사형(師兄)과 사제(師弟)스님들이 함께 큰스님을 모셨으니 제가 모셨다고 할 수도 없습니다."

원택 스님은 1971년 말 친구를 따라 찾아간 백련암에서 성철 스님을 처음 만났다. '대도인(大道人)'에게 좋은 말씀을 들을 수 있을 것이라는 기대를 했지만, 만 배의 절을 하고서 겨우 얻은 좌우명은 '속이지 말라' 한마디. 그 후 다시 찾아간 백련암에서 성철 스님으로부터 "니 고마 중 되라."는 말을 듣고 1972년 1월 출가했다.

머리를 깎은 지 얼마 지나지 않아 성철 스님은 행자였던 원택 스님을 불렀다.

"니도 이제 중 됐다. 그런데 머리만 깎았다고 중 된 것이 아니다. 거기에 맞게 살아야 한다. 중은 평생 정진하다가 논두렁 베고 죽을 각오를 해야 된다 아이가. 중노릇이 쉬운 거는 아니다."

원택 스님은 그렇게 출가해 백련암에서 좌충우돌하며 수행 생활을 시작했다. 그렇다면 원택 스님은 언제부터 진정한 '성철 스님 시봉'이라고 생각할까?

"1980년 가을이었던 것 같습니다. 그때 큰스님께서 저를 부르시더니 원고 한 뭉치를 주셨습니다. 『선문정로』의 초고였어요. 큰스님께서는 저에게 원고를 들고 순천 송광사 불일암에 가서 법정 스님에게 윤문을 부탁드리라고 하셨습니다. 당시에도 법정 스님의 글이 최고였으니까요. 스님 분부에 따라 저는 바랑에 원고를 담아 불일암으로 갔습니다. 제 생각에는 아마 그때부터 본격적으로 시봉을 한 것이 아닌가 싶어요."

이 일이 계기가 돼 1981년 10월 『선문정로』를 발간하고 1982년 12월에 『본지풍광』을 낸 것이 오늘날까지 이어진 시봉의 시초였다는 것이다. 이후 성철 스님 법어집 11권과 〈선림고경총서〉 37권을 발간했다. 이어 1998년 성철 스님 열반 5주기에 맞춰 사리탑 불사를 마무리하고 불필 스님과 함께 2001년 3월 겁외사를 창건한 뒤 곧바로 「중앙일보」에 성철 스님 시봉 이야기인 '남기고 싶은 이야기'를 7개월간 연재했다. 당시 연재는 엄청난 반향을 불러 일으켰다. 전설 속의 인물이 신문 지면에 내려온 것 자체가 화제였다. 원택 스님과 가깝게 지냈던 소설가 최인호 씨는 당시 "불교라는 어려운 종교를 쉬운 우리말로 풀어쓴 것과 국민적 관심을 불러 일으켰던 성철 스님에 대한 여러 궁금증을 재미있게 풀어 준 것이 사람들에게 어필했다."고 평했을 정도였다. 원택 스님은 "1998년부터 진행한 여러 일들로 인해 저의 큰스님 시자(侍者) 이미지가 굳어진 것 같다."고 말했다.

원택 스님은 특히 〈선림고경총서〉 발간을 가장 기억에 남는 일이라고 회고했다.

"1980년대 후반 『선문정로』를 좀 더 쉽게 평석(評釋)할 수 있는 학자를 찾다가 우연히 동국대의 모 교수님을 알게 되었습니다. 마침 그해 가을에 동국대에서 열린 한 세미나에서 그 교수님이 『선문정로』에 대한 발표를 했어요. 저도 그 자리에 함께 했는데 그 교수님께서 발표를 하고 나니 질문 공세가 이어졌습니다. 그런데 정작 발표 내용에 대한 질문은 없고 큰스님에 대한 비판만 계속됐습니다. 그 교수님은 쟁쟁한 선배 불교학자들의 질문에 아주 쩔쩔맸습니다. 그 모습을 보고 저는 큰 충격을 받았어요. 큰스님께서 돈오돈수를 평생 설파해 오셨지만 아직도 해인사 일주문 밖을 나가지 못하고 있었던 것이지요.

그래서 세미나가 끝나고 백련암으로 돌아온 날 저녁에 큰스님 안마를 해 드리면서 한국불교학회 세미나에서 겪었던 일을 보고드리고 '인재를 키워야 한다'고 말씀드렸습니다. 제 말씀을 묵묵히 듣고 계시던 큰스님께서 갑자기 일어나 제 뺨을 때리시며 큰소리로 '니 지금 인재 양성이라 캣나? 이놈아, 나는 평생 무슨 할 일 없어 인재 양성이 뭔지 모르고 살았나? 이놈아! 키울 사람이 없는 걸 어쩌란 말이냐? 뭘 좀 하라 하면 견디지 못하고 도망가기 바쁜데 누굴 잡고 인재 양성이냐?' 하시며 한 번 더 뺨을 때리셨습니다. 그 서슬 퍼런 모습은 지금도 눈에 선합니다. 큰스님의 역린을 건드렸다 후회했습니다.

며칠이 지난 뒤 다시 큰스님을 찾아뵙고 '사람 키우기는 큰스님 말씀과 같이 욕심대로 되는 것이 아니니 때를 기다리기로 하고, 역대 조사스님들의 어록 중에서 돈오돈수와 맥락을 같이하는 책을 번역하면 큰스님의 울타리가 되지 않겠습니까?' 하고 말씀드리니 '그것도 한 가지 방법은 방법이겠네'라고 하시면서 곧 책 목록을 주시겠다고 하셨습니다. 시간이 지나도 말씀이 없으셔서 제가 30권 정도의 목록을 작성해 큰스님께 드렸지요. 한 일주일 쯤 뒤에 저를 부르시더니 몇 권은 빼고 몇 권은 추가해 주시며 '이 책들을 잘 번역해 보라'고 당부하시는데 그것이 〈선림고경총서〉 37권의 탄생 배경이 되었습니다. 1993년 10월에 〈선림고경총서〉를 완간했는데 한 달 뒤에 큰스님께서 열반에 드셔서 아쉬움이 컸지요."

원택 스님은 "큰스님께서 일일이 감수를 해 주시지는 못했지만 돈오돈수 사상의 핵심이 되는 어록들을 번역해 책으로 낼 수 있었던 것을 그나마 큰 다행으로 생각한다."고 전했다.

원택 스님은 또 성철 스님이 종정으로 추대된 뒤 대중들에게 내린 법어(法語)가 한글로 발표된 것을 뿌듯한 일로 기억했다.

1981년 1월 종정에 추대된 뒤 얼마 지나지 않아 조계종 총무원에서 부처님오신날 봉축법어를 내려달라는 요청이 왔다. 성철 스님은 흔쾌하지는 않았지만 해인사에서 해왔던 대로 한문 중심의 법어를 준비했다. 그때 원택 스님은 성철 스님에게 "이제는 법당에서 하시던 상당법문이 아닌 국민들의 마음을 어루만질 수 있는 말씀을 내려주셔야 한다."며 "사람들이 쉽게 읽을 수 있게 한글로 써 주시면 좋겠다."고 말씀을 올렸다. 그러자 성철 스님은 "이놈이 온갖 간섭 다한다."며 먼저 써 두었던 법어 초고를 가지고 당신 방으로 들어갔다.

하루가 지나고 아침 공양을 마친 뒤 "이러면 됐나?" 하며 성철 스님이 원택 스님에게 법어를 주었다. 그런데 법어는 '한글 반(半) 한문 반(半)'이었다. 원택 스님은 속으로 "조금만 더 조르면 한글 법어가 나오겠다."고 생각했다. 그래서 다시 말씀드리니 성철 스님은 "이놈아, 이것도 밤새 쓴 것이다. 한문만 쓰다 한글로 쓰니 뭔가 허전하다."고 토로(?)했다. 그러면서도 성철 스님은 꼬박 하루 동안 다시 한글 법어를 썼다. 그래서 나온 것이 1981년 부처님오신날 법어 '생명의 참모습'이다. 성철 스님은 이후에도 '자기를 바로 봅시다'와 같은 주옥같은 한글 법어를 대중들에게 내려 불자는 물론 국민들의 뜨거운 관심을 불러일으키기도 했다.

원택 스님은 "보잘 것 없는 상좌의 말이라도 당신께서 들어보시고 괜찮은 의견이라는 생각이 들면 기꺼이 생각을 바꾸시는 큰스님의 선택이 얼마나 고맙고 귀중한 마음씀이신지 지금도 감사하게 마음에 담고 있다."고 말했다.

연구 중심의 새로운 추모사업 전개할 터

원택 스님은 그간의 일들을 뒤로 하고 또 다른 '시봉'을 준비하고 있다. 먼저 2015년 완공을 목표로 산청 겁외사에 '성철 스님 추모관' 불사를 진행하고 있다. 추모관에서는 불자들이 직접 실참(實參)할 수 있는 다양한 프로그램을 마련할 예정이다. 이에 앞서 성철 스님의 가르침과 선(禪)의 골수를 전하기 위해 2013년 5월부터 월간 잡지 「고경」을 발행하고 있다.

"선(禪)에 대한 큰스님의 애정은 지극했습니다. 또 그 누구보다 선의 대중화를 원하셨지요. 그럼에도 일반인들이 큰스님의 법어집을 보기가 어렵다고 합니다. 이런 문제를 해결하기 위해 조만간 『백일법문』 증보판을 발간합니다. '백일법문' 당시 누락된 부분을 좀 더 보완하고 또 주석을 붙여 대중들이 쉽게 이해할 수 있도록 하겠습니다. 『선문정로』의 주석서

원택 스님 "큰스님은 정말 수행자의 표상이십니다. 큰스님의 삶만 보면 누구든지 수행 정진해 깨달음에 이를 수 있습니다. 큰스님께 서는 그것을 직접 보여 주셨습니다. 큰스님께서는 또 시대를 꿰뚫 어 보셨습니다. 특히 스님들이 어떤 몸가짐을 해야 하는지를 알려 주셨어요. 권력(權力)과 금력(金力)을 멀리 하고 수행자가 어떻게 살아야 하는지를 여러 차례 강조하셨습니다. 이런 스승을 이번 생 에 모셨다는 것 자체가 저에게는 정말 큰 행운이라고 할 수 있습 니다."

를 출간하는 것도 큰스님께서 내리신 큰 숙제로 여기고 좋은 연구자를 만나기를 염원하고 있습니다.

그동안의 선양사업이 굵직굵직한 행사 중심이었다면 앞으로는 돈오돈수 사상을 널리 확산시킬 수 있는 출판과 연구 사업에 매진할 계획입니다. 큰스님과 인연 있는 불자들과 불교에 관심 있는 국민들을 추모회원으로 모시고 현재 있는 성철선사상연구원을 확대 개편할 것입니다. 앞서 말씀드렸듯이 큰스님의 사상을 연구할 수 있는 학자들을 양성하는 것이 시급하기 때문입니다. 그래서 못 다한 선서(禪書) 번역을 계속할 예정입니다. 일반인들이 쉽게 볼 수 있을 정도로 만들어야지요. 신도님들도 선에 대한 관심을 높였으면 합니다."

원택 스님은 성철 스님 선양사업과 관련한 생각들을 항상 가슴에 품고 있다. 스님이 '시봉의 아이콘'으로 불리는 것도 40년이 넘는 시간동안 머리가 아닌 가슴으로 스승을 모셨기 때문일 것이다. 2014년부터 전개될 원택 스님의 '시봉 시즌2'가 벌써부터 궁금해진다.

원택 스님에게도 마지막 질문을 던졌다.

"다음 생에도 인연이 돼 성철 스님을 만난다면 다시 모실 수 있습니까?"

"큰스님은 정말 수행자의 표상이십니다. 큰스님의 삶만 보면 누구든지 수행 정진해 깨달음에 이를 수 있습니다. 큰스님께서는 그것을 직접 보여 주셨습니다. 큰스님께서는 또 시대를 꿰뚫어 보셨습니다. 특히 스님들이 어떤 몸가짐을 해야 하는지를 알려 주셨어요. 권력(權力)과 금력(金力)을 멀리 하고 수행자가 어떻게 살아야 하는지를 여러 차례 강조하셨습니다. 이런 스승을 이번 생에 모셨다는 것 자체가 저에게는 정말 큰 행운이라고 할 수 있습니다.

저도 가끔 다음 생을 생각해 봅니다. 그런데 다시 태어나도 솔직히 수행자의 길을 갈 수 있을지 자신이 없어요. 도를 깨치기 위해 출가를 했지만 지금까지 깨달음의 문 근처에도 못 갔거든요. 이번에 못한 것을 다음에 할 수 있을지 모르겠어요.

성철 큰스님께서는 '최잔고목(摧殘枯木)', 즉 부러지고 썩어 쓸데가 없어 나무꾼도 거들떠보지 않는 못쓸 나무처럼 살아야 도를 이룰 수 있다고 하셨습니다. 큰스님 시자로서 또 한국불교를 위해 여러 가지 일을 했지만 이런 것들도 큰스님이 보시기에는 다 쓸데없는 일일 수도 있을 거라고 생각합니다.

만약 다음 생에도 수행자가 된다면 당연히 큰스님을 스승으로 모실 것입니다. 그러나 바로 도망쳐 바랑 메고 명산대찰의 선방을 다니며 최잔고목처럼 살아 깨달음에 이를 수 있기를 바랍니다. 그렇게 살면 큰스님께서도 더 좋아하시지 않을까 합니다. 하하하."

성철 스님

속명은 이영주(李英柱), 법명은 성철(性徹), 법호는 퇴옹(退翁)이다. 1912년 겁외사가 들어선 산청에서 태어났다. 어릴 때부터 '영원에서 영원으로(From Eternity to Eternity)'라는 인생의 궁극적인 문제에 늘 관심을 갖고 철학, 의학, 문학 등 동서고금의 책을 두루 섭렵하였으나 그 해결점을 찾지 못했다. 우연히 영가 대사의 『증도가(證道歌)』를 읽고 캄캄한 밤중에 밝은 횃불을 만난 것처럼 기쁜 마음으로 불교에 마음을 돌리고 지리산 대원사로 가서 『서장(書狀)』을 읽고 '개에게는 불성(佛性)이 없다'는 무(無)자 화두를 들고 불철주야로 정진하였다. 1936년 봄, 가야산 해인사로 출가한 스님은 출가 4년 만인 29세 때, 동화사 금당선원에서 깨달음의 노래를 읊은 뒤 여러 선원에서 안거하면서 전설적인 수행을 계속한다.

1947년 '부처님 법대로 살자'는 기치를 내걸고 '봉암사 결사'를 이끌었는데, 이는 훗날 현대 조계종의 튼튼한 토대가 되었다. 1955년 대구 팔공산 성전암으로 들어가 철망을 두르고 절문 밖을 나오지 않았다. 10여 년 동구불출을 마치고 1965년 김용사에서 최초의 대중법문을 했다.

1967년 해인총림 초대방장에 취임하고, 그 해 겨울 해인사 대적광전에서 한국불교 최고의 법문으로 꼽히는 '백일법문(百日法門)'을 설했다. 1981년 1월 조계종 종정에 추대돼 '산은 산이요, 물은 물이로다'라는 법어를 내리기도 했다. 1993년 11월 4일, 해인사 퇴설당에서 '참선 잘하라'는 말씀을 남기고 열반에 들었다. 성철 스님은 평소 불자들에게 '자기를 바로 보라', '남을 위해 기도하라', '일체 중생의 행복을 위해 기도하라'고 당부했다.